スタンダード 企業論

企業のガバナンス・成長
ネットワーク化・国際化

第3版

牛丸 元
Ushimaru Hajime

［編著］

同文舘出版

第3版まえがき

　本書は，大学の学部から修士課程の大学院生まで幅広く使用できる企業論のテキストブックです。スタンダードという言葉を書名に使用しているとおり，本書は，各領域における一般的な見解を踏襲しており，私見を述べたものではありません。また，現時点で最新の情報を載せた内容にしています。

　第3版は，改訂版で指摘された誤りや，制度改革によって変更された事項が反映され，より正確な記述になっています。また，第6講としてコーポレート・ガバナンスにかかわる「親子上場」を新たに加えました。

　経営学は，企業論系と経営管理論系の2つの系統から構成されます。本書が対象とする企業論系の経営学は，企業と利害関係者との関係に主たる関心があります。経営者をどのように規律づけたらよいのかといったコーポレート・ガバナンスや，企業が社会とうまく折り合いをつけながら成長するためのさまざまな事項が関連します。経営理念や倫理，経営者の役割やその要件，企業の社会における役割やその行動に対する規制や企業結合などが中心となります。一方，経営管理論は，経営者がマネジメントする組織体に関心があります。いかに戦略を立て，組織をつくり，仕事を成員に割当て，成員のワーク・モチベーションを喚起していくかに焦点が置かれます。

　本書はPart1からPart4までの4部構成になっています。Part1は企業のガバナンス，Part2は企業の成長，Part3は企業のネットワーク化，Part4は企業の国際化について書かれています。Part1とPart2は，従来から展開されていたオーソドックスな企業論の内容となっています。一方，後半のPart3とPart4は，こうした従来からの枠組みを少し拡張させ，現在ならびにこれからの日本企業が取り組まなければならないと思われる課題に対して検討しています。

このように本書は，Part1からPart4に進むにしたがって少しずつ難易度が高くなっていきます。学部下級年次にはPart1とPart2が適しており，上級年次あるいは大学院修士課程レベルにはPart3とPart4が適しているといえるでしょう。Part1とPart2は，その順番にしたがって学習するのが最適ですが，Part3とPart4は，学習者の関心にしたがいどちらから始めても構わないように書かれています。

　第3版は筆者が同文舘出版㈱より出版する著書としては6冊目にあたります。共著・分担執筆を含め約30年にわたり，著書執筆の機会を得られたことに対し，厚くお礼申し上げます。
　本書の基となる初版は筆者が交通事故後に，大学から与えられた1年間のサバティカル中に執筆したものです。肉体的にも精神的にもきついなか，同社編集部の青柳裕之氏と大関温子氏には随分と励まされ書き上げることができました。第3版も改訂版に続き両氏にお世話になりました。この場をお借りしてお礼申し上げます。

2025年3月

牛　丸　　元

スタンダード企業論（第3版）◉目次◉

Part 1　企業のガバナンス

第1講　企業形態 …………………………………… *4*
1　企業形態の概要 ………………………………… *4*
2　会社の種類 ……………………………………… *7*
3　企業形態の実態 ………………………………… *10*
4　公企業と民営化 ………………………………… *12*

第2講　株式会社と企業形態の変遷 ……………… *16*
1　株式会社の機関 ………………………………… *16*
2　監査役会設置会社 ……………………………… *19*
3　指名委員会等設置会社（旧委員会設置会社） … *21*
4　企業形態の変遷 ………………………………… *23*

Column 1　会社法の改正　*29*

第3講　会社の所有と支配 ………………………… *30*
1　所有者支配と経営者支配 ……………………… *30*
2　アメリカにおける企業の支配構造 …………… *33*
3　アメリカの大企業 ……………………………… *38*
4　日本における企業の支配形態 ………………… *39*

第4講　CSR ………………………………………… *42*
1　企業のCSR活動の高まりとその背景 ………… *42*
2　CSRの構成概念 ………………………………… *45*

3　CSRの意義と効果 ･･･ *49*
　4　CSRとISO26000 ･･ *51*
　5　SDGsとESG ･･ *52*

第5講　コーポレート・ガバナンス ････････････････････････ *54*
　1　コーポレート・ガバナンスの背景 ････････････････････････ *54*
　2　ガバナンスのアプローチと理論 ･･････････････････････････ *55*
　3　日本企業のガバナンス ･･････････････････････････････････ *59*
　4　ガバナンスの国際比較 ･･････････････････････････････････ *61*
　5　ガバナンスの法制化 ････････････････････････････････････ *64*
　　Column 2　ドイツのコーポレート・ガバナンス改革　*66*
　　Column 3　企業不祥事と内部告発　*67*

第6講　親子上場 ･･ *68*
　1　親子上場 ･･ *68*
　2　親子上場のメリット ････････････････････････････････････ *71*
　3　親子上場のデメリット ･･････････････････････････････････ *73*
　4　親子上場に関する実証研究 ･･････････････････････････････ *75*
　5　親子上場の評価 ･･ *76*
　6　親子上場に対する政策の動向 ････････････････････････････ *77*
　7　親子上場の今後 ･･ *79*

Part2　企業の成長

第7講　企業家と経営者 ･････････････････････････････････ *82*
　1　企業家の概念 ･･ *82*

2　企業家の実態 ································· *85*
　3　起業プロセス ··································· *88*
　4　経営者としての企業家 ························· *91*
　Column 4 ダイバーシティ経営に必要なものとは？　*95*

第8講　ベンチャービジネス ···················· *96*
　1　ベンチャービジネスの概要 ····················· *96*
　2　ベンチャー企業の成長モデル ··················· *99*
　3　ベンチャービジネスの資金調達 ················ *100*
　4　ベンチャービジネスの支援インフラ ············ *105*

第9講　企業成長と多角化 ······················ *108*
　1　ライフサイクルと成長ベクトル ················ *108*
　2　新規事業の育成方法 ·························· *112*
　3　多角化の実態 ································ *114*
　4　多角化の効果 ································ *116*

第10講　M&A ···································· *119*
　1　M&Aとは ···································· *119*
　2　M&Aのタイプ ································ *121*
　3　株式取得方法とM&Aの防衛策 ················· *122*
　4　M&A先の決定とその効果 ······················ *126*

第11講　企業結合と独占 ························ *130*
　1　企業結合 ···································· *130*
　2　持株会社（Holding Company, Holdings：HD） ··· *135*

3　独占 ································· *138*
　4　市場支配と独占禁止法 ···················· *140*
　Column 5　企業再編と規制緩和　*142*

Part3　企業のネットワーク化

第12講　企業集団 ························· *144*
　1　財　閥 ································· *144*
　2　6大企業集団 ··························· *146*
　3　企業系列 ······························· *150*
　4　企業集団の収益性 ······················· *152*
　5　6大企業集団の変容 ····················· *153*

第13講　産業集積 ························· *155*
　1　産業集積の考え方 ······················· *155*
　2　産業地域の類型化 ······················· *156*
　3　産業地域論 ····························· *159*
　4　産業クラスター論 ······················· *160*
　5　地域産業システム論 ····················· *162*
　Column 6　国際合弁企業の寿命　*165*

第14講　企業間関係 ······················· *166*
　1　企業の企業間関係戦略 ··················· *166*
　2　企業間関係の分析単位 ··················· *167*
　3　企業間関係の理論 ······················· *170*
　4　企業成長と企業間関係問題 ··············· *176*
　Column 7　企業間の協力のしかた　*178*

第15講　企業間ネットワーク　179
1　企業間ネットワーク分析とは　179
2　ネットワーク分析の構成概念　181
3　日本における企業間ネットワークの研究例　187
Column 8　しっぺ返し戦略　191

第16講　戦略的提携とネットワーク　192
1　戦略的提携の概要　192
2　プロダクト・イノベーションと戦略的提携　195
3　製品アーキテクチャと戦略的提携　197
4　戦略的提携のマネジメント　199

Part4　企業の国際化

第17講　国際化と日本企業　204
1　国際化とは　204
2　多国籍企業の定義　205
3　多国籍企業を定義する視点　206
4　代表的多国籍企業と国際経営　208
5　日本企業の国際化　209

第18講　企業国際化の基礎理論　216
1　ハイマー＝キンドルバーガー理論　216
2　内部化理論　218
3　プロダクト・サイクルモデル　220
4　寡占的反応論　222

5　OLIパラダイム ··· *224*

第19講　国際化と組織構造 ······························· **228**
　1　海外参入方式 ·· *228*
　2　輸出と組織構造 ··· *230*
　3　海外生産と組織構造 ····································· *231*
　4　世界規模組織の発展プロセス ························· *236*

第20講　国際企業の組織モデル ························ **240**
　1　組織形態から組織モデルへ ···························· *240*
　2　マルチナショナル，インターナショナル，グローバル ········· *241*
　3　国際組織モデルの企業例 ······························· *245*
　4　トランスナショナル型組織モデル ·················· *247*
　5　メタナショナル型組織モデルの時代 ··············· *249*

第21講　日本企業グローバル化の課題 ············· **252**
　1　日本企業と本国中心主義 ······························· *252*
　2　企業文化と国の文化 ···································· *253*
　3　日本的経営システムの移転 ··························· *258*
　4　日本的生産システムの移転 ··························· *261*

参考文献　*265*
事項索引　*280*
人名索引　*285*

スタンダード企業論
(第3版)

―企業のガバナンス・成長・ネットワーク化・国際化―

企業のガバナンス

Part1のねらい

　Part1では，企業が永続的に事業を行うためには，どのような仕組みを整えなければならないのかといったガバナンスの問題について検討します。

　企業にはどのような形態がありそれらがどのように発展してきたのか，企業の最終的な形態である株式会社にはどういう特徴があるのか，会社はいったい誰のものなのか，企業は社会においてどのような存在なのか，そして，企業が社会においてその役割を全うするには，経営者をどのようにして規律づける必要があるのだろうか，といった問題について考察していきます。

第1講　企業形態

1 企業形態の概要

(1) 法的形態と経済的形態

　企業とは，社会の経済的主体として財やサービスを提供する事業体のことを指します。企業形態は，企業目的を効果的に達成するための企業の構造・仕組みのことをいいます。企業形態は，その見方によって，経済的形態と法的形態の2つに分類することができます。

　経済的形態は，出資者の構成や，出資と経営の在り方から企業を分類したものです。出資者が民間の私人か国や地方公共団体かによって，私企業と公企業に大きく分けることができます。公企業はさらに，狭義の公企業と公私合同企業に分けることができます。

　法的形態は，法律によって形態が分類されたもので，企業の要件や運用原理が法律によって規定されています。企業形態といえば法的形態を指すことが多く，一般的に用いられています。

　このうち，私企業に相当する企業は，2006年5月施行の会社法によって大きく変更がありました。また，公企業は不安定で，中でも公私合同企業は，特殊法人や現業などが民営化される傾向にあります。

(2) 私企業の分類

　私企業は，1) 個人企業と2) 共同企業に分けることができます（図表1-1）。

1）個人企業

　個人企業とは，法人を設立することなく個人が事業を行う企業のことです。個人事業主ともいわれます。従業員を雇うこともできます。卸売・小売・飲食店に多く，全企業の半数を占めています。長所と短所は次のとおりです[1]。

　長所は，①設立が容易である，②個人が出資者兼経営者なのでスピーディーな経営ができる，③他の企業形態とは異なり利益はすべて経営者のものとなるので意欲が高いなどです。一方短所は，①資本調達能力に限界がある，②企業者が仕事をできなくなった時点で存続が不可能となる，③出資者である企業者は出資と経営の全責任を負い無限責任であるなどです。

　個人企業の短所の原因は，個人企業が法人化されていないことにあります。法人とは，企業が1人の人間のように権利義務の主体となることをいいます。日本では，法律（民法33条）で規定されることによって初めて企業が法人と規定されます。このことを法人法定主義といいます。個人企業の場合，法人成りといって，個人企業が有限責任や税制上の特典を受けるために株式会社などの法人組織にすることが許されています。

2）共同企業

　共同企業には，法人格を有する法人企業と法人格をもたない非法人企業があります。

　法人企業は，①営利法人，②中間法人，③公益法人に分けられます。①の営利法人には，会社法で定められた合名会社，合資会社，株式会社，合同会社の4つがあります。②の中間法人は，非営利・非公益である法人です。相互会社[2]，協同組合（生活協同組合，農業協同組合，漁業協同組合など），共済組合，信用金庫，旧中間法人法において中間法人とされた組織[3]などがあります。③の公益法人は，非営利で公益である法人です。許可主義（民法第32条）に則り，主務官庁の許可により設立可能となります。活動や利子所得に，非課税・軽減税率が適用されます。主として公益社団法人と公益財団法人から構成されます[4]。この他，宗教法人，学校法人，社会福祉法人，医療法人，そして，特定非営利活動法人（NPO法人）なども公益法人に含まれます。

　非法人企業は，権利能力がありません。民法上の組合，匿名組合，効力な

図表1-1　企業の分類

私企業	共同企業	法人企業（私法人）	営利法人（会社）	合名会社
				合資会社
				株式会社
				合同会社
			中間法人	相互会社
				協同組合
				共済組合
				信用金庫など
				旧中間法人法による組織
			公益法人	公益社団法人
				公益財団法人
				宗教法人，学校法人，社会福祉法人，医療法人など
				特定非営利活動法人（NPO）
		非法人企業	民法上の組合，匿名組合，効力なき社団，有限責任事業組合（LLP）など	
	個人企業	（法人成りを含む）		
公企業	第4節にて別途検討			

注：労働組合は非法人企業である場合と中間法人である場合がある。
出所：各種資料にて筆者作成。

き社団（同窓会，学会，大学のサークル，ボランティア団体など），有限責任事業組合（LLP: Limited Liability Partnership）などが入ります。民法上の組合は無限責任であるのに対し，LLPは有限責任です。なお，労働組合は非法人企業ですが，労働組合法の規定により法人となることができます。この場合は，中間法人に分類されます。

（3）会社法と法的形態

　会社を規定する法律を一般に会社法といいますが，これは商法（第二編），商法特例法，有限会社法を総称したものです。会社法では，会社は合名会社，合資会社，有限会社，株式会社の4つに分類されていました。2006年5月か

らは，会社形態ごとに分散していた法律が新しい「会社法」に一本化されました。そして，起業の促進を図る目的で，会社設立における各種規制も大幅に緩和されました。おもな改正点は以下の３点です。

① 有限会社を廃止して，株式会社に統合した。ただし，既存の旧有限会社は法律上株式会社であるが，「特例有限会社」として有限会社の商号を名乗ることができる。
② 会社の最低資本金制度（株式会社：1,000万円以上，有限会社：300万円以上）の撤廃。
③ 合同会社（日本版LLC: Limited Liability Company）の新設。

2 会社の種類[5]

　営利を目的とした会社（営利法人）には，（１）合名会社，（２）合資会社，（３）合同会社，（４）株式会社があります。このうち合名会社，合資会社，合同会社は持分会社と呼ばれています。旧商法に依拠するものが，合名会社，合資会社，株式会社です。準則主義に則り，商法が定める一定の条件を満たせば自由に設立でき，利益の創出や配分も可能です。これらは，すべて会社法のもとで整理統合されました。ここでは，合名会社，合資会社，新会社法によって新たに設立された合同会社，株式会社についてみていきます（図表1-2）。

（１）合名会社（General Partnership）

　合名会社は，１人以上の社員と呼ばれる出資者[6]が定款[7]を作成すれば成立します。出資は，金銭だけでなく，土地，建物，技術，信用，労務でもよいことになっています。会社の債権者に対して各社員が債務額全額の連帯責任を負う無限責任社員から構成される会社です。経営は，社員（＝出資者）全員が共同で直接担当します。出資と経営は一致しています。したがって，個々人の信用が重んじられますので，社員は，血縁関係や親しい間柄の人か

Part 1 企業のガバナンス

図表1-2　会社の形態

会社の形態	合名会社	合資会社	合同会社	株式会社
会社の類型	持分会社			株式会社
出資者	1人以上	2人以上	1人以上	1人以上
社員構成	無限責任のみ	無限責任 有限責任	内部的には組合 外部的には有限責任	有限責任
出資の内容	金銭・その他財産・信用・労務		金銭・その他の財産，1円以上 (信用・労務の出資は不可)	
内部自治	定款自治（社内規定で自由に決められる）			法規による規制
利益・権限の配分	自由			出資額に比例
機関設計	制約なし（機関設計の規定なし。意思決定は業務執行社員の過半数で決める。）			注1〜4参照

注1：株主総会が必要
　2：取締役会を設置しない場合，取締役は1人以上。設置する場合は，3人以上必要。
　3：代表取締役は，取締役会を設置する場合は1人以上必要。
　4：監査役を設置する場合が多い。
出所：各種資料にて筆者作成。

ら構成されます。人的会社といえるでしょう。会社の第1段階であるといえます。

（2）合資会社（Limited Partnership）

　合資会社は，債務に対し無限に責任を負う無限責任社員と，債務に対し出資額を限度とし責任を負う有限責任社員から構成されます。

　合資会社は，有限責任社員が，出資して利益の配分を求めるだけで，経営には関与しないことができることから[8]，合名会社よりも多くの資本を調達することができます。合資会社も人的会社といえ，社員の範囲も限られ出資規模には限界があることから，規模的には小さいといえます。また，無限責任社員と有限責任社員がそれぞれ1人以上，合計2人以上の社員が必要なため，無限責任社員のみになった場合は，合名会社，有限責任社員のみになった場合は，合同会社（後述）として存続されます。

（3）合同会社（日本版LLC: Limited Liability Company）

　日本では2006年の会社法によって導入された新しい会社の形態です。出資者全員が有限責任であるという特徴と，支配権や利益配分の割合を定款によって自由に決められる組合の性格の両方を有しているという特徴があります。ソフト産業のように，資金よりも知的出資が重要な意味をもち，出資比率にとらわれずに，自由な支配権と利益配分の仕組みが要請されるような企業にとって有効であるとされます。

　民法上の組合や任意組合，匿名組合は法人ではないため，法人税は課税されず，構成員に課税される構成員課税（パススルー課税）となっています。しかし，合同会社は，組合的な性格を有するといっても，法人格を有していますので，法人税が課税されます。

　日本版LLCは，アメリカのLLCをお手本としたのですが，アメリカのLLCは構成員課税になっています。そこで，税制上構成員課税の方が使い勝手のよいことから，合同会社とは別に，構成員課税を採用しているイギリスのLLP（Limited Liability Partnership）をお手本とし，有限責任事業組合（非法人企業に分類）が制度化されています。

（4）株式会社

　株式会社は，多額の資本を最も効率よく集める制度です。株式会社の特徴は，大きく，1）証券化，2）全員有限責任，3）会社機関の存在があげられます。詳細は第2講とし，ここでは概要をみていきます。

1）証券化

　株式会社は，全員を有限責任とし無限責任をなくし，出資の持分を株式という証券にしています。合名会社や合資会社といった持分会社では，出資の権利は他人に簡単に譲渡できませんでしたが，証券化によって，容易に譲渡することができるようになりました。出資の権利を株式として自由に譲渡できることになったため，出資者の危険負担が減少し，出資しやすくなりまし

た。また，合名会社や合資会社では難しかった短期資金も集めやすくなったことから，多額の資本を集中することができるようになりました。

2）全員有限責任

出資者である株主は合資会社と同じ有限責任です。しかし，無限責任を廃止したことから，企業と出資者である株主との人的関係は失われることになり非人的資本形態としての特徴をもっています。そういう意味において，資本的集団企業とみなされます。

3）会社機関の存在

株式会社は，資本が集めやすいことから，出資者である株主の数も他の形態に比べ非常に多く，多数の株主からの経営に対する意見をうまく調整する必要があります。そのために，最高議決機関である株主総会や，業務執行の意思決定を行う重役会と呼ばれる取締役会，会計監査と取締役の業務執行監査を行う監査役（会）を設置するなど[9]の機関の設置が法制化されており，経営上の工夫がなされています。

3 企業形態の実態

（1）産業別実態

総務省『経済センサス：基礎調査』[10]によれば，2021年6月1日時点におけるわが国の企業等の数は368万4,049企業となっています。このうち「法人」は206万5,484企業（全体の56.1％），「個人経営」は161万8,565企業（同43.9％），法人のうち「会社企業」は178万1323企業（同48.4％），「会社以外の法人」は28万4,161企業（同7.7％）となっています。

産業別にみると，「卸売業，小売業」が最も多く74万1,239企業（全体の20.1％），続いて「宿泊業，飲食サービス業」42万6,575企業（同11.6％），「建設業」42万6,155企業（同11.6％）で，上位3産業で全産業の43.3％，第三次産業で全産業の78.2％を占めています。

事業所数でみると，会社企業は515万6,063事業所，従業者数は約5795万人となっています。これに国や地方公共団体を含む事業所を含めると全体で528万8,891事業所，従業者数は約6,242万8,000人となっています。

2020年の売上高は，企業全体で1,693兆3,126億円であり，「卸売業，小売業」480兆1,679億円（全産業の28.4％）と最も多く，次いで「製造業」387兆606億円（同22.9％），「医療，福祉」173兆3,369億円（同10.2％）となっており，上位3産業で全体の61.5％を占めています。第三次産業で全産業の69.6％を占めています。

また，1企業当たりの売上高は，4億9,194億円であり，「電気・ガス・熱供給・水道業」が70億2,589万円と最も多く，次いで「金融業，保険業」40億9158万円，「複合サービス事業」16億6,983万円となっています。

（2）規模別実態

企業規模については，中小企業基本法において定義されるものが一般的に用いられています。図表1-3は，中小企業の範囲を示したものですが，業種によって範囲は異なることに注意をしてください。

『2024年版中小企業白書』[12]によれば，2021年時点で民営非一次産業における，全企業数は337万5,255社で，中小企業数（会社数＋個人事業者数）は336万4,891社となっており，全企業数に占める割合は99.7％です。また，企業の中でも会社形態に絞ってみた場合，全会社数は175万6,690社で，中小企業の会社数は174万6,540社となっており，全会社数に占める割合は99.4％です。

図表1-3　中小企業基本法による中小企業の範囲

業種	資本金もしくは出資の総額	常勤の従業員数
製造業その他	3億円以下	300人以下
卸売業	1億円以下	100人以下
小売業	5千万円以下	50人以下
サービス業	5千万円以下	100人以下

出所：中小企業基本法に基づき，筆者作成。

中小企業の割合が，99.7%であるという数値は，長期にわたり持続している数値であり，一般的に日本の中小企業の割合を示したものとして広く知られています。

4 公企業と民営化

(1) 公企業の形態(13)

公企業の経営形態は，1）官庁企業→2）公共法人→3）会社公企業の順で出現し，会社公企業になるに従って企業性も高くなります。これら3つの形態は，中央政府レベルと地方自治体レベルに分けることができます（図表1-4）。

1）官庁企業に関しては，中央政府レベルでは，国有林野事業が現業としてあげられます。地方自治体レベルでは，地方公営企業と呼ばれており，水道・下水道・工業用水道・地下鉄・バス・病院・電気・ガスなどの分

図表1-4　日本の公企業の分類

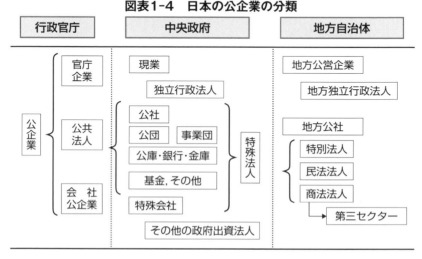

出所：桜井（2006）17頁，図Ⅲ-1より抜粋。

野が相当します。

2）公共法人は，中央レベルでは，公社・公団・事業団という名称のものがそれにあたります。高度経済成長期に最多で101設立されましたが，1990年代に整理・統合され，多くは2001年からの独立行政法人[14]に移行しました。印刷局や造幣局は独立行政法人にあたります。地方レベルでは，地方公社があげられ，特別法人，民法法人，商法法人などがあります。中でも商法法人にあたる「第三セクター」[15]は，株式会社形態の混合出資会社です。

3）会社公企業は，中央レベルでは，特殊会社と呼ばれ増加しています。
公共法人と3）における特殊会社は，特殊法人と総称され特別な法律によって設立されたものです。

（2）公企業の役割とX非効率と民営化

公企業は，政府（中央・地方）が所有する企業です。私企業同様に財やサービスを提供しつつ，これを通じて，政府として市場経済に介入していますので，企業性と公共性の2つの側面をもっています[16]。

公共性の側面は，資本主義ではあるけれども「市場の失敗」[17]があるためにそれを補完するという役割を果たしています。企業性の側面は，公企業の活動領域が，インフラストラクチャーや新技術開発など私企業では経済面において建設・維持し得ない施設・事業を手掛ける役割を果たしているといえます。

公企業の事業はほとんどが独占的であることから，経営者・従業員ともに効率よく経営をするという姿勢に欠けるところがあります。この企業内に生じるゆがみを組織スラックと呼びます。

ライベンシュタイン（Leibenstein）は，組織スラックによって独占企業が非効率化していることを，X非効率と名づけています[18]。民間企業では独占企業ではないかぎり非効率だと倒産します。損失は出資者のみです。このような自然淘汰はむしろ効率的な企業が栄えるという意味で国民は利益を受けることになります。一方，公企業は倒産がありませんので，非効率的部分の

負担は国民が背負うことになります。

こうしたX非効率の問題を解決するために，公企業の中でも民営化可能なものに関しては，民営化していこうという世界的な流れが出てきました。

日本の公企業の民営化は現在のところ2段階を経てきています[19]。

第1は，第2次臨時行政調査会の基本答申に基づいて行われた，三公社の民営化です。1985年4月に日本電信電話公社が日本電信株式会社（NTT），日本専売公社が日本たばこ産業株式会社（JT）に改組されました。そして，1987年4月に日本国有鉄道が6つの旅客会社（JR北海道，JR東日本，JR東海，JR西日本，JR四国，JR九州）とJR貨物に分割・改組されました。

第2は，特殊法人整理合理化計画をはじめとする改革の中での民営化です。2004年4月の営団地下鉄の東京地下鉄道株式会社，新東京国際空港公団の成田国際空港株式会社，2005年10月の日本道路公団の東日本・中日本・西日本各高速道路株式会社，首都高速道路公団の首都高速道路株式会社，阪神高速道路公団の阪神高速道路株式会社，本州四国連絡橋公団の本州四国連絡高速道路株式会社，そして，2007年の日本郵政公社の日本郵政株式会社です。日本郵政株式会社は持株会社で，その傘下に日本郵便株式会社（2012年10月に郵便事業株式会社と郵便局株式会社が会社統合），株式会社ゆうちょ銀行，株式会社かんぽ生命保険があります。

注

1) 鈴木（2006a）8頁。
2) 相互会社は，保険業法により保険事業を営む企業だけに認められた特殊な会社形態。保険加入者が保険料を拠出し，事故の際はそこから保証を受ける相互扶助の目的で設立される。保険加入者自身が社員として会社を構成し，社員は保険料を限度とする有限責任を負う。相互会社の最高議決機関は保険料に関係なく1人1票の社員総会でなされる。社員数は会社によっては1,000万人を超えることがあるため，実際は社員総代により実施される。保険会社には株式会社形態のものが存在する。株主が会社を構成し，保険加入者は保険会社の顧客として存在する。現在，株式会社形態に移行する相互会社が増えている。
3) 公益法人改革により，中間法人法は廃止され，一般社団法人および一般財団法人にかかわる法律が法人を規定することになった。たとえば同窓会や青年会で中間法人化し

たものなどは，中間法人の廃止にともない自動的に一般社団法人に移行した。
4）一般社団法人と一般財団法人の中から公益性が高いと認められた法人が公益認定を受ける。
5）会社の形態に関しては，以下を参考。岩森（2002）25-27頁；汪（2007）44-50頁；柿崎（2003）72-75頁；金森（2006）31-33頁；鈴木，前掲稿，10-11頁。
6）商法ならびに会社法では，出資者を社員と呼ぶ。一般的に使われる社員は，従業員と呼ばれる。
7）会社の目的・組織・経営に関する諸規則が書かれた書類。
8）会社法施行前は，有限責任社員は，会社の業務を執行したり代表にはなれないとされていたが，会社法（590条）では認められた。
9）この機関を設置する会社のことを，監査役（会）設置会社という。この他，指名委員会等設置会社，監査等委員会設置会社（2014年6月の会社法改正で新たに設置）がある。詳細は第2講にて説明。
10）総務省（2021）。
11）事業所とは物やサービスの生産活動が行われる基本的単位であり，工場，事業所，本社などを指す統計上の概念。企業は単独事業所の場合も，多数の事業所をもつ場合もある。
12）中小企業庁（2024）付属統計資料1表。
13）桜井（2006），16-17頁。
14）独立行政法人は，行政組織を企画立案部門と執行部門に分け，後者を担わせる組織として制度化された。
15）第一セクターを公企業，第二セクターを私企業と呼び，それらの共同出資から第三セクターと呼ぶ。
16）桜井，前掲稿，16-17頁。
17）市場の失敗とは，何らかの事由により，市場において十分に市場原理が働かないか，働いたとしても弊害が発生すること。本当に必要な財・サービスでも市場に任せていたのでは供給されにくい場合や，需要者や供給者の合理的行動の結果，公害のように社会に不利益な影響が発生する場合がある。
18）X非効率の説明に関しては，金森，前掲稿，37-38頁。
19）公企業民営化の経緯に関しては，桜井，前掲稿，22-23頁。

第2講 株式会社と企業形態の変遷

　第1講でみたように，株式会社は多額の資本を最も効率的に集められる制度として誕生しました。第2講では，この株式会社の仕組みと，歴史的にどのようにして株式会社が形成されてきたのかをみていきます。

1 株式会社の機関

　今まで，株式会社の機関については，商法の「第二編　会社」においてその基本組織の在り方について定められていました。これを一般的に会社法と呼んでいたのですが，2006年の5月に現在の会社法が，新たに定められました[1]。

　新しい会社法の特徴は，従来に比べて株式会社における機関設計の自由化がなされたことです。これを「機関設計自由の原則」といいます。

　株式会社の機関には，①株主総会，②取締役，③取締役会，④代表取締役，⑤監査役，⑥監査役会，⑦会計参与，⑧会計監査人，⑨委員会，⑩執行役などがあります。これらの役割は主に次のようになります[2]。

① 株主総会：株主によって構成され，その総意によって会社の意思を決定する機関。株式会社では必ず設置しなければならない。
② 取締役：取締役会非設置会社において，業務を執行し，会社を代表する。複数いる場合には，会社の業務執行は原則として取締役の過半数で決定する。
③ 取締役会：業務執行に関する会社の意思決定を行うとともに，取締役の職務執行を監督し，取締役の中から代表取締役を選定（解職）する権限を有する。
④ 代表取締役：業務を執行し，会社を代表する権限をもつ重要な機関。

従来はその設置が必須であったが，任意に改められた。
⑤　監査役：取締役の職務を常時チェックし，違法行為があった場合に，迅速に対応するために設置された。
⑥　監査役会：すべての監査役から構成される監査機関で，監査役の調査を分担することによってその実効性を高めようという目的で導入された。
⑦　会計監査人：大会社は会計監査の業務が膨大かつ複雑になるため，会計の専門家である会計監査人を必ず設置しなければならない。
⑧　会計参与：取締役や執行役と共同して計算書類などの作成を担当し，株主総会で，それらの書類について説明する。
⑨　委員会：指名委員会等設置会社におかれ，「指名委員会」・「監査委員会」・「報酬委員会」という3つの委員会がある。
⑩　執行役：指名委員会等設置会社におかれ，業務執行を行う役員。委員会設置会社ではない会社における業務執行役に相当する。また，代表執行役は，代表取締役に相当する。執行役と取締役は兼任することが多い。

　これらの機関の設計については，大会社なのか大会社以外なのか，公開会社（株式譲渡会社）なのか非公開会社（株式譲渡制限会社）なのかによって異なります。図表2-1は，これらの機関の設計について大会社・大会社以外と公開会社・非公開会社別にみたものです。株主総会と取締役はどのタイプの株式会社においても必須ですが，それ以外の選択の仕方は，大会社で公開会社の場合を除き，さまざまです。
　大会社で公開会社の場合は，「監査役会設置会社」，「指名委員会等設置会社（旧委員会設置会社）」，「監査等委員会設置会社」（2014年6月の会社法の改正により新たに設置）の3つの設置が定められています。ただし，ここでいう大会社の定義は，第1講でみた中小企業基本法による定義とは異なりますので注意を要します。大会社と公開会社の定義は以下のようになります[3]。
　①　大会社：最終事業年度にかかわる貸借対照表で，次に掲げる要件のいずれかに該当する株式会社（会社法2条6号）
　　（a）資本金として計上した額が5億円以上

(b) 負債の部に計上した額の合計額が200億円以上
② 公開会社：発行する全部または一部の株式について会社の承認を得ず

図表2-1　会社の機関設計(注3)

会社の態様		機関設計(注1)
大会社	公開会社	取締役会・監査役会・会計監査人*
		取締役会・三委員会・会計監査人**
	非公開会社	取締役・監査役・会計監査人
		取締役会・監査役・会計監査人
		取締役会・監査役会・会計監査人*
		取締役会・三委員会・会計監査人**
大会社以外の会社	公開会社	取締役会・監査役
		取締役会・監査役会*
		取締役会・監査役・会計監査人
		取締役会・監査役会・会計監査人*
		取締役会・三委員会・会計監査人**
	非公開会社	取締役
		取締役・監査役
		取締役・監査役・会計監査人
		取締役会・会計参与(注2)
		取締役会・監査役
		取締役会・監査役会*
		取締役会・監査役・会計監査人
		取締役会・監査役会・会計監査人*
		取締役会・三委員会・会計監査人**

注1：株主総会はすべての機関設計に含まれるため，ここでは除外した。
　2：取締役会設置会社（委員会設置会社は除く）は監査役をおく必要があるが，公開会社ではない会社で会計参与を設置する会社は例外となる（会社法327条2項）。なお，会計参与は原則的にいずれの場合も任意に設置できる。
　3：2014年の会社法の改正によって設置された監査等委員会設置会社については含めていない。
　　＊　監査役会設置会社，＊＊　指名委員会等設置会社
出所：佐藤（2005）39頁。

図表2-2 株式会社の決議要件

決議の種類	定足数（原則）	可決方法（原則）	主な対象事項
普通決議	議決権の過半数	出席株主の議決権の過半数	・取締役の選任・解任 ・監査役の選任 ・計算書類（決算書）の承認 ・会計監査人の選任・解任
特別決議	議決権の過半数	出席株主の議決権の3分の2以上	・一般の定款変更 ・M&Aに関する決議 ・監査役の解任
特殊決議	議決権を有する株主の半数以上	出席株主の議決権の3分の2以上	・譲渡制限会社になるための定款変更
	総株主の半数以上	総株主の議決権の4分の3以上	・譲渡制限会社において株主ごとに異なる取扱いを新設・変更する場合の定款変更

出所：オンライン会計事典ホームページ（https://www.kaikeijiten.com/governance/kabunushisoukai/）2024年11月4日アクセス。

とも譲渡・取得できることが定款で定められている会社（会社法2条5号）。図表2-2は，株式会社の決議要件を示したものです。

2 監査役会設置会社

監査役会設置会社とは，監査役会をおく株式会社または監査役会をおかなければならない会社のことをいいます。大会社以外の会社もしくは公開会社以外の会社の場合は，任意に設置することが可能です。株式会社の機関といえば，従来から，この監査役会設置会社の機関を指します。

監査役会設置会社では，会社の機関は主として，1）株主総会，2）取締役会（取締役，代表取締役により構成），3）監査役会（監査役により構成）の3つから構成されます。株主総会，取締役会，監査役会は，それぞれ，国の機関である国会，内閣，裁判所に相当するとされ，三権が分立し運営される仕組みとなっています（図表2-3）。

この他，会計監査人をおく場合があります。特に，大会社は，規模が大き

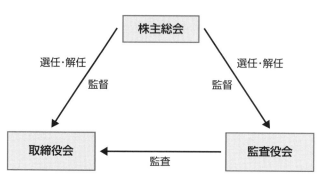

図表2-3　監査役会設置会社

出所：鈴木（2006a）13頁を加筆。

く業務が膨大かつ複雑になるため，会計監査人を必ず設置しなければなりません。以下，主として，大会社の公開会社にみられる，株主総会，取締役会，監査役会についてみていきます[4]。

1）株主総会

株主総会は，最高意思決定機関として位置づけられます。構成員は株主であり，1株には1票の議決権が付与されています。総会は最低年1回開催されますが，多数決の原理に従っています。株主総会での審議事項は，①定款の変更，解散，合併，営業譲渡，②取締役・監査役の選任・解任と役員報酬，③決算書の承認と利益配当の決定，などが中心的なものです。

2）取締役会

取締役会は，株主総会で選任された取締役によって構成されます。年に1度程度開催の株主総会では，日常の業務執行にかかわる意思決定にまで関与することはできません。①代表取締役の選任・解任，②管理職などの選任・解任，③新株・社債の発行，④重要な財産の処分および譲渡，などに関する意思決定を行います。このように，取締役会は，業務に関する意思決定を行うことと，代表取締役を監督する役割があります。

3）監査役会

監査役会は，取締役会およびそこで選出された代表取締役の業務執行が株

主の利益に合致しているか否かをチェックする機関です。監査役会は，会社の会計監査と業務監査を行います。3人以上の監査役で構成され，半数（2人）以上は社外監査役でなければなりません。監査役会が機能することによって，会社の業務が株主の利益に沿ったかたちで健全になされるといえます。

監査役会設置会社とは別に，監査役設置会社があります。これは，非公開会社もしくは大会社ではない会社において業務監査を行う監査役を設置している会社のことで，1人以上でよいとされます。

3 指名委員会等設置会社（旧委員会設置会社）

（1）監査役会設置会社の問題点

監査役会設置会社の取締役会に関しては以下の問題点が指摘されています[5]。

① 日本企業では取締役会の構成員のほとんどが業務執行担当者によって占められているため，意思決定および経営の監視（全般管理）と業務執行（部門管理）が未分離になっている。

② 代表取締役である社長の権限がきわめて強く，取締役のほぼ全員が社内取締役であることもあり，取締役による社長の監視機能が十分に機能しない。

③ 取締役の数が多いため十分な議論ができない。また，内部に序列が形成されている。

④ 社外取締役がきわめて少ない。

監査役会に関しては，以下のことが指摘されています[6]。

① 日本企業では，監査役は内部昇進がほとんどで，その人事権を社長が実質的に掌握している。

② 監査役は社内の役員の中でも序列が相対的に低いことから，社長など最高経営責任者の業務執行を監査することは実質不可能である。

（2）指名委員会等設置会社の機関

　指名委員会等設置会社とは，取締役会の中に，社外取締役を中心とした，①指名委員会，②監査委員会，③報酬委員会を設置（会社法2条12号）し，それとは別に，業務執行を役割とする執行役を設置（会社法402条1項）した会社です（図表2-4）。2014年6月に従来の会社法が改正されたことにより，委員会設置会社から名称変更されました。法改正についてはColumn1を参照してください。今までは，取締役が経営の監督機能と業務執行機能を兼務することが多かったのですが，これにより，監督機能と業務執行機能が分離され，取締役会の権限は基本的な経営事項の決定と執行役およびその職務執行の監督とし，執行役は取締役会から業務遂行を委任され，迅速に業務執行を遂行することが可能となりました。なお，執行役は取締役を兼務できます。

　各委員会は取締役の中から取締役会の決議により選定した委員3人以上でそれぞれ組織され，その過半数は社外取締役で構成されます（会社法400条3

図表2-4　指名委員会等設置会社の機関

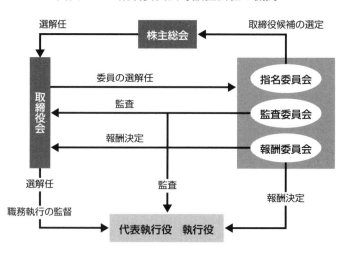

出所：あずさ監査法人ホームページ（http://www.azsa.or.jp/b_info/keyword/committee.html）
　　　2012年4月19日アクセス。

項)。また，監査委員会があるので，監査役をおいてはならないことになっています（会社法327条4項）。各委員会の役割は次のとおりです。

① 指名委員会：株主総会に提出する取締役（会計参与設置会社については会計参与も含む）の選任や解任に関する議案の内容を決定する。
② 監査委員会：執行役・取締役（会計参与設置会社については会計参与も含む）の職務に関してその適否を監査する。
③ 報酬委員会：個人別の役員報酬を決定する。

このように3つの委員会が株主の利益を擁護する見地に立って，厳正な監督を行うことができるようになっています。

この他，指名委員会等設置会社の取締役の任期は1年となっています。通常は2年ですから，短縮されたことになります。毎年，取締役が評価されることになり，監督業務の厳正化がなされることになります。また，取締役会は，執行役が2人以上の場合は，執行役の中から，代表執行役を選定します。1人の場合は，その執行役が代表執行役となります。代表執行役は取締役会により解任することができます。

4 企業形態の変遷[7]

企業形態は，個人企業→合名会社→合資会社→株式会社へと発展してきました[8]。企業形態の原型は，イタリアおよびヨーロッパ諸都市における，コンメンダ（commenda）とソキエタス（societas）にあり，資本結合の2つの基本的タイプとされます。コンメンダは無機能資本家による有限責任投資といった今日広く一般に普及している投資形態の原型をみることができます。また，ソキエタスは現在の合名会社の原型といわれています。そして，これらが融合したマグナ・ソキエタス（コンメンダ＋ソキエタス）は，現在の合資会社の原型とされています。これらは，株式会社の原型といわれる，東インド会社に発展していきます。

（1）コンメンダ[9]

　コンメンダは，10世紀頃，イタリアの商業都市であるジェノバやベネチアで発生し，13〜15世紀にはイタリアおよびヨーロッパの諸都市における海上商業の一般的企業形態となりました。当時の商業の中心はイタリアであり，イタリアの商人は香辛料の産地であるアジアとの貿易を盛んに行っていました。そのため，海上商業は巨額の資本が必要でした。そのうえ，海賊の出現や航海技術の未熟さなどによってリスクの高いものでした。貿易を行う商人（トラクタトール）は航海するだけの十分な資本を持ち合わせておらず（当初は無出資），貸主（コンメンダトール）から資本（貨幣，用船，商品）を集める必要がありました。コンメンダとは委託を意味しており，文字どおり，商人に資本を委託して貿易をさせるというものだったのです。海上商業から得た利益は，4分の3が資本家，受託者である商人が4分の1の割合でした。損失した場合は，商人が無限責任を負う一方で，資本家は出資を限度とする有限責任を負いました。初期コンメンダはこのようなもので，合資会社的要素を有していましたが，1回の航海ごとに事業を起こし，終了したときに清算・解散するという当座企業でした。

　また，コンメンダは，貴族や聖職者といった当時裕福な階級の人たちが，氏名を隠して共同で出資して，資金のない商人に事業をさせるといった意味において匿名組合的要素を有していたともいえます。

　いずれの場合においても，コンメンダにおいて，自らは経営に関与しない投資家（無機能資本家）が，有限責任で投資するといった今日では一般的な投資形態の原型をみることができます。

（2）ソキエタス

　ソキエタス[10]は，合名会社の原型ともいわれ，12〜13世紀の陸上商業が発達していたイタリアのフィレンツェやシエナで発生し，機能資本家（投資もし経営もする）同士の相互的な共同企業的結合関係として生まれました。そして，地中海沿岸やヨーロッパ諸都市における陸上商業に広まっていきまし

た。

　当時の陸上商業は，地中海沿岸やヨーロッパ諸都市に分散した市場を仲介し，市場間の価格差を利用して利潤をあげていました。そのためには，個々の資本額が大きいこと，それぞれの市場に機能資本家が存在すること，そして機能資本家が協力することが必要でした。必然的に，機能資本家同士が資本を結合して大資本を形成し，共同経営する企業が必要となってきました。それがソキエタスでした。

　ソキエタスは，当初家族共同体もしくは血縁関係を基礎としており，対外的には無限責任でした。その後，一定の存在期間をもつ会社契約のうえに設立されるようになり，責任形態も営業に関するかぎりでの連帯責任に限定されるようになりました。このようにして，全社員すなわち出資者の無限責任性，企業支配の合議制，各社員が会社の名において第三者に対抗できる代表権が成立しました。これにより，現在の合名会社の原型が出現したのです。

（3）マグナ・ソキエタス

　ソキエタスは，機能資本家の結合体であることから，社員は企業経営と配分を自己に有利になるようにすすめようとします。その結果，社員数（出資者数）が多くなると，社員間での経営や利潤配分をめぐっての対立が激化し，資本の集中や事業規模・範囲には限界が生じてきました。

　この限界を克服するために，ソキエタスに無機能な持分資本家すなわち無機能資本家が有限責任で関与するようになりました。家族を中心とした出資と経営に，出資はするが経営はしない他者が加わったような会社が生まれたのです。このように，ソキエタスにコンメンダでみられた無機能資本家が参加したものは，マグナ・ソキエタスと呼ばれ，15～16世紀のヨーロッパではどの地域にもみられました。現在の合資会社の原型といえるでしょう。

（4）東インド会社

　アメリカ新大陸の発見による大航海時代の始まりによって，貿易事業のリスクが非常に大きなものとなりました。合名会社形態に近いソキエタスや合

Part 1　企業のガバナンス

資会社形態に近いマグナ・ソキエタスにしても，無限責任を負う出資者が限られるようになって行き詰っていました。また，過当競争による共倒れも増加しました。そこでイギリスにおいて，クイーン・エリザベス1世の特許状（チャーター）を得て，東洋貿易を独占する特権を与えられたイギリス東インド会社が1600年に設立されました。

これに対抗してオランダが設立したのが，オランダ東インド会社です。これは，乱立していた先駆会社[11]を統合したもので，次のような特徴をもっていました[12]。

① 出資者全員の有限責任制
② 会社機関の1つである取締役会の設置
③ 資本の証券化
④ 永続企業

これらは，株式会社の基本的特徴をなすということで，オランダ東インド会社は株式会社の原型とされます。ただし，現代の株式会社と異なる点として，①取締役は特許状により専制的に任命され，専制的な支配を行ったこと，②一般出資者は社員総会をもたず会社経営からまったく排除されていたこと，をあげることができます[13]。

一方，イギリス東インド会社は，1航海ごとに清算し解散するジョイント・ストック・カンパニーと呼ばれる当座企業であったことから株式会社とはいえませんでしたが，1657年に配当制が導入されて永続企業となり，1665年に全社員の有限責任制が導入されたことによって，株式会社といえる形態となりました[14]。18世紀初頭には，ロンドンやパリでは株式ブームが起こりました。投機的行為を行う実態のない会社である南海会社（The South Sea Company）が出現したのをきっかけに，泡沫会社といわれる同様の会社が乱立し，株式バブルが発生しました。これを取り締まるために，イギリス政府は泡沫会社禁止法を制定したことによって，株価は大暴落しました。これを「南海の泡沫事件」といいます。それ以後，イギリスでは1世紀余りにわたり株式会社の設立は禁じられることになりますが，18世紀後半の産業革命によって，巨大資本が必要となってくると，さまざまな法的整備をともなって

株式会社形態が復活し，1862年の会社法制定により完成をみました。

(5) 各国の株式会社

1) アメリカ[15]

アメリカでは，植民地時代から株式会社制度が採用され，1800年頃までには320社が活動していました。これはイギリスやフランスの20社と比べかなり多い数ですが，企業の大半は個人企業や合名企業が株式会社化したものでした。また，株式会社の設立は免許主義でしたが，1811年にニューヨーク州で一般会社法が制定され準則主義に移行しました。これをきっかけとして，全土に広まり設立が容易になりました。

その後1875年にニュージャージー州会社法が制定され，株式会社の行動を制約していた，存続期間，規模，権限に関する法的規制が取り払われ，株式会社が大きく発展することになりました。ただし，この時点では株式会社とはいえ公開されている会社はほとんどなく，株式の大半は同族で所有されており，合名会社とあまり変わらない状況でした。株式が公開されて積極的に売買されるようになったのは，19世紀後半から20世紀前半にかけて次々と起こったM&A（合併・買収）によって，ビック・ビジネスの時代が到来してからとなります。

2) 日　本[16]

日本では，企業形態の自生的な展開は生じず，明治時代になってから欧米の完成された会社形態が導入されました。日本初の本格的株式会社は，1872年に制定された国立銀行法によって設立された国立銀行[17]です。事業会社としては，1882年の大阪紡績会社が最初でした。その後，1884年の官営工場・鉱山の民営払い下げにより，政商がこれらを持株会社形態で所有しました。

注

1) 2006年5月に施行された会社法は，見直しがなされ，2012年9月に法制審議会において改正が決定され，2014年6月に改正された。
2) 内部統制ナビ（http://www.eusea2006.org/corporation_law/）2012年4月19日アクセス。
3) 高橋（2006）95-98頁。

4）勝部（1999）70-73頁。
5）鈴木（2006a）14頁を部分引用。ただし，鈴木では「監査役設置会社」について訂正。
6）同上稿，14頁。ただし，鈴木では「監査役設置会社」について記述。
7）厳密には企業形態ではなく，会社形態について説明する。
8）本節は主として，大塚（1938）111-131頁，大塚（1970）422-452頁を参照。
9）コンメンダはジェノバで使用され，ベネチアではコレガンティア（collegantia）と呼ばれていた。
10）鈴木，前掲稿，2-3頁。
11）1594年設立の遠国会社が最初のもので，合資会社形態をとっていた。
12）勝部，前掲稿，55頁。
13）鈴木，前掲稿，4頁。
14）同上書，5頁。
15）勝部，前掲稿，58-60頁。
16）鈴木，前掲稿，6頁。
17）政府紙幣回収のために設立された，民間の銀行。国有ではない。

Column 1　会社法の改正

2014年6月に，会社法が改正されました。これは，企業統治と親子会社に関する規律の見直しから構成されています。

企業統治に関しては，監査等委員会設置会社制度の創設と社外取締役・社外監査役の要件の見直し，社外取締役を置いていない場合の理由の開示から構成されています。このうち，監査等委員会設置会社制度は，株式会社の機関設計として，監査役を置かず，3人以上の取締役（過半数は社外取締役）によって構成される監査等委員会を設置するというものです。これは，委員会設置会社から指名委員会と報酬委員会を除いたような仕組みです（図を参照）。これにともない，現行の「委員会設置会社」は「指名委員会等設置会社」に呼称が変更されました。監査役会設置会社では，議決権をもたない監査役は世界的にみても珍しいことや，社外監査役が2人以上必要なことに加えて，社外取締役が増えることには重複感がありました。また，委員会設置会社では，半数以上いる社外取締役が，役員人事や報酬を決めることには抵抗感がありました。こうした点を解消しようとしたのが，監査等委員会設置会社です。

社外取締役に関しては，上場会社は取締役である独立役員を1人以上確保するよう努めるとし，必ずしも設置する必要はなくなりました。ただし附帯条件として，社外取締役を置くことが相当でない理由を事業報告の内容に書くとし（「Comply or Explain」），企業に厳しい統治を求めています。親子会社に関する規律については，最終完全親会社等の株主による責任追及の訴え（多重代表訴訟）制度の創設や，親会社による子会社の株式の譲渡における株主総会の特別決議による承認などが定められました。

監査等委員会設置会社の企業統治

参考：岩原紳作（2013）「会社法の見直しと監査役」『監査役』No.607，5-15頁。
　　　横山淳「会社法改正法，成立」『大和総研レポート』2014年6月24日
　　　http://www.dir.co.jp/research/report/law-research/commercial/20140624_008685.pdf
　　　（2014年7月30日アクセス確認）。
　　　吉村龍吾・高賢一・佐藤恭子「会社法改正の要点 第4回 監査等委員会設置会社」I&Mニュースレター 2014年5月
　　　http://www.mofo.jp/20140516_Client_Alert_Amendments_to_Corporate_Law_4.pdf
　　　（2014年8月13日アクセス確認）。

第3講 会社の所有と支配

1 所有者支配と経営者支配

(1) 所有者支配

　合名会社や合資会社そして合同会社といった持分会社は，出資者（社員）が会社を経営します。合名会社の場合は，出資者は無限責任で経営も行うという機能資本家です。合資会社は，出資者は無限責任社員と有限責任社員に分かれます。改正前の商法では，経営は無限責任社員のみが行いましたが，新しい会社法からは経営は有限責任社員もできるようになりました（会社法590条）。いずれにせよ経営は出資者である社員が行います。合同会社においても，すべての社員が有限責任で経営を行います。このように持分会社では，会社を所有するということと経営するということが一致しています。このことを所有と経営の一致といいます。また，所有者は経営者でもありますから，自らの任免を行うことができます。経営者の任免権限を企業の支配力といいます。持分会社の所有者は任免権を意のままにコントロールできるといった意味で，完全に会社を支配しているといえます。このことを所有と支配の一致といいます。

　このように持分会社の場合は，所有と経営が一致し，なおかつ所有と支配が一致していますが，株式会社の場合は複雑です。株式を所有している，すなわち出資者であるからといって，支配しているとは限らないのです。

　株式会社は，会社の大規模化を実現する最もすぐれた企業制度です。株式会社には公開会社と非公開会社があります。公開会社は株式の譲渡制限がまったくないか，もしくは一部譲渡制限のない会社のことで，誰でも株主にな

れ，株式売却により外部から広く資金を調達することができます。会社の規模を大きくするには，公開会社が向いているといえます。一方，非公開会社は株式全部に譲渡制限を課しています。そのメリットとして，①好ましくない者を株主としないことができる，②役員を株主に限定することができる，③会社の機関設計や運営の自由度を高くすることができるなどをあげることができますが，資金調達先が限られていますので会社を大きくするには向いていません。非公開会社は，所有者が経営支配権を確保するのに適しており，所有と経営がほぼ一致し，かつ所有と支配がほぼ一致した形態で，所有者支配になっているといえます。したがって，持分会社とほとんど同じ状況であるといえます。第1講でみたように，日本企業の場合，99.7％が中小企業ですが，このほとんどが持分会社と非公開株式会社からなります。したがって，日本企業の大半は，所有と経営の一致ならびに所有と支配の一致した所有者支配の企業であるといえます。

(2) 経営者支配

それでは大企業はどうでしょうか。大企業は主として同族企業などを除き[1]大半が公開会社です。公開会社は，規模が大きくなるほど出資者が増加しますから，株式の分散化が進んでいきます。株式が分散した会社では，出資者は直接経営をすることはなくなり無機能資本家となっていきます。その代わり，出資者ではないけれども経営についての専門的な知識をもつ専門経営者が経営を担当することになります。したがって，規模の拡大が進むと，所有者（出資者）と経営者が別の人格になってきます。このことを，所有と経営の分離といいます。ただしこの場合でも，所有者（出資者）が経営者の任免権を実質的に有している場合は，所有者が会社を支配しているといえます。これに対し，所有者が経営者の任免権を実質的に行使できないときは，会社を支配しているとはいえません。このことを，所有と支配の分離[2]といい，事実上経営者による経営者の任免がみられるようになり，会社は経営者支配となります。

　以上のことをまとめると，企業は大規模化を進めようとするに従い，①所

有と支配の一致・所有と経営の一致（所有者支配）→②所有と支配の一致・所有と経営の分離→③所有と支配の分離・所有と経営の分離（経営者支配）という3段階の順で支配構造が変化するといえます。一般的に③は所有と支配の分離といわれています。

（3）株式分散化と支配構造[3]

　それでは，株式の分散化がどの程度進めば所有者支配から経営者支配となるのでしょうか。発行済株式の50％以上を所有するような大株主が存在する場合は，所有と経営の分離がみられたとしても，所有と支配の分離はみられないでしょう。しかし，大企業の場合は50％以上の株式を所有することは稀にしか存在しません。株式の分散が極端に進んだ大企業においては，大株主は50％未満の株式所有であったとしても可能です。ほかに大株主が存在しない場合は，5％以上の株式所有によって企業の支配が可能であると考えられています。

　株式の分散がさらに進み5％以上の大株主が存在しないような企業では，これまでのような株主による支配は存在しなくなり，所有と支配の分離・所有と経営の分離すなわち経営者支配が進んでいるといえます。広範に株式が分散した会社では，株主数は膨大な数にのぼるため，株主総会に出席できる株主の数は限られたものになります。株主総会成立のためには株主からの委任状が必要となりますが，株主からの委任状を収集するための機構は専門経営者が掌握しており，自らの提案に賛成するように委任状をとりつけることができる立場にあります。また，専門経営者からなる取締役は，株主総会において選任されますが，株主総会が専門経営者によってコントロールできる状況にありますから，実質的には，取締役が取締役を選任する，すなわち経営者が経営者を選任することになります。特に日本のように，会社の従業員が取締役になることが多い場合，取締役が代表取締を選任するという法律上の規定とは逆に代表取締役が取締役を選任する現象がみられ，代表取締役の権力は大きなものとなります。

2 アメリカにおける企業の支配構造

(1) 経営者革命

　経営者支配に関する研究の先駆けとして，バーリ＝ミーンズをあげることができます[4]。バーリ＝ミーンズは，1929年におけるアメリカの最大資産額（非金融）の200社を対象に経営者支配の実態を調査しました。筆頭株主の持株比率を基準にして，次のような5つの支配のタイプを設定しました。

① 完全所有支配：筆頭株主が80％以上を所有。
② 過半数所有支配：筆頭株主が50％以上80％未満を所有。
③ 法律的手段による支配：持株会社による支配や無議決権株の利用による過半数所有支配。
④ 少数所有支配：筆頭株主が20％以上50％未満の株式を所有。
⑤ 経営者支配：会社支配に足る株式をもつ個人・集団が存在しない。

　調査の結果，最も多かった支配形態は，親子会社連結集計における⑤の経営者支配で，会社数にして44.5％，資産にして58.1％でした（図表3-1）。この結果から，バーリ＝ミーンズは，多くの株式会社においてすでに経営者支配が成立しており，株式会社の大規模化にともない，この傾向はますます強まるであろうとしました。

　こうした所有者支配から経営者支配への転換現象は，資本家社会の後に経営者社会が到来するとしたバーナムによって，経営者革命[5]と呼ばれました。

　その後，ラーナー[6]は，経営者支配の持ち株基準を20％から10％未満に引き下げ，バーリ＝ミーンズの調査方法とほぼ同じやり方で1963年現在の大企業の支配形態を調査しました[7]。1963年に関しては同様の分析をさらに上位500社に対しても試み，その結果をもあわせ示しています（図表3-1）。1929年の上位200社と1963年の上位200社および上位500社に関する調査結果の比較を通じて，ラーナーが特に強調する点は，1929年には上位200社のうちでも

図表3-1　1929年および1963年における主要アメリカ企業の所有と支配

(単位：%)

支配形態	直接的支配（個別企業単位集計）						親子会社連結集計					
	会社数			資産額			会社数			資産額		
	1929年 200社	1963年 200社	1963年 500社	1929年 200社	1963年 200社	1963年 500社	1929年 200社	1963年 200社	1963年 500社	1929年 200社	1963年 200社	1963年 500社
私的所有支配	6.0	0.0	1.0	4.2	0.0	0.3	6.0	0.0	1.0	4.2	0.0	0.3
過半数所有支配	5.0	4.0	4.6	1.9	2.9	3.3	5.0	3.0	3.6	1.9	1.8	2.3
少数所有支配	36.5	13.0	16.0	31.6	13.3	14.1	23.0	9.0	14.4	13.8	10.6	12.0
共同少数所有支配	―	2.5	4.0	―	1.4	2.0	―	―	―	―	―	―
共同支配	8.0	―	―	6.4	―	―	―	―	―	―	―	―
法的手段支配	10.5	0.0	0.8	11.4	0.0	0.3	20.5	4.5	5.2	21.7	3.5	3.8
経営者支配	32.5	80.5	73.2	44.2	82.3	79.8	44.5	83.5	75.4	58.1	84.1	81.5
管財人管理	1.5	―	―	―	―	―	1.0	―	―	0.3	―	―
不明	―	―	0.4	0.5	―	0.1	―	―	0.4	―	―	0.1
合計	100.0	100.0	100.0	100.0	100.0	100.0	100.0	100.0	100.0	100.0	100.0	100.0

注：Larner（1970）pp.12-18により作成。
出所：中村（1987）図表6を一部修正。

　相対的に上層の企業に集中していた「経営者支配」の形態が、1963年では200社内に均等に行きわたり、さらに上位500社のうちですら、350位以内の企業群ではほぼ均等に分布するまでに増加しているということです。

　ラーナーは、株式会社の規模があまりに大きなものとなったために、若干の例外はあっても、株式会社の支配はおそらく、いかなる個人もしくは利害関係者集団の金融的手段も及び得ないものとなっているとし、さらに経営者支配が進んでいるとしました。そして、バーリ＝ミーンズは1929年に、いわゆる経営者革命の進行過程を観察していたものと思われ、その後34年を経て、経営者革命は、少なくとも金融業を除く株式会社上位500社の範囲内では、完成に近づいているとしました。

（2）所有の機関化

　アメリカでは，1966年から1968年にかけての「パットマン報告」，1971年の「機関投資家調査報告」，1974年から1981年にかけての「メトカルフ報告」といった一連の公的報告書において，巨大株式会社の所有と支配に関する機関投資家の存在が相次いで報告されました。ここでいう機関投資家とは主として，商業銀行信託部門[8]，投資会社[9]，自己管理年金基金[10]といった金融機関のことです。これらの金融機関の登場により，従来の経営者支配に対して，金融支配の考え方が登場してきました。

　金融支配を主張するものに，コッツ[11]の研究があります[12]。コッツは，1969年時点での株式会社（金融業を除く）上位200社に関する支配形態の分類を試みました。そして，今世紀初頭にきわめて広い範囲にわたって存在の認められた金融支配が，現在においてもなお巨大株式会社における重要な支配形態として存続していることを確認するとともに，第2次世界大戦後，急速な成長を遂げるにいたった銀行信託部門を今日の金融機関の勢力の主要な基盤と評価しました。そして，金融支配が拡大する一方で，すべての研究が一様に認めているような所有者支配の比重の低下が継続するとしたら，将来，ますます金融支配は金融業を除く大規模な株式会社において，いっそう拡大することになるであろうと結論づけています。

　こうした金融支配を否定したものとして，ブランバーグとハーマンがいます[13]。

　ブランバーグ[14]は，次の3つの理由から金融支配を否定しています。

① 個人による株式所有が広範に分散していること。
② 機関投資家は，投資先企業の経営に不満ならば，通常その株式を売却する方法すなわち退出（Exit）することで意思を示すこと。いわゆるウォールストリート・ルールに則って行動していること。
③ 委任状勧誘機構を掌握した経営者が株主総会の議決を支配していること。

　また，ハーマン[15]は，広範な領域で主要な意思決定を行っているのは経

図表3-2　1974年における株式会社（金融除く）上位200社の所有と支配

(単位：%)

支配形態	直接的支配		親子会社連結集計	
	会社数	資産額	会社数	資産額
A．内部経営者支配	64.0	65.5	73.8	75.3
B．内部経営者と外部取締役による支配	17.0	17.0	10.1	10.1
経営者支配（A＋B）	81.0	82.5	83.9	85.4
C．過半数所有支配	1.5	1.5	0.8	0.8
D．少数所有支配	12.5	14.5	10.7	12.5
E．会社間所有支配	4.0	―	3.5	―
F．政府支配	0.0	0.5	0.0	0.4
G．金融支配	0.5	0.5	0.4	0.4
H．管財人管理	0.5	0.5	0.6	0.6
合計	100.0	100.0	100.0	100.0

注：Herman（1981）pp.56-59による。
出所：中村（1987）を一部修正。

営者であり，金融機関は限られた範囲で経営者の意思決定を制約しているにすぎないとしています。ハーマンは，巨大企業200社に関する調査の結果，1974年時点で経営者支配の会社が，直接支配で会社数にして81％，資産額にして82.5％，親子会社連結集計で会社数にして83.9％，資産額にして85.4％にのぼることを示しました（図表3-2）。

　このようにハーマンが調査した当時は，機関投資家である金融機関の制約はあるものの，経営には介入せず業績悪化時には退出が選択されていたために，アメリカは経営者支配になっており，所有と支配の分離，所有と経営の分離がみられたといえるでしょう。

（3）株主反革命

　しかしながら経営者支配の傾向も徐々に変わっていきました。その始まりは，1960年代後半に起こったM&Aブームです。これによって，アメリカで

はコングロマリット化した企業による乗っ取りが一般化していきました。コングロマリットは，関連・非関連を問わず多様な分野に進出する企業のことを指します。株主の意向を無視した経営方針を採用する経営者の企業の株価は低く評価されますが，コングロマリットは，そのような会社の株式を市場で買い集め，株主の利益を尊重する経営者に交代させました。そのため，1970年代に入ると，企業にとっては株主利益の最大化という行動原理が支配的となりました。株主利益の最大化を図れない企業の株価は下がり，企業買収の対象となったからです。

特にアメリカでは，1990年代には機関投資家の比率が個人投資家を上回るようになり，機関投資家の存在が大きくなりました。機関投資家は個人投資家よりも多くの株式を所有していますから，株式市場への影響も大きいのです。しかし，流動性が低い市場において大量の株式を売買する際には株式市場への影響は非常に大きくなり，条件の悪い価格で売買しなければならなくなります。事実，米国では，1987年10月の株価暴落後の相場低迷下で，年金基金等の大口機関投資家は，一度に何十万株もの大口注文を出すと，株価に大きな影響を与えてしまい，結果的に不利な価格でしか約定できなくなるリスクがあることから売却がままならなくなりました。そのため，投資先企業は経営に直接介入する（Voice）ことを始めました。これが契機となり，機関投資家による投資先企業への経営関与が広く注目されるようになりました[16]。このように，経営者の力が弱まり，株主の力が大きくなってきた現象のことを経営者革命と対比させて株主反革命と呼んでいます。

しかし全体的にみれば，機関投資家の圧力によって経営者が解任されるのは特殊な事態であるとされています[17]ので，この株主反革命をもって所有者支配になったとか，経営者支配が終わったとは考えられません。所有者が復権してきたと考えるべきでしょう。

3 アメリカの大企業

(1) 鉄道(18)

アメリカにおいて最初の近代企業となったのが鉄道企業であるとされます。これは，鉄道建設にかかる費用が他の事業と比べるとはるかに巨額であり，一資本家や家族もしくは小規模な企業が鉄道を所有することは不可能に近かったためです。さらには，高い信頼性を確保するには，管理業務が複雑で高度な技能と訓練を必要としたために，株主が鉄道を管理・運営することが実際のところ不可能であったことです。どうしても，専門経営者に頼らざるを得なかったのです。

バーリ＝ミーンズの調査結果によれば，200社のうち42社が鉄道会社で，その直接支配形態の内訳は，私的所有が2社，過半数支配1社，少数支配13社，法的支配1社，経営者支配14社，共同支配9社，特殊な状況2社となっています。

(2) 電信・電話(19)

ウェスタン・ユニオン社は，アメリカで初めての全国規模の近代企業であるとされます。同社は当時の3大電信会社が合併して1866年に設立されました。全国を4営業区に分け，それぞれに総支配人を配置し，アメリカとカナダの33の営業地区を管理し，地区支配人が3,219の電信局を管理するという大規模なものでした。また，1876年設立のベル社を母体とするアメリカ電話電信会社（American Telephone and Telegram: AT＆T）は，社長のベイルによって規模を拡大させました。1901年には約1万人であった株主数は，1930年には約56万8,000人にまで増加しました。

バーリ＝ミーンズによれば，1930年1月1日現在において，ウェスタン・ユニオン社もAT＆T社も大企業上位200社に含まれており，直接的支配形態は経営者支配に分類されています。ウェスタン・ユニオン社の総資産額は3

億3,220万ドル,株主数2万3,738人,最大株主は法人で,その持株比率は2.74％となっています。AT&Tの総資産額は42億2,840万ドル,株主数46万9,801人,最大株主は法人で,わずかに0.60％となっています。

4 日本における企業の支配形態

日本の大企業の所有関係について三戸・正木・晴山[20]の調査結果をみてみましょう。これは,バーリ＝ミーンズならびにラーナーの研究とほぼ同じ時期に合わせたものですので比較することが可能です（図表3-3）。

1936年当時の日本では,経営者支配は41％,完全所有支配は6％となっています。バーリ＝ミーンズでは,1929年時点における米国企業は,44％が経営者支配となっていますので,ほぼ同じ比率であるといえます。日本の場合,少数所有支配が46.5％と大きなウェイトを占めていますが,これは財閥による同族支配によるものです[21]。

その後1956年には,経営者支配は66％,完全所有支配は0％となっており,経営者支配が大幅に増加し,完全所有支配は消滅してしまっています。また,少数所有支配も32％に減少しています。これは財閥解体により,持株会社の解体,財閥家族所有の株式の買い上げ,財閥家族の役員就任の禁止が実施されたことによります。

1966年には経営者支配は60％と減少しています。その代わり,少数所有支配が38％にまで増加しています。この理由は,同系列の複数会社同士による株式の相互持合いにあります。この会社支配については,支配している親会社が経営者支配であれば子会社も含めて経営者支配であると解釈するならば,家族によって支配されている29社を除くと,すべて経営者支配ということになり,1966年当時の日本では85.5％が経営者支配となり,アメリカの85.4％とほぼ一致することになります[22]（図表3-4）。

しかしその後,日本はアメリカのようなM&Aブームが起こりませんでした。むしろ,株式持合いによる株主の安定化が図られたことによって,敵対

的M&Aや株主利益主義が起こることはありませんでした。したがって，株主反革命は起こらず，機関所有は増加しましたが，経営者支配の体制はむしろ強化されました。

図表3-3　わが国の持株比率別支配形態

	1936年（昭和11年）		1956年（昭和31年）		1966年（昭和41年）	
	実数	比率	実数	比率	実数	比率
完全所有支配	12社	6%	0社	0%	0社	0%
過半数所有支配	13	6.5	4	2	4	2
少数所有支配	93	46.5	64	32	76	38
経営者支配	82	41	132	66	120	60
計	200	100	200	100	200	100

出所：三戸・正木・晴山（1973）。

図表3-4　わが国の企業所有者の性格

	1936年（昭和11年）		1956年（昭和31年）		1966年（昭和41年）	
	実数	比率	実数	比率	実数	比率
単一家族支配	67社	33.5%	12	6.0	21	10.5
複数家族支配	10	5.0	0	0	1	0.5
家族・会社総合支配	26	13.0	16	8.0	7	3.5
家族支配計	103	51.5	28	14	29	14.5
単一家族支配	0	0	0	0	0	0
複数家族支配	10	10.0	40	20.0	51	25.5
経営者支配	82	41.0	132	66.0	120	60.0
政府支配	5	2.5	0	0	0	0
会社・経営支配計	97	43.5	172	86.0	171	85.5
全体合計	200	100	200	100	200	100

出所：三戸・正木・晴山（1973）。

注

1) 非公開の大企業として，サントリーホールディングス，ヤマサ醤油，新聞各社，ロッテホールディングス，ミツカンなどがある。
2) 所有と支配の分離を含めて，所有と経営の分離とする場合もある。
3) 株式分散化と支配構造については佐久間（2008）136頁。
4) Berle and Means（1932）.
5) Burnham（1941）.
6) Larner（1970）.
7) ラーナーの記述は中村（1987）。
8) 個人信託ならびに年金基金および財団・教育財団の一部を管理。
9) 投資顧問管理下の大登録投資会社，ミューチュアルファンドなど。
10) 企業年金および州地方政府退職金基金。
11) Kotz（1978）.
12) コッツについては，中村，前掲稿。
13) ブランバーグとハーマンの研究については，佐久間（2006）。
14) Blumberg（1975）.
15) Herman（1981）.
16) 大村・首藤・増子（2001）。
17) 中間（2006）81頁。
18) 髙橋（2006）118-119頁。
19) 同上書，120-123頁。
20) 三戸・正木・晴山（1973）。
21) 財閥については，第12講を参照。
22) 髙柳（1991）90頁。

第4講 CSR

1 企業のCSR活動の高まりとその背景

　近年，企業のCSR活動が注目されてきています。日本では，「CSR元年」と呼ばれた2003年以降，急激に企業の関心が高まってきています。2010年11月にはCSRにかかわる国際標準規格であるISO26000が発行されました。CSRとはCorporate Social Responsibilityのことであり，企業の社会的責任を意味します。このCSRの考え方自体は決して新しいものではなく，その源流はヘンリー・フォードの経営哲学である「企業は社会に対する奉仕機関」や松下幸之助の「水道哲学」にみることができます。

　しかしながら，最近のCSRの概念は，従来の社会的責任といわれてきたものとは少し異なります。従来から存在する企業の社会的責任の意味は，一般的には企業は利潤を追求し株主に対し配当を行うだけでなく，企業活動にかかわるすべてのステークホルダー（利害関係者）に対し，社会を構成する一員としての責任があるというものです（図表4-1）。これは，企業の社会的側面にウェイトがおかれています。一方，近年のCSRには，企業の「経済性」「環境性」「社会性」といった3つの側面を意味するトリプルボトムライン[1]のバランスを図ることで，新たな企業価値を創出するといった価値創造の考え方が含まれていることに違いがあります[2]。

　このような世界的な企業のCSRへの関心の高まりの背景として1）頻繁におこる企業の不祥事，2）企業活動の拡大とグローバル化，3）規制緩和の進展，4）環境問題の深刻化，5）市民の成熟，6）社会的責任投資の発展などをあげることができます[3]。

1）頻繁におこる企業の不祥事

　エンロンやワールドコムといったアメリカの大企業の粉飾決算ばかりでなく，日本においても企業不祥事が多発しています。自動車のリコール隠し，食品の偽装表示，談合などが頻発しており，これらの不正行為，違法行為は意図的に繰り返されています。

2）企業活動の拡大とグローバル化

　企業の規模の拡大化とグローバル化の結果，企業活動のさまざまなプロセスが社会に与える影響も大きくなり，企業の責任は無視できないものとなっています。多国籍企業は，進出先の国で，経済のみならず，環境，雇用などにも大きな影響を及ぼすようになっています。特に，発展途上国において劣悪な条件の下で児童労働を強制する例などもみられ，人権，労働環境への雇用者の配慮が強く求められています。OECD（経済協力開発機構）は，1976年に「OECD多国籍企業ガイドライン」を作成しています。これは，CSRの規格化の嚆矢とみることができます[4]。

3）規制緩和の進展

　近年，世界的に規制緩和や規制改革が進み，企業の活動領域は飛躍的に広がりました。また，公的企業の民営化の進展で，従来公的部門が提供していたサービスも民間企業によって提供されるようになってきました。政府による規制や行政指導が減少したことにともない，企業は，自社の理念に基づき，自己責任で主体的に行動することがいっそう求められるようになっています。

4）環境問題の深刻化

　企業の生産活動にともなう環境破壊に対しては，世界的に厳しい眼が注がれるようになっています。日本では，1960〜70年代に公害問題が深刻化したこともあって，CSRに求められる要件の中で，環境を重視する傾向が強いといわれます。近年は，地球温暖化や生態系破壊のようなグローバルな環境問題へと，意識が広がり，それとともに，世界的に持続可能な発展という考え方や概念が流布するようになりました。

5）市民の成熟

　近年，消費者，地域住民などの個別の動きのほか，市民団体，NGO（非政

Part1 企業のガバナンス

図表4-1 企業とステークホルダーとの具体的な関係

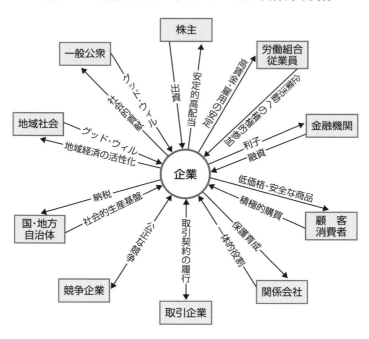

注：藤芳（1983）66頁の図を修正。
出所：佐久間（2006）37頁，図Ⅴ-1。

府組織）などが積極的な社会活動を展開するようになってきています。特に，NGOは，企業に対するモニターを行う役割や，公的活動に対して企業に関心を向けさせる促進の役割を担っており，欧州においては，無視できない存在となっています。また，ITの急速な発展により，常にグローバルなレベルで企業を監視できるようになりました。

6）社会的責任投資の発展

社会的責任投資（Socially Responsible Investment：SRI）とは，従来の財務情報による判断に加えて，社会性の観点での評価を加味した投資手法です。SRIの代表的な手法は，スクリーニングと呼ばれるもので，いくつかの評価軸に照らして，好ましくない企業をふるい落とすネガティブ・スクリーニン

グ，好ましい企業をすくいあげるポジティブ・スクリーニングの2つに分類できます。今日，SRIは，CSRと表裏一体の概念として扱われることが多くなっています。欧州では，企業に財務以外の情報を開示させ，それにより，投資をSRIにシフトさせ，さらに企業のCSRへの努力を促進させるという政府の政策が目立っています。

　以上のことを背景として，企業には，法律やその他の社会規範を遵守すること（コンプライアンス），情報を開示すること（ディスクロージャー），企業活動の透明性（トランスペアレンシー）を高めること，利害関係者（ステークホルダー）に対する説明責任（アカウンタビリティ）を果たすことを通じて，信頼を得ていくことが求められています。さらには，商品やサービスの安全性などに十分配慮し，社内の体制を整備して不祥事を未然に防ぐとともに，問題が起きた場合には，経営者が前面に立って指揮をとり，迅速に原因と対応方針を明らかにし，再発防止に向けた明確な姿勢を示し行動すること（リスクマネジメント）も重要となってきています[5]。

2 CSRの構成概念

（1）構成概念

　CSRは「企業組織と社会の健全な成長を保護し，促進することを目的として，不祥事の発生を未然に防ぐとともに，社会に積極的に働きかける制度的責任」[6]と定義することができます。具体的には，1）法的責任，2）経済的責任，3）倫理的責任，4）社会貢献的責任の4つの概念から構成されます[7]。

　これら4つの概念は，第1に，CSRを企業が最低限守らなければならない「義務」として捉えるのか，企業価値を創造する「戦略」として捉えるのかに分けることができます。法的責任や経済的責任は，義務的側面が強いとい

えます。CSRが企業の社会的責任として一般的に呼ばれていた時代からの責任です。一方，経済的側面の一部と倫理的責任，社会貢献的責任は，企業価値の創造に利用しようとする戦略的側面の強いものといえます。近年，CSRが注目されるようになったのは，企業の社会貢献的責任を積極的に企業価値の創造に生かしていくという戦略的な傾向が企業にみられるようになってきたことによります。

第2に，これら4つの概念は，責任の対象であるステークホルダーを「社内（組織内）」と「社外（組織外）」に分けることができます（図表4-2参照）。

1）法的責任

第1は法令遵守責任ともいうべき法的責任です。「法は倫理の最下限」という言葉が示しているとおり，企業は法律や条例など社会のルールを尊重してこそ，その存在意義があり，犯罪や法令違反の企業は社会的責任を果たしているとはいえません。これは，コンプライアンス（法令遵守）の考え方です。たとえば，社内には労働基準法の遵守，そして社外にはPL法（Product Liability）やダイオキシンに関する基準などが明確に定められなければなりません。

2）経済的責任

経済的責任とは，株主に対する成果配分としての配当であり，従業員に対しては労働の対価としての賃金・報酬であり，国家・地域社会に対しては納税ということになります。これは，企業が法的責任を果たしたうえで，社会から認識された組織として存在する大前提となるものです。

3）倫理的責任

上記の義務的な2つの責任の上には，戦略的要素が強くなる倫理的責任が存在します。これは，法律の規制を超えた所での業界や企業独自の倫理観（経営倫理）に基づく自主基準や自主規制による責任です。たとえばガラスのリサイクル率における自主目標の設定，工場の水質汚濁に関する法律以上の自主目標の設定などがこれに該当します。また，顧客満足の追求を目指したお客様相談センター（室）などもこの領域です。社内に対しては身体障害者の雇用率の法定数値以上の目標達成，従業員持株制度や福利厚生施設の充実な

ど，倫理的評価の向上につながる領域などがあります。

4）社会貢献的責任

社会貢献的責任は，消費者利益の保護，社会貢献・文化支援活動への取り組み，そして，地球環境保護など，積極的な企業の社会的責任の考え方です。いわゆる，フィランソロフィー的責任[8]であるといえます。社内に対しては，ボランティア休暇制度による支援や，女性が働きやすい職場を目指した育児休業や企業内託児所などを整備し，従業員が働きやすい環境を整えることなど，社会貢献活動を支援する体制や，従業員を重視するプログラムなどがあげられます。

このように，CSRの概念は，コンプライアンス（法令遵守）や経営倫理といった概念を内包したものであることがわかります。ただし，日本とアメリカとを比較すると，日本では4つの構成概念すべてを含んだものとしてCSRという用語を用いる傾向があります。

一方，アメリカはこれとは異なります。アメリカでは，経営倫理とCSRとは別のものとして扱われています。経営倫理は，法的責任，経済的責任，倫

図表4-2　CSRの基本概念

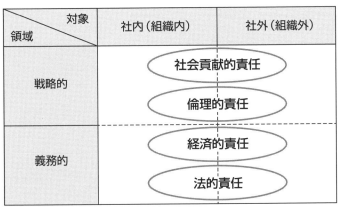

出所：水尾（2006）54頁，図Ⅶ-1を修正。

理的責任を含むもので，その対象は内部組織全般あるいは従業員であるとされます。その目的は，企業不祥事がもたらす危害の予防にあります。これに対し，CSRは企業市民[9]の概念が基盤となっており，社会貢献的責任が中心で，その対象は組織の外部に対してです[10]。

（2）CSR, 経営倫理, 経営理念

　CSRの概念は，経営倫理や経営理念といった他の概念と深いつながりがあります。

　企業行動の根幹をなすものに，経営理念があります。経営理念とは，経営者が企業や社会に対して公表した企業活動の基本的な考え方，信念のことです[11]。会社の使命や存在意義，経営方針，経営者の信念などが含まれています[12]。経営理念は，社会との相互作用の中から生み出されるため，ステークホルダーからのCSRの圧力を反映したものとなります。したがって，経営理念は，社会的規制ばかりでなく，経営倫理などに基づいたものです。

　企業は，この経営理念を基に行動することになります。すなわち，経営理念を実現するような戦略を構築し，それを実行する組織をつくり，人を動かすことになるのです。CSR活動は，この経営理念を具現化した企業行動の一部として現れてきます。特に，CSRの中でも最も上位にある社会貢献的責任を果たすことは，企業のCSR活動として広く社会から評価されることにつながります。

　ポーター＝クラマー[13]はCSRを超えるものとして，共通価値の創造（CSV : Creating Shared Value）を提唱し，本業における社会的価値の実現によって，経済的価値も同時に達成することが重要であるとしています。日本では，これと似た考えとして近江商人がつちかってきた商いの精神である「三方よし」（売り手によし，買い手によし，世間によし）があります。

3 CSRの意義と効果

(1) 企業にとってのCSRの意義

　企業活動が環境，社会に与える影響は，現在，非常に大きくなっています。企業が社会の一員としてCSRに取り組んでいくことは，環境の保護，社会問題等に関する個人レベルの意識改革などにも通じ，社会全体としての持続的発展に大きな意義があります。また，CSRは，企業自身にとっても，内部的な面と外部的な面において，次のような意義があるとされます[14]。

1) 内部的な面での意義
① 企業のもつリスクの洗い出しやリスク分析につながり，洗い出されたリスクに対する対策を講ずることを通じたリスクの低減が図られる。
② 経営トップがCSRの基本理念などを明確に打ち出すことを通じた企業姿勢の明確化は，役員，従業員の意欲向上につながる。
③ CSRの取り組みを促進するために，経営や組織体制を見直すことは無駄の排除や適正な資源配分に通じ，経営の効率化につながる。

2) 外部的な面での意義
① 環境対策や商品・サービスにおける安全性の考慮は，新商品，新サービスといった新たな市場の開拓につながる。
② 労働環境の向上や人材育成，人権尊重といった点は，優秀な従業員の確保につながり，企業の人材の活性化に資する。
③ 商品・サービスにおける安全性の確保，企業のリスク管理体制の徹底，本業を超えた社会貢献は，企業イメージの構築，ブランド価値の向上にもつながる。逆に，問題のある商品・サービスの提供や企業不祥事などはその企業の提供する全商品・全サービスの不買運動や長期にわたるブランド力の低下にもつながる可能性があり，このような行為は企業にとっての大きなリスクにもなる。

④ 総合評価としての企業評価を押し上げ，株式市場等における株価の向上あるいは安定化などにつながる。

（2）CSRと企業業績

CSRをめぐる近年の議論は，単なる社会的責任を果たす，すなわち法的責任や経済的責任を果たすだけでなく，社会貢献を通じて企業の長期的価値創造力を高めるものとしての認識が広まりつつあります。SRIが活発化してきたこともこれを示すものといえます。さて，それではCSRは実際どの程度企業業績と関係があるのでしょうか。

諸研究を概観してみます[15]。ウェブレイ＝モア[16]は，米国企業の1969〜1994年の社会的（倫理的）パフォーマンスと財務パフォーマンスとの関係に関する62の調査結果のうち，33件において企業の社会的パフォーマンスと財務パフォーマンスにはポジティブな関係があったと報告しています。さらにペイン[17]は，近年の企業業績と社会性パフォーマンスとの関係に関する95の研究の中で，55件の研究において正の相関があったと報告しています。

このように，CSR（環境対策含む）と企業業績はプラスの関係にあるとするものが多くなっています。また，日本ではCSRに関する実証分析はこれまであまり行われておらず，一部を除いて研究の蓄積がほとんどないというのが現状であることが報告されています[18]。

CSRと収益性との関係は測定方法やデータ入手の関係から決定づけるわけにはいきません。しかしながら，経済同友会による企業経営者に対するCSRの調査によれば，CSRを果たすことは単なる広報活動の一環ではなく，企業経営においては優先順位が高いもので，企業の収益性にとって必要不可欠なものであると捉えている経営者が多いようです。

CSRが企業の収益性にとって必要不可欠であると考えている経営者は，わが国においては79％，世界においては68％に達しています（図表4-3）。CSRの推進は，企業の収益性と両立し得るとの認識が広まりつつあります[19]。

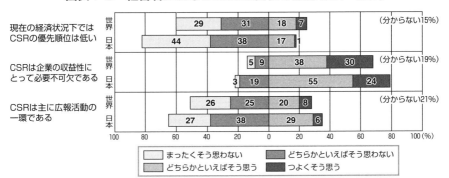

図表4-3　経営者によるCSRの重要性の認識（日本・世界）

注：社団法人経済同友会『第15回企業白書「市場の進化」と社会的責任経営―企業の信頼構築と持続的な価値創造に向けて―』，PricewaterhouseCoopers「CEO Survey, 5th Annual Global CEO Survey, Uncertain times Abundant Opportunities」から作成。
出所：経済産業省（2004b）76頁，第2-1-20図。

4　CSRとISO26000

　ISO26000とは，「持続可能な発展を実現するために，世界最大の国際標準化機構（International Standard Organization：ISO）によって，多様な参加と合意のプロセスで開発された，あらゆる種類の組織に向けた，社会的責任に関する初の包括的・詳細な手引書」[20]のことです。2010年11月1日に発行されました。

　当初は，CSRの規格として検討が開始されたものの，持続可能な社会の発展のためには，企業ばかりでなく，すべての組織が発展への貢献を最大化する必要があるとの認識から，CSRからSR（社会的責任）へと変わり，自治体，組合，学校，病院，公益法人，NPO，NGOなども対象範囲となりました。また，ISO9001[21]やISO14001[22]とは異なり，第三者による認証規格ではないことや，規格内容は要求事項ではなく奨励事項とされているところに特徴があります[23]。

　ISO26000は，箇条1から箇条7，附属書および参考文献により構成され

ています。CSRを具体的に実践していくための内容は，箇条6に記載されており，ここで定められている7つの中核主題（組織統治，人権，労働慣行，環境，公正な事業慣行，消費者課題，コミュニティへの参画およびコミュニティの発展）が中心となるものです。また箇条5では組織が社会に与える影響やステークホルダーとの関係を考えるときのポイントが，箇条7では重要な課題を特定し課題の優先順位をつけるためのポイントなどが記載されています。

　組織がグローバル化し，その影響力をさまざまな国や地域へ及ぼすようになれば，当然，当該国や地域におけるニーズは異なり，そのニーズを満たす手法は，その国や地域に相応しいものであることが期待されます。しかし，異なる国・地域における異なるニーズへの対処を検討する場合，最低限満たすべき原則や基準もなくそれぞれにおいて一から検討することは，組織にとって非常に負担の大きい作業になってきます。原則や基準が存在すれば，組織が応えるべきニーズの検討，すなわち組織自らの社会的責任の認識・実践のうえで手助けとなります。ISO26000は，組織に対して，社会的責任を果たす手法についての指針を示すものとなるといえるでしょう。

5 SDGsとESG

　CSRに関連した概念として，SDGsやESGがあげられます。SDGs（Sustainable Development Goals：持続可能な開発目標）とは，貧困の撲滅，飢餓の解消，気候変動対策など，地球規模の課題を解決するための国際的目標のことです。国連によって定められ，17の目標と169のターゲットからなっています。

　CSRは，企業が自社の事業を通じて社会貢献を行うための枠組みであり，SDGsは，その具体的な目標と行動指針を提供します。CSRはSDGsの達成に向けた1つの手段であり，具体的な指針といえます。

　ESG（Environment, Social, Governance：環境，社会，企業統治）は，企業の非財務的な側面である環境，社会，企業統治の3つの要素を評価する投資基準です。環境や社会に配慮した経営を行う企業への投資を促進し，持続可能な

社会の実現に貢献します。

注

1）トリプルボトムラインは，1997年に英国のサステナビリティ社のジョン・エルキントン氏によって提唱された。
2）所（2006）46-47頁。
3）以下各項目の説明は，萩原（2005）。
4）2000年の改訂版では，雇用，労使関係，人権，環境，情報開示，贈賄防止，消費者利益などについて，それぞれ指針を示し，多国籍企業の自主的な取り組みを要求している。
5）財団法人人権教育啓発推進センター（2011）。
6）水尾（2003）14-15頁；水尾（2006）54頁。
7）各項目の説明は，水尾（2003）20-21頁。
8）キャロル＝ブッフホルツ（Carroll and Buchholtz, 2003, p.40）は，CSRのピラミッドとして，下から経済的責任，法的責任，倫理的責任，フィランソロフィー的責任をあげ，フィランソロフィー的責任を最も上位の責任として扱っている。
9）企業は利潤追求の前に，良き市民でなければならないという考え方。
10）水尾（2006）58頁。
11）出見世（2004）95頁。
12）奥村（1994）8頁。
13）Porter and Kramer（2006）。
14）経済産業省（2004a）。
15）経済産業省（2004b）78頁。
16）Webley and More（2003）。
17）Paine（2003）。
18）加賀田（2008）。
19）経済産業省（2004b）76頁。
20）関（2011）2頁。
21）品質マネジメントシステムの国際規格。
22）環境マネジメントシステムの国際規格。
23）宗田（2011）。

第5講 コーポレート・ガバナンス

1 コーポレート・ガバナンスの背景

　コーポレート・ガバナンスは一般的には，「経営者の規律づけを通じて企業の効率性や収益性を維持する仕組みである」と定義することができます。これは，企業はまずもって，株主やそれに準ずるものとしての債権者に対し責任を負っているとの株主主権の立場からきています。しかし，第4講CSRでみたように，現在の企業はさまざまなステークホルダーに対し責任を負うものとして考えられるようになりました。いわゆる公器としての企業が求められるようになってきたのです。効率性や収益性のほかに，倫理性や健全性も兼ね備えることが企業のサステナビリティ（持続可能性）の条件となってきたのです。ですから，CSR活動とコーポレート・ガバナンスはほとんど同じ意味であるとする論者もいます[1]。そういった論者によれば，コーポレート・ガバナンスとは，「企業の経営理念の実現が，CSRに則ったものであるようにするための，経営者の規律づけのための仕組み」であると定義され，コーポレート・ガバナンスとはCSRを遂行するための手段であると解釈されています。

　コーポレート・ガバナンスが問題として提起されるようになったのは，第3講でみた経営者支配がみられるようになってからです。所有と支配ならびに所有と経営が分離し経営者支配がみられるようになると，経営者は自己目的のために株主の利益を侵害するかもしれないことから，株主の経営者に対するガバナンスの問題が発生するのです。

　当初は，経営者の責任は，株主や債権者に対してのみであるという認識が支配的でありました。したがって，ガバナンスも株主による経営者の規律づ

けが主題でした。多くの中小企業のように，株主が経営者も兼ねる場合，すなわち株主が機能資本家の場合は，所有者支配となり責任の所在は同一ですからガバナンスの問題は発生しないことになります。

しかし，今日のコーポレート・ガバナンスの問題には，大企業の企業不祥事による株主や債権者への責任問題のほかに，多国籍企業が進出先で起こす人権問題や企業の社会貢献など利害関係の幅が広がり，企業の倫理的側面に対する姿勢も含まれるようになってきました。経営者に対し，株主や債権者のみがチェックを行うばかりでなく，従業員や顧客，取引相手，政府などのステークホルダーもまた，チェックを行うようになってきたのです。したがって経営者支配がみられる大企業ばかりでなく，大半が所有者支配になっている中小企業に対しても，適用される問題となってきています。この場合は，倫理的側面が対象となります。そうした意味において，コーポレート・ガバナンスは，規模の大小を問わない，企業全体の問題となってきているともいえます。このようにコーポレート・ガバナンスは少しずつその概念を拡大させてきています。

2 ガバナンスのアプローチと理論

(1) シェアホルダー・アプローチとステークホルダー・アプローチ[2]

コーポレート・ガバナンスの問題は，上記のとおりシェアホルダー（株主）との関係から次第にステークホルダーとの関係にまで拡大してきたわけですが，両者のどちらにウェイトをおいてガバナンスを考えていくのかには2つのアプローチがあります。1）シェアホルダー・アプローチと2）ステークホルダー・アプローチです。

1）シェアホルダー・アプローチ

シェアホルダー・アプローチでは，ステークホルダーの受益優先順位とし

て出資者（株主）を絶対的地位におきます。企業経営において出資者は経営者との間で経営の委託契約を締結します。経営者は経営委託契約により出資者に対する受任義務をもち，出資者の意思の代弁者として企業がかかわるすべての契約を取り仕切る立場となります。このため，経営者は出資者の利益に適うように経営を行うべきとします。

したがって，このアプローチでは，株主・経営者間の経営委託契約以外はすべて外部化して考えます。これは，その他の契約に関してはそれぞれに金融市場，労働市場など要素市場が存在し，基本的には市場で決定される価格により企業活動に必要な要素は無制限に調達できると考えるからです。このため経営者に対して，出資者の利益に相反した行動をとらないように経営者をいかにして規律づけるかがガバナンスの目的ということになります。

2）ステークホルダー・アプローチ

ステークホルダー・アプローチは，出資者と経営者の利害関係で捉えるのではなく，ステークホルダーへの利害配分の最適化が企業のサステナビリティ維持にとって最も重要であると考えるアプローチです。

ステークホルダー・アプローチにおいては，すべての関係は長期には可変であり，利益分配における利害対立を本質的に抱えると考えます。たとえば，従業員と経営者の労働条件，取引先と企業との財貨の売買価格，銀行と企業との間の金融取引条件等，すべては企業の経営に大きな影響を及ぼすものです。経営に関する意思決定を行う経営者を牽制するというアプローチでは，シェアホルダー・アプローチと同様ですが，ステークホルダー・アプローチでは，この利害対立の存在が経営者への規律づけに必要と考えます。

（2）エージェンシー理論

コーポレート・ガバナンス，すなわち，経営者をどのように規律づけるかに関する理論としてエージェンシー理論があります。これは，さまざまな取引関係にある主体を，依頼人（プリンシパル）と代理人（エージェント）に分けて両者の契約関係を理論化したもので，ジェンセン＝メックリング[3]によって考案されたものです。

エージェンシー理論[4]では人間行動について，利害の不一致と情報の非対称性の2つの仮定をおいています。プリンシパルとエージェントはともに効用を極大化しようとしますが，その利害は必ずしも一致するものではありません（利害の不一致の仮定）。また，両者とも人間ですから情報の収集，処理，伝達能力に限界があるので，必ずしも同じ情報を相互にもっているとは限りません（情報の非対称性の仮定）。

　このような仮定のもとでは，エージェントがプリンシパルの意図どおりに行動するとは限りません。契約後にエージェントはプリンシパルの不備に付け込んで，契約を無視して手を抜きサボるといったモラルハザード（道徳欠如）を起こす可能性があります。また，契約前に良いエージェントが排除されて，隠れた情報をもつ悪しきエージェントが，無知なプリンシパルとの契約に集まってくるというアドバースセレクション（逆選択）が起こり得ます。

　コーポレート・ガバナンスについてみると，株主がプリンシパル，経営者がエージェントということになります。非公開の株式会社などで株主が少数の場合は，株主が経営に対して直接的・間接的に発言（Voice）することは可能です。すなわち，所有と経営の分離がみられても所有と支配の分離がみられず，所有者支配になっているような場合は，株主は経営者を規律づけやすいといえます。しかし，公開会社で大規模になればなるほど，所有と支配の分離がみられるようになり，株主と経営者の距離は格段に広まることになります。

　そのため，株主の利益が侵害されることがないよう，うまく規律づけなければなりません。なぜならば，株主と経営者の利害は必ずしも一致しないことから，経営者は株主の利益に適うような努力を怠るかもしれないからです。また，経営に関する情報は経営者がもっていますので，情報の偏在を利用して経営者は自己に有利なように情報を操作するかもしれないからです。

（3）エージェンシー理論によるガバナンス・システム[5]

　株主が経営者をうまく規律づけるにはどのようなガバナンス・システムを構築する必要があるでしょうか。そのためには，株主と経営者との利害を一

致させる必要がありますが，それには次の2つの方法が考えられます。

1）株主が何らかの制度を利用して経営者を統治する方法（モニタリング・システム）。2）株主が何らかの制度を利用して経営者を所有経営者化して経営者を自己統治させる方法（インセンティブ・システム）。

1）モニタリング・システム

モニタリング・システムには，①組織型コーポレート・ガバナンスと②市場型コーポレート・ガバナンスの2つがあります。

① 組織型コーポレート・ガバナンス：取締役会制度を利用してトップ・マネジメント組織に社外取締役を送ることによって，企業経営を監視，または経営者を規律づける。

② 市場型コーポレート・ガバナンス：TOB（Take Over Bid: 株式の公開買付け）による買収が代表例。株主が株式市場を利用して株式を売ることによって株価を下げ，企業を敵対的買収の脅威にさらすことで，経営者を規律づける。

2）インセンティブ・システム

インセンティブ・システムとは株主から経営者にインセンティブを与える方法です。具体的には，残余財産分散請求権，契約改訂権，ストックオプション（自社株購入権），MBO（Management Buyout: 経営陣による自社買収）などの権利を与えることによって経営者に自己統治をさせることです。

このように，エージェンシー理論は，主としてシェアホルダー・アプローチを採用する立場から生まれてきたものです。しかしながら，ステークホルダーにシェアホルダーが含まれることを考えますと，エージェンシー理論におけるプリンシパルの範囲をステークホルダーにまで拡大することは可能であると考えられます[6]。ただし，プリンシパルの数が非常に多くなりますので，それらのウェイトやバランスをどのように考え要素として取り入れていくのかが，大きな課題であるといえます。

3 日本企業のガバナンス[7]

　日本企業のガバナンスに対しては，株主による経営者の規律づけは無機能化しているが，その代わりメインバンクによる規律づけが機能しているという通説があります。この理由を，(1)雇用慣行，(2)株式の相互持合い，(3)メインバンクシステムといった日本的経営システムの特性とその制度的補完性から検討していきます。

(1) 雇用慣行

　主として大企業にみられていた日本的経営の特性として①年功序列，②終身雇用制度，③企業別労働組合をあげることができます。
① 年功序列：勤続年数と職位・賃金が上昇するシステム。賃金カーブは勤続年数に対しS字カーブをとるように設計され，若いときは相対的に低い賃金を，年をとるにつれ相対的に高い賃金をもらうようになっている。これにより，長期的に勤務するインセンティブが高められた。
② 終身雇用制度：年功序列の延長線上にある長期勤務を保証し予期せぬ解雇のリスクを低減させるシステムとして機能した。
③ 企業別労働組合：企業ごとに結成された労働組合。労使協調路線がとられ，組合が非公式的管理組織になっていることから，経営者批判がなされる機会はほとんどない。

　また，経営者である取締役は内部昇進者によって占められ，取締役・監査役は管理職の昇進ポストとなっていました。以上のことから，日本的雇用慣行は，総じて組織への高い忠誠心を醸成させる役割を果たしていました。
　こうした高い忠誠心による高い定着率は，日本企業の競争優位の源泉であるとされる企業特殊的人的資本への投資を促進させました。企業特殊的投資はその企業でしか使えない知識や技術ですが，この形成には時間がかかります。投資が回収されるまでには，従業員の長期的勤務が必要です。従業員の早期離職を回避するためにも，転職により賃金レベルが下がるようなシステ

ムが構築されました。低い転職率の結果，労働市場の流動性が低くなり，解雇による経済的没落の脅威が大きくなり，転職のインセンティブが抑えられたのです。

　忠誠心の高い内部昇進者である取締役から構成される取締役会は，業務の執行組織との境界があいまいになり，代表取締役を頂点とする大きなピラミッド状の階層組織が形成されました。取締役会の人事権は事実上，社長ないしは会長が掌握することになりました。これによって，取締役（代表取締役を含む）の職務執行の監督，それと代表取締役の選定・解任といった取締役会のガバナンス機能は，無機能化しました。

（2）株式の相互持合い

　日本的雇用システムが生み出す高い組織忠誠心は，長期雇用が保たれることが条件となります。戦後の敵対的なM&Aなどは長期雇用を脅かすものです。この問題を解決するために，安定株主工作としての株式の相互持合いが進みました。安定株主工作は，相互牽制によって，経営への何らかの介入を意味する発言（Voice）を相殺してしまう働きがありました。

　また相互持合いという意味からも，株式を売却することで単純に関係を解消する退出（Exit）の選択肢も制約されました。高度成長による安定的な株価上昇によってVoiceやExitによる経営への介入の機会は制限されていたのです。

（3）メインバンクシステム

　企業の資金調達は，負債と株式発行に分けられます。このうち，安定株主工作は，証券市場からの資金調達を困難にさせます。このため，銀行借り入れと社債発行といった負債による調達に頼らざるを得なくなります。融資は，特定の都市銀行がメインバンクとなり他の銀行とシンジケートを組んだ協調融資がなされました。

　メインバンクは，融資企業の大口株主であることも多く，他の企業からは株式を保有される株式の相互持合いの一員でもあります。したがって，株式

を売却することによって企業の経営に介入するというExit（退出）の手段は使えません。その代わり，最大の債権者として危機的状況の企業に対しては救済か清算を選ぶことになります。一般的に清算は，メインバンクの名声を落とすことにつながることから救済が選択されます。

（4）経営者への規律づけ

　以上みてきたように，安定株主工作による敵対的M&Aからの回避とメインバンクからの救済によって企業の存続が保障されることになります。これが，従業員にとっての雇用の安定と，内部昇進経営者の強い組織コミットメントにつながることになります。高い定着率は，高い企業特殊的投資へのインセンティブを導出し，それが個々の日本企業の優位性を生み出しているといえます。

　こうしたことから，日本企業のガバナンスは，株式の相互持合いと内部昇進者により構成される取締役会によって無機能化しているが，メインバンクによるチェックとモニタリング，借金の規律が，それに代わってガバナンス機能を果たしてきたといわれています。

　しかしながら，財務状況が良好であれば，メインバンクは事前にチェックとモニタリングをすることはありません。財務的に悪化したときの事後的な対応しかしないのが一般的です。したがって，日本企業のパフォーマンスはメインバンクによるガバナンス機能によるものではなく，国際的な競争圧力によるものではないかとの指摘があります[8]。

4　ガバナンスの国際比較

（1）アメリカのガバナンス[9]

　アメリカのガバナンス・システムは，もっぱら株主（出資者）と経営者（取締役）との関係を中心に構築されています。これは，ガバナンスに対しシェ

アホルダー・アプローチの立場をとるもので，株主利益を最優先として会社経営を行うよう経営者を監視することが，コーポレート・ガバナンスであるとするものです。ですから，それ以外のステークホルダーに対しては考慮していません。「アングロサクソン型」と呼ばれています。

　アメリカ企業の場合，株主に選任された取締役によって構成される取締役会が経営の執行・監督を一元的に担当することになっています（図表5-1）。しかし，特に大企業においては，業務内容が多岐にわたり取締役のみで業務を執行しそれを監督することは困難なことから，経営執行（実務）と取締役会（監督）が分離し，取締役会は経営執行の経営内容が株主の利益に合致するかどうかを監視することを主たる役割とします。その結果，執行部門の最高責任者である最高経営責任者（CEO）が強大な権限をもつ構造ができ，この権限をいかにコントロールするかが取締役会制度の最も重要なテーマになっています。株主総会で選任されるのは取締役であり，株主から経営に関する負託を受けているのは取締役であるはずですが，取締役が経営執行と監督を同時に担当する本来の制度では両者の関係において牽制の機能を果たさず，その意味でも取締役会は監督に特化し，経営執行を委任する方式をとっています。

図表5-1　アメリカ企業のガバナンス・システム

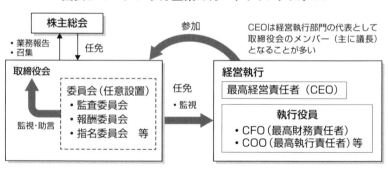

出所：廣住（2004）図表2-1。

（2）ドイツのガバナンス[10]

　ドイツ企業のガバナンス・システムは「監査役会」と称する経営監督の専任機構が取締役会とは別に存在し，監督と経営執行が制度上でも完全に分離されています。このことからドイツ型の企業経営機構は取締役会単一の米英のアングロサクソン型と対比して「二層型」や「二元型」もしくは「ライン型」と呼ばれることもあります。この二層型ガバナンス・システムは，大陸欧州諸国では広く採用されています。

　特に，監査役会は日本における商法上の監査役からイメージするよりも強力な権限を有しています。監査役会は共同決定法により，従業員2,000人以上の大企業では，監査役の半分が労働組合から選ばれます。そして残りの半分が株主総会で選任されます。従業員500人以上の企業では監査役の3分の1が従業員や労働組合から選ばれます[11]。このように，従業員が経営に参画できるという特徴があります（図表5-2）。

　米国や日本では，出資者（株主）は総会において取締役を選任し，経営執行および監督を委任するシステムとなっていますが，ドイツでは株主が選任するのは株主代表として監査役会のメンバーとなる人物であり，経営執行を

図表5-2　ドイツ企業のガバナンス・システム

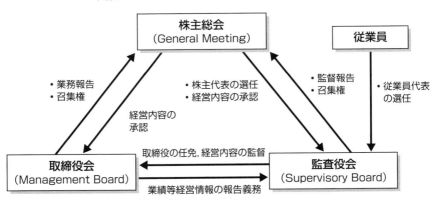

出所：廣住（2004）図表2-3。

担う取締役はこの監査役会により任命されます。このため取締役会には株主権限の直接行使は及ばず，株主利益の擁護はすべて監査役会に委ねられる事になります。つまり，執行役員制度や委員会制度による経営の監督と執行の分離がドイツでは，制度的にできあがっているのです。

5 ガバナンスの法制化

アメリカでは，2002年にSOX法（Sarbanes-Oxley Act）と略称される米国企業改革法が制定されました[12]。この法律は，2001年のエンロン事件をはじめとする，当時続発していた各種の経営陣主導による不正会計事件[13]への対応策として，企業の財務報告にかかわる内部統制を厳格化するために制定されたものです。不祥事の発生を防止するために5つの防止策が講じられています[14]。

① 役員・取締役に対する規制・開示責任の強化
② 内部統制評価報告義務と監査
③ 監査委員会の独立性と権限の強化
④ 監査人の独立性強化
⑤ 外部監視機構の設置

日本においても，1）会社法と2）金融商品取引法（日本版SOX法）において内部統制の厳格化が法制化されています[15]。

1）会社法

会社法が定める内部統制は，株主から経営を委ねられた取締役が健全な会社経営のために果たすべき善管注意義務・忠実義務[16]がベースとなっています。全般的な会社のガバナンスです。会社法においては「取締役の職務の執行が法令及び定款に適合することを確保するための体制その他株式会社の業務の適正を確保するために必要なものとして法務省令で定める体制の整備」

（362条4項6号）によって，内部統制が定められています。

2）金融商品取引法

　金融商品取引法が定める内部統制は，証券市場への投資家の信頼確保のために，財務報告の信頼性を確保することを目的としており，財務面に絞ったガバナンスです。金融商品取引法は，2006年に制定され2008年度より運用が開始されました。これは，内部統制の整備状況や有効性などを評価した内部統制報告書を企業側が作成し，公認会計士等がそれを監査するという二重責任の仕組みを義務づけたものです。

　ここにおいて内部統制[17]とは，①業務の有効性および効率性，②財務報告の信頼性，③事業活動にかかわる法令等の遵守，④資産の保全の4つを達成するための，業務に組み込まれ，組織内のすべての者によって遂行されるプロセスを指します。①統制環境，②リスクの評価と対応，③統制活動，④情報と伝達，⑤モニタリング（監視活動），⑥IT（情報技術）への対応の6つの基本的要素から構成されます。

　経営者は最終的な経営責任をもちますが，自社のすべての活動やすべての従業員等の行動を把握することは困難なことから，内部統制システムがその代わりを果たすというものです。これにより，財務報告における記載内容の適正性が確保される，市場からの信頼が得られ資金調達が容易になる，企業体質が改善されるといったメリットがあります。

注

1）鈴木（2010）1-8頁。
2）シェアホルダー・アプローチとステークホルダー・アプローチについては廣住（2004）を参照。ただし，廣住ではシェア・ホルダーはエージェンシー・アプローチとされている。
3）Jensen and Meckling（1976）.
4）菊澤（2004）38-48頁。
5）同上書；伊（2010）。
6）伊藤（1997）は，エージェンシー理論の枠組みにおいて，経営を依頼する主体を株主に限定する必要はないとしている。
7）本節の説明は，石嶋（2006）40-56頁による。

8）花崎・堀内（2005）166頁。
9）アメリカのガバナンス・システムについては，廣住，前掲稿，9-13頁。
10）ドイツのガバナンス・システムについては，同上稿，13-16頁。
11）ビーブンロット（2005）215-224頁。
12）小田島（2006）。
13）ワールドコム，グローバルクロッシング，アデルフィアコミュニケーションズ，タイコインターナショナルなど。
14）IBMビジネスコンサルティングサービス・森本・守屋・高木（2005）20-22頁。
15）この他，金融庁ならびに東証では，上場企業の経営規律強化と収益力向上のための企業統治指針であるコーポレートガバナンス・コードと機関投資家に対する受託者責任を果たすための行動指針であるスチュワードシップ・コードの普及を推進している。
16）善管注意義務とは，会社と委任関係にある取締役は良識ある管理者として注意深く職務にあたらなければならないという規定（商法254条3項，民法644条）。忠実義務とは，取締役は法令・定款規定と株主総会会議を遵守し，会社のため忠実に責務を果たす義務があるという規定（商法254条の3）。
17）金融庁企業会計審議会内部統制部会（2006）。

● Column 2　ドイツのコーポレート・ガバナンス改革

　ドイツのガバナンスシステムは，監査役会が経営監督の専任機構として取締役会とは別に機能し，監督と経営執行が制度上完全に分離されているため，理想的なガバナンスシステムのようにみえます。しかしそうした中でも，株式市場からの圧力を受けて，改革の動きがみられます。

　たとえば，保険大手のアリアンツ，ミュンヘン再保険，電機大手のシーメンスは，監査役に70歳の定年制を導入することを決めました。これは取締役OBが監査役に就くことが多かったためです。この監査役の定年制の導入のほか，兼任制限を設けることによって，取締役会の執行機能を高めようとする動きも出てきています。

　これまでドイツ企業は監査役会の場で労使協調により重要な経営方針の決定や取締役会の監視を行ってきましたが，こうした伝統は残しつつも，経営の監視と執行を分離する機構改革が進行しています。

● *Column 3* 企業不祥事と内部告発

　企業不祥事とは，法令違反，犯罪，不正行為など本来ならばあってはならない企業行動のことをいいます。不祥事が発生すると，それまでの企業の評判や信用が一気に失墜し，経営トップの交代はもとより，経営破たんにまで追い込まれることになります。ビッグモーターによる保険金不正請求問題，旧ジャニーズ事務所における性加害問題，近畿日本ツーリストによるコロナ関連事業業務委託費過大請求事件などは代表例です。食品業界では，食品表示の偽装や，異物混入といった問題が繰り返し発生しています。建設業界では，受注水増し請求や，設計図とは異なる施工など問題が報告されています。こうした企業不祥事は毎年のように繰り返されています。

　こうした不祥事が明らかになるのは，内部告発によることが多いのが特徴です。ただ，内部告発者は会社から報復処分を受けるかもしれないというリスクを負っていて，告発にはたいへんな勇気が必要となります。内部告発は企業のコンプライアンスにとっては不可欠ですから，2006年より公益通報者保護法が定められ告発者が保護されるようになりました。

第6講 親子上場

　第6講では，親子上場を取り上げます。親子上場とは，親会社とその子会社がともに上場会社で構成されるグループ経営体制をいい，欧米ではほとんどみられませんが，日本では減少傾向にあるものの現在も一定の構成比を占めています。親子上場については，否定的な意見と肯定的な意見の両方が存在し，現在もその是非をめぐる議論が続いています。本講では，親子上場の現状や歴史，メリットやデメリットなどをみていきます。

1 親子上場

(1) 親子上場とは

　日本の大企業は，多くの連結子会社や持分法適用関連会社（持分法適用会社）から企業グループが構成されている事例が多くみられますが，それらの子会社や持分法適用会社の中には，株式市場に上場している上場企業も存在しています。親子上場とは，親会社およびその子会社がともに上場企業である状態をいいます（図表6-1）。本書では，上場している連結子会社と持分法適用会社を合わせて上場子会社と定義して説明を進めます。
　親子上場は，日本において企業グループの組織設計における重要な選択肢の1つとして利用されてきました。そこから，親子上場はメインバンク制や企業系列，株式持合と同様に，日本の企業システムの重要な構成要素であるとする意見もあります[1]。
　第14講で説明する取引コスト理論によると，企業は一般的に売上規模や事業領域の拡大にともなって組織が肥大化・複雑化し，その結果組織内部の取引コストが増加していく傾向があります。企業がグループ組織を設計する場

図表6-1 親子上場の概念図

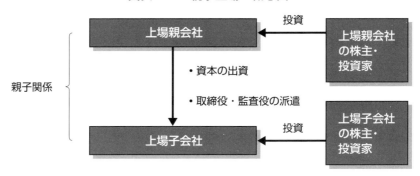

出所：筆者作成。

合，この取引コストを削減するために，①事業部制やカンパニー制の導入，②子会社の設立，③子会社のスピンオフによる独立，の3つの方向性が考えられます。親子上場は②と③の中間に位置し，上場親会社が子会社の上場を維持しながら経営支配権も維持する企業グループの組織設計といえます[2]。

親子上場が形成される経路には，①新規上場型，②買収型の2つのタイプがあります。①新規上場型は，上場親会社の子会社が株式市場に新規上場し，上場後も子会社や持分法適用会社として親子関係を維持したまま上場親会社グループ内部に留まるタイプです。②買収型は，ある上場企業が別の上場企業に買収されて子会社や持分法適用会社となった後も，買収された企業の上場がそのまま維持されるタイプです。

（2）日本における親子上場の現状

図表6-2は，東京証券取引所（東証）における上場子会社の推移です。東証に上場する企業のうち258社（2022年）が上場子会社であり，東証全上場企業の6.8%を占めています。経年でみると上場子会社の構成比は低下傾向にあります。経済産業省によると，欧米各国の上場子会社数（株式市場に占める構成比）は米国28社（0.5%），仏国18社（2.2%），独国17社（2.1%），英国は0社（0.0%）となっており，日本の親子上場は欧米各国と比較して高い水準にあ

ります[3]。

　図表6-3は，日本における上場子会社と上場持分法適用会社数の上位企業です。日本では幅広い業種において上場親会社と上場子会社，上場持分法適用会社によって企業グループを構成していることが確認できます。

図表6-2　日本の親子上場企業数および構成比の推移

年	上場子会社数	構成比
2006	280	11.9%
2008	257	10.8%
2010	236	10.3%
2012	216	9.5%
2014	324	9.5%
2016	324	9.2%
2018	311	8.7%
2020	293	8.0%
2022	258	6.8%

出所：東京証券取引所（2015, 2017, 2019, 2021b, 2023a）を基に筆者作成。

図表6-3　上場子会社・上場関連会社数の多い企業（2020年10月時点）

企業名	東証業種分類	上場連結子会社	持分法適用関連会社	合計
トヨタ自動車	輸送用機器	1	23	24
イオン	小売業	14	6	20
伊藤忠商事	卸売業	4	14	18
日本製鉄	鉄鋼	5	12	17
三菱商事	卸売業	6	11	17
ソフトバンクグループ	情報・通信業	9	3	12
光通信	情報・通信業	4	7	11
本田技研工業	輸送用機器	2	7	9
三井物産	卸売業	0	8	8
RIZAPグループ	小売業	8	0	8
住友化学	化学	4	3	7
ENEOSホールディングス	石油・石炭製品	2	5	7
三菱電機	電気機器	1	6	7
住友商事	卸売業	1	6	7
近鉄グループホールディングス	陸運業	3	4	7
KDDI	情報・通信業	1	6	7

出所：東洋経済新報社（2021）を参考に筆者作成。

（3）日本における親子上場の歴史

　日本の親子上場が形成されてきた歴史ですが，藤田によると，明治時代以降三菱グループや古河グループなどが企業買収と子会社の株式市場への上場を繰り返して形成されてきたことなどを例にあげ，日本の親子上場の起源は明治時代に遡るとされています[4]。たとえば古河グループは，古河鉱業をルーツとして，古川鉱業（現古河機械金属）→古河電工→富士電機→富士通→ファナックと，上場親会社が上場子会社を生み，その上場子会社が上場親会社としてまた上場子会社を生む，という循環を繰り返してきました。

　また，宍戸・新田・宮島は，戦後日本における親子上場の発生経路について分析し，日本では遅くとも高度経済成長期の半ばには株式市場において親子上場が重要な地位を占めるという現在の特徴がほぼ形成されていたこと，親子上場形成の経路が事業部の分離独立および上場企業への買収・資本参加であったことを指摘しています[5]。

2 親子上場のメリット[6]

　多くの日本企業が，グループ組織設計において親子上場を選択してきたことの背景には，親子上場を選択することによる何らかのメリットがあると考えられます。研究者や経営者が指摘する親子上場のメリットには次のようなものがあります。

（1）上場親会社およびグループ全体に生じるメリット

① 　上場親会社および上場子会社の経営資源，ケイパビリティの相互活用によるグループ成長力の獲得。
② 　子会社に対する影響力の維持による企業グループ全体のシナジー創出。
③ 　子会社の経営独立性の担保による機動的な経営判断と経営効率向上。
④ 　子会社の企業価値に対する正当な評価の獲得によるコングロマリット・

ディスカウントの回避。
⑤　子会社を新規上場させた際の株式売却収入の獲得。

（2）上場子会社に生じるメリット

① 上場企業であることによるステータス，ブランド価値，社会的知名度の向上とそれにともなう信用力，営業力，人材獲得力の向上。
② 上場子会社で働く従業員のモラール向上。
③ 上場親会社の信用力による上場子会社の資金調達力の向上。
④ 上場子会社が資金調達の自由度をもつことによる有望な成長機会の獲得。
⑤ 上場子会社株式を用いたストック・オプションによる上場子会社経営者へのインセンティブの提供。

（3）投資家に生じるメリット

① 上場親会社の経営資源，ケイパビリティの活用とシナジー創出による上場子会社の企業価値の向上。
② 企業グループの特定事業領域への投資機会。
③ 子会社の新規上場に際する上場親会社の保証効果による情報の非対称性の緩和。
④ 上場親会社の信用による上場子会社株式への投資の安心感。

（4）社会的なメリット

① 内部情報に基づく上場親会社からの直接モニタリングと株式市場からの間接モニタリングという「二重のモニタリング」による上場子会社に対する強固なガバナンス体制。
② 有望な子会社の育成と上場を促進する親子上場の有するインキュベーション機能。
③ ②の結果として多様な投資先企業の創出・確保。

以上のような多様なメリットが指摘されていますが，親子上場の最大のメ

リットは，独立企業では獲得が困難な上場親会社の有形および無形の経営資源やケイパビリティを活用した経営が可能となる点にあります。

3 親子上場のデメリット

（1）利益相反関係から生じるデメリット

　親子上場に対してはさまざまなデメリットの存在も多く指摘されています。中でも最大のデメリットは，支配株主である上場親会社と上場子会社の少数株主との間に構造的な利益相反関係が存在することにあります。たとえば，親会社が子会社の株式を100％保有する場合，親会社は子会社の経営権を完全に支配していることになり，また，子会社にとっては親会社が唯一の株主になるため，子会社が親会社からの指示・命令に従って経営を行うことは，株主の利益に沿って行動することに等しく，利益相反の問題は発生しません。他方，子会社が上場している場合，その上場子会社には支配株主である上場親会社以外の多くの少数株主が存在することになります。この場合，上場子会社が上場親会社からの指示に従って経営を行うことは上場親会社と少数株主との利害調整問題が発生することになります。つまり，支配株主である上場親会社の指示に沿って上場子会社が経営を行うことが必ずしも少数株主の利益にならないケースが構造的に発生する可能性をはらんでいるということです[7]。

　親子上場に内在する利益相反関係から生じるデメリットとして，次の指摘があります[8]。

① 　上場親会社・上場子会社間の利益相反取引において，上場親会社が上場子会社に不利な条件を押し付けることによって上場子会社の利益を吸い上げる可能性がある。

② 　上場親会社経営者が企業グループ全体の利益を優先することにともない，上場子会社の事業機会を狭める可能性がある。

③　第三者割当増資等の金融取引を通じて，上場親会社は上場子会社少数株主利益を収奪する可能性がある[9]。

（2）利益相反関係以外のデメリット

親子上場に対しては，次のような利益相反関係以外のデメリットの存在も指摘されています[10]。

①　アクティビスト活動や同意なきM&Aの対象となりやすく，とりわけ時価総額の親子逆転が生じている場合や上場親会社が時価総額の大きい上場子会社を保有している場合にその傾向が強い。
②　上場子会社が上場親会社にとって不要な人材の受け皿に利用される。
③　上場親会社による上場子会社へのモニタリングが不十分な場合には，ガバナンスが空洞化するおそれがある。
④　双方が上場企業であるため，互いに上場企業としての独立性に配慮するあまり親子間の連携が不十分となり，シナジーが低下する可能性がある。
⑤　親子間での利益相反管理のための内部統制システム構築や詳細な情報開示のためのコストよりシナジーが低下する可能性がある。

（3）親子上場に対する投資家の見解

ここで実際の投資家の意見を確認します。経済産業省は2020年，親子上場に対する国内外の機関投資家の意見を公表していますが，機関投資家は親子上場に対する否定的な意見が多い状況となっています。

①　「海外では100％子会社になる前段階として親子上場となるケースに限られているが，日本はコーポレート・ガバナンスが効きようのない形の上場となっている」（国内アセットオーナー）。
②　「子会社上場を認めるべきではなく，仮に認めるとしても上場子会社の少数株主を守るために，上場規則で真に独立した社外取締役が過半数いることとすべき」（国内ファンド）。
③　「そもそも上場子会社というもの自体がおかしいのではないかという

考えがある」(米系機関投資家)。

4 親子上場に関する実証研究

　実証的な研究からみた場合,親子上場はどのように評価されるでしょうか。結論としては,親子上場にはメリットが存在するという結果と,デメリットが存在するという結果に分かれています。ここでは代表的な実証研究を確認します。

(1) 親子上場のメリットを報告する研究

　宮島・新田・宍戸は,親子上場が上場親会社および上場子会社にメリットをもたらすかどうかを総合的に分析しています。そのうち,上場親会社による上場子会社の富の収奪に関する分析では,1986-2008年の期間について,トービンのqやROA(総資産利益率)などをパフォーマンス指標として,上場子会社と独立上場企業を比較した結果,上場親会社による富の収奪は観察されなかったことを報告しています[11]。

　また,井戸坂は,日本においてコーポレート・ガバナンス改革が進んだ2010年代について,上場子会社254社,独立上場企業2,205社を対象に,上場子会社の業績パフォーマンスを独立上場企業と比較する実証研究を行い,その結果日本の2010年代における上場子会社のROAが独立した上場企業より優位にあったことなどを報告しています[12]。

　これらの実証研究では,親子上場には構造的な利益相反関係が存在することを認めつつも,上場子会社の方が独立上場企業より優れた業績パフォーマンスを発揮していることから,親子上場には正の効果が存在することを指摘しており,少なくとも上場親会社が上場子会社の富を収奪するなど少数株主に損失を与えているという結果は確認されていません。

（2）親子上場のデメリットを報告する研究

　大坪は，上場親会社が上場子会社および上場関係会社のパフォーマンスに対してどのような影響を及ぼしているかを分析しています[13]。まず，1985年から2005年における日本の上場子会社のパフォーマンスについて，独立した上場企業と比較する分析を行った結果，上場親会社をもつ上場関係会社の業績について，独立上場企業と比べて業績パフォーマンスが低いという結果が報告されています。また，2000年度から2002年度のデータを用いて，上場親会社が上場子会社との取引関係を通じて富の収奪を行っているか否かについて分析した結果，上場親会社やグループ会社と取引関係の強い上場子会社ほど売上高総利益率が低いこと，上場子会社の売上高総利益率が他企業より低いことを明らかにし，上場親会社が取引関係を通じて上場子会社から富の収奪を行っている可能性があることを指摘しています。

　松浦は，日本における1982年度から2008年度の上場子会社のROAを分析し，上場親会社の存在が上場子会社のROAに与える影響を実証分析しています[14]。その結果，上場親会社が存在する上場子会社のROAが有意に低下していることが報告されています。その理由として，上場親会社幹部の上場子会社経営者への天下り，上場親会社の人事操作への上場子会社組み込み，支配株主の同族からの経営者の選任，すなわち日本型企業の人事システムなどにより，上場子会社側の経営の効率化・利潤の拡大と反している可能性や，上場親会社に有利で上場子会社に不利な取引が行われている可能性の存在を指摘しています。

　上記の研究では，親子上場の有するデメリットにより，上場子会社の業績パフォーマンスに負の効果を与えている可能性を指摘しています。

5　親子上場の評価

　2から4で親子上場が有するメリットやデメリットについて確認してきま

した。では，親子上場の是非についてはどのように評価すればよいのでしょうか。親子上場の是非を評価する1つの視点として，実際に上場子会社の株式に投資する少数株主の視点から考えてみます。

親子上場によって上場子会社に何らかのメリットが生じて，それが上場子会社の業績パフォーマンスに対して正の効果を与えるならば，上場子会社の業績パフォーマンスは高まり，株式価値も高まることになります。株式価値が高まると，上場子会社の株価や配当が向上する可能性が高まるため，上場子会社株式に投資する少数株主は高いインカムゲインとキャピタルゲインの享受が期待できます。この場合，親子上場は支配株主である上場親会社およびその株主のみならず，上場子会社の株式に投資する少数株主に対してもベネフィットをもたらすと考えられます。

反対に，親子上場によって上場子会社に何らかのデメリットが生じて，それが上場子会社の業績パフォーマンスに対して負の効果を与えるならば，上場子会社の業績パフォーマンスは低下することになり，株式価値も毀損されることになります。そうなると，上場子会社の株価や配当は低下する可能性が高まり，上場子会社の少数株主は本来享受できる水準でインカムゲインとキャピタルゲインを得ることができないかもしれません。

以上のように，上場子会社の株式に投資する少数株主の視点に立つと，上場子会社の業績パフォーマンス，ひいては株式価値が高まるか否かが，親子上場に対する是非を評価する1つの視点になります。

6 親子上場に対する政策の動向

親子上場に対しては，民主党政権下の2009年に，「公開会社法（仮称）」として親子上場禁止を制度化する方向で具体的に検討が進められましたが，その後自由民主党へ政権交代したこともあり，導入が見送られました。

2012年12月に成立した第二次安倍政権下において，企業の中長期的な収益性・生産性の向上とそれを促進するためのコーポレート・ガバナンスが最優

先課題に位置付けられ，2010年代にコーポレート・ガバナンス改革が大きく進展しました。この時期のコーポレート・ガバナンス改革は，上場親会社，上場子会社を含めて，日本のすべての上場企業の企業統治の在り方に大きな影響を与えてきました。親子上場に関連する内容を中心に概要を確認します。

東証は2015年6月，2004年に制定された従来の「上場会社コーポレートガバナンス原則」に変えて，「コーポレートガバナンス・コード」を導入しました。同コードは，「株主の権利・平等性の確保」「株主以外のステークホルダーとの適切な協働」「適切な情報開示と透明性の確保」「取締役会等の責務」「株主との対話」の5つの基本原則から構成され，各基本原則に原則と補充原則が示されています。上場企業は，同コードの精神・趣旨を尊重し，「コーポレート・ガバナンスに関する報告書（CG報告書）」を通じて，同コードへの対応状況について開示することを要求されています。「コーポレートガバナンス・コード」は，2018年，2021年に改訂されていますが，2021年改訂では，新たに支配株主を有する上場企業に対する内容が追加されました（図表6-4）。

図表6-4　コーポレートガバナンス・コード（2021年改訂）

補充原則　4-8③ 支配株主を有する上場会社は，取締役会において支配株主からの独立性を有する独立社外取締役を少なくとも3分の1以上（プライム市場上場会社においては過半数）選任するか，または支配株主と少数株主との利益が相反する重要な取引・行為について審議・検討を行う，独立社外取締役を含む独立性を有する者で構成された特別委員会を設置すべきである。

出所：東京証券取引所（2021a）。

また，経済産業省は2019年6月，「グループ・ガバナンス・システムに関する実務指針（グループガイドライン）」を策定・公表しました。グループガイドラインは，従来のガバナンスに関する議論が法人単位を基本としていたのに対して，実際の経営はグループ単位で行われておりグループ経営における実効的なガバナンスの在り方については議論が十分になされてこなかった

という問題意識を背景に策定されています。このグループガイドラインは，いわゆる「攻め」と「守り」の両面からグループガバナンスに関する広汎にわたる考え方が示されていますが，とりわけ，「上場子会社に関するガバナンスの在り方」を独立した章として設けており，親子上場に関するガバナンスの在り方に踏み込んだ内容を網羅的に示している点で，親子上場に対する問題意識の高さが窺えます。

東証は2023年12月，「少数株主保護及びグループ経営に関する情報開示の充実」を公表しました。同資料の中で，親子関係，持分法関係にある上場企業における情報開示について，投資家から開示が期待される事項として，CG報告書における少数株主保護やグループ経営に関する開示についてのポイントを整理したガイドラインを示しました。東証は，同資料について，上場企業における自発的な開示の充実に向けたものであり，開示を義務づける趣旨ではないとしていますが，親子上場状態にある上場親会社および上場子会社は，投資家に対する丁寧なコミュニケーションが要求される流れは今後強まっていくものと考えられます。

7 親子上場の今後

これまで確認してきたとおり，親子上場には多くのメリットが指摘される一方で，多くのデメリットも指摘されています。また，日本において2010年代から本格的に推進されてきたコーポレート・ガバナンス改革やその流れの中で，親子上場を行う企業に対して，コーポレート・ガバナンス水準の強化や投資家に対する説明責任，情報開示の充実が強く要請されてきており，それにともなって親子上場を継続するための労力やコストが高まっています。

このような中で，親子上場を行う企業は，企業価値向上を向上させて上場親会社および上場子会社双方の株主のインカムゲインとキャピタルゲインを高めるため，グループ戦略の視点から，親子上場を継続することによるメリットやデメリット，労力，コスト，効果などを総合的に検討の上，親子上場

を継続するか，あるいは解消するのか，戦略的かつ合理的な判断が要求されます。

注

1) 宮島・新田・宍戸（2011）。
2) 宍戸・新田・宮島（2010b）。
3) 経済産業省（2019）。
4) 藤田（2018）
5) 宍戸・新田・宮島（2010a）。
6) 小本（2001）；宍戸・新田・宮島（2010b）；宮島・新田・宍戸，前掲書；藤田，前掲書；経済産業省（2020）；東京証券取引所（2020）を参考。
7) 高橋（2013）。
8) 宍戸・新田・宮島（2010b）。
9) これをファイナンシャル・トンネリングという。
10) 小林・山田（2000）；藤田，前掲書を参考。
11) 宮島・新田・宍戸，前掲書。
12) 井戸坂（2023）。
13) 大坪（2011）。
14) 松浦（2011）。

Part2 企業の成長

Part 2 のねらい

　Part2では，企業がベンチャービジネスとして登場し，大企業となっていくまでの成長について検討します。

　企業を興す人とはどういう人たちなのか，ベンチャービジネスとはどういうものなのか，つくった企業を大きくしていくにはどうすればよいのでしょうか。ここでは，多角化戦略やM&Aなどに代表される企業結合や，企業行動を規制する独占禁止法などの法律的側面について検討していきます。

第7講 企業家と経営者

1 企業家の概念

　「企業家」は，英語でアントレプレナー（entrepreneur）と呼ばれ，「事業機会に気づき，その機会を追求する組織をつくる者」[1]を意味します。最近では「起業家」という表現の方が用いられるようになってきています。企業家の定義については，シュンペーター[2]が最もよく知られています。それによれば，企業家とは，「新結合」によって「イノベーション」[3]や「創造的破壊」[4]を行う人であるとしています。シュンペーターは「イノベーション（革新）」には次の5つがあるとしています[5]。

① 新しい財貨の生産
② 新しい生産方法の導入
③ 新しい販売先の開拓
④ 新しい仕入先の獲得
⑤ 新しい組織の実現（独占の形成やその打破）

　しかし，現実の企業家のタイプはさまざまです。すべての企業家がイノベーションや創造的破壊の精神にあふれているとは限りません。大学発のベンチャーで大学教員が企業家になるような場合は，シュンペーターが示すようなイノベーションを力強く牽引していく企業家像とは異なります。実際の企業家の概念は，図表7-1をみるとわかるように，時代や国，研究アプローチの違いを反映してさまざまです。

図表7-1 主要な企業家概念

学者	年	企業家概念
R. カンティヨン	1725	先見の明をもち,危険を進んで引き受け,利潤を生み出すのに必要な行為をする者
J. B. セイ	1803	他者を結びつけて生産的な組織体を形成する行為者
C. メンガー	1871	予見に基づき資源を有用な財に変換する変化の担い手
A. マーシャル	1890	多様な生産要素を需要に適合させていくうえで問題を解決し,効用をつくり出す主体
G. v. シュモラー	1900	事業の危険を負担し,イニシアティブをとる者
M. ウェーバー	1905	組織的合理的に正当な利潤を使命として追求する者。革新的企業家はその一類型
J. A. シュンペーター	1912	革新者,新結合を遂行する者
A. H. コール	1959	財の生産・流通を目的とする利益指向型企業の創設,維持,拡大に挑戦する者
D. マックリーランド	1961	エネルギッシュで適度なリスクテイカー
I. M. カーズナー	1973	新しい価値のある目的および潜在的に有用で入手可能な資源に対する機敏性をもつ個人
T. W. シュルツ	1980	不均衡に対処する能力をもつ者
P. F. ドラッカー	1985	変化を探し,変化に対応し,変化を機会として利用する者
W. J. ボーモル	1993	斬新,大胆,想像力,リーダーシップ,持続力などを活用する経済主体

出所:清成(1998)171頁。

　ここでシュンペーターのいう事業のイノベーションと企業家の相関をみるとおおよそ図表7-2のようになるとされます[6]。これをみると,企業家の数と事業の革新性には逆相関があることがみてとれます。シュンペーターのいう企業家は,ブレイクスルー型に属し,事業の革新性は高いけれどもなかなかいないタイプの革新者です。むしろ多くの企業家は,革新性が低いといえます。カーズナー[7]は,多くの企業家はシュンペーターが示すようなイノベーションや創造的破壊を常に行う人というよりも,むしろ変化が発生したことを認識してそれに反応する者であるとして,シュンペーター型の革新性を重要視していません。

図表7-2　事業の革新性と企業家の数

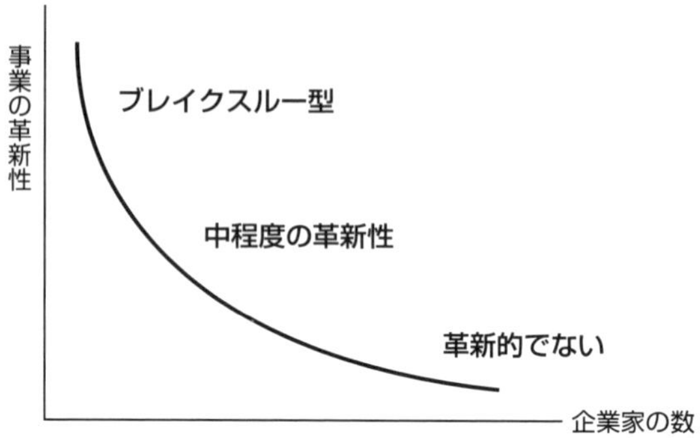

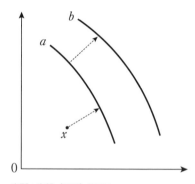

出所：清成（1988）173頁。

図表7-3　シュンペーターとカーズナーのイノベーション概念図

出所：安部（1995）220頁。

　安部[8]は，シュンペーターとカーズナーのイノベーションの違いについて図を用いて示しています（図表7-3）。それによれば，シュンペーターのイノベーションとは，生産曲線がaからbに移動することであり，カーズナーのイノベーションとは，生産フロンティア内部の点Xから最適生産フロンティアを示す生産曲線aへ移動することを意味するとしています。カーズナーによれば，xに対応する資源配分が非効率的であるから，そこに利潤獲得の機会を見いだして，機敏に最適フロンティアへ移動させることが企業家の職能

であるとします。現実には，シュンペーター型のイノベーションとカーズナー型のイノベーションが同時に起こっていると考えられます。

2 企業家の実態

バイグレイブ＝ザカラキスは，グローバル・アントレプレナーシップ・モニター調査（Global Entrepreneurship Monitor: GEM）[9]から分析した結果をもとに，企業家の実態について次のようにまとめています[10]。

（1）国の経済と起業との関係

総合起業活動指数（Total Entrepreneurial Activity: TEA）[11]を使って，国別に起業活動の活発さをみてみると，TEAが最も高い国はペルーで40％，最も低い国は日本で2.5％です。平均は9.3％で，成人人口11人に対して1人が起業準備中か若い企業のオーナーという状況です（図表7-4）。日本の低水準さが際立っているといえます。

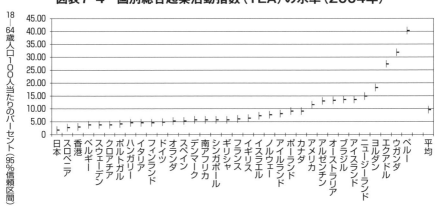

図表7-4　国別総合起業活動指数（TEA）の水準（2004年）

出所：Bygrave and Zacharakis（2008）（邦訳，40頁）。

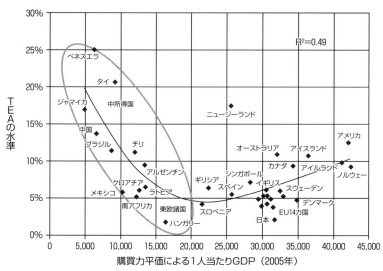

図表7-5 TEAと購買力平価による1人当たりGDP（2005年）

出所：Bygrave and Zacharakis（2008）（邦訳，41頁）。

　TEAを事業機会型[12]と生計確立型[13]に分けると，一般に1人当たりのGDPが高い国々は，事業機会型が多い傾向にあり，低い国々は，生計確立型が多い傾向にあります。所得の高い国に，事業機会型が多い理由は，より多くの雇用機会があり，退職後の社会福祉も整備されていることから，自分自身や家族を養うために起業する必要がないためです。

　TEAと1人当たりのGDPとの関係は図表7-5にみられるように，1人当たりのGDPが2万2,000ドルを境にしたU字型をしています。ベネズエラやジャマイカ，タイといった低所得の国ではTEAは高水準ですが，ハンガリーやラトビア，クロアチアといった東欧諸国のような中所得の国は逆にTEAは低水準です。これは，所得が低い国から中所得国に移行するにつれて，既存企業における雇用機会は多くなるので，起業活動が不活発になるためです。一方，1人当たりのGDPが2万2,000ドルを超えるとGDPの増加に従ってTEAが増加傾向にあるのは，サービス産業や知識集約型産業において高度

な知識を有し，高いモチベーションをもつ企業家が増えるためであると考えられます。フランス，ドイツ，イタリアなどの14のEU加盟国といった「欧州大陸型」の経済システムをもつ国々や日本はトレンド線の下に位置し，アメリカ，オーストラリア，カナダ，アイルランド，ニュージーランド，イギリスなどの「アングロサクソン型」の経済システムをもつ国々はトレンド線の上に位置しています。

（2）年齢・ジェンダー・教育と起業との関係

GDPに関係なく，25～34歳の若い世代が最も起業活動が活発な年齢層です。35歳を過ぎると，起業活動の水準は低下する傾向にあります。年齢は企業家になるかならないかの大きな要因であるといえます。

ジェンダーについては，男性は女性に比べて50%程度TEAの水準が高くなっています。これはほとんどの年齢層について当てはまります。フランス，ギリシャ，香港，スペインは男女間の差は大きく，エクアドル，フィンランド，ハンガリー，日本，ペルー，南アフリカ，アメリカは男女間で有意な差は存在しません。男女間の差がない国は2タイプに分かれます。1つは，（1）で述べた生計確立型の国です。もう1つは，女性に対する数々の政策が実施され，ジェンダーを取巻く文化や機会均等につながるような起業家教育が強化されている国です。

低所得国と高所得国における企業家の教育水準には明らかな差が存在します。高所得国では，企業家の6割近くが高等教育を受けています。一方，低所得国では，2割程度しか高等教育を受けておらず，中等教育が約2割，初等教育が6割近くになっています。

（3）成長志向性

一般的には，企業家は強い成長志向を有しており，会社を大きくし多くの人を雇用することを望んでいるように思われます。そこで，この「高成長志向性」について，2000年から2004年の調査結果をみてみると次のようになります。

5年以内に2人以上の従業員を雇用したいと考えている懐妊期（創業準備期間）と乳幼児期（創業42ヵ月未満）の企業家の割合（TEA）は，成人人口の5.4%でした。10人以上の従業員を雇用したいと考えている割合は1.6%，20人以上は0.8%，50人以上は0.4%でした。TEAが平均9.3%ですので，懐妊期ならびに乳幼児期にある，いわゆる若い企業の企業家の場合，100人中約58人が将来2人以上を雇用したいと考え，約17人が将来10人以上，約9人が将来20人以上，約4人が50人以上を雇用したいと考えていることになります。この結果が示すことは，高成長を狙っている企業家は稀であるということです。

ただし，高成長志向型の水準は国や地域によって異なります。高成長志向型の企業家の割合が最も高い地域は，カナダやアメリカを含む北アメリカとオーストラリアやニュージーランドを含むオセアニアです。最も低い地域は，ヨーロッパとアジアの先進国グループで，香港，韓国，日本，シンガポールです。

3 起業プロセス

起業プロセスを示すと図表7-6のようになります[14]。起業プロセスは，イノベーション→引き金を引く出来事→創業→企業成長から構成され，各過程において，個人要因，環境要因，社会的要因，組織的要因が影響します。

個人要因に関しては，成功する企業家の個人属性として，夢，判断力，実行力，決意，献身，思い入れ，ディティール，目標，おカネ，分配といった10の側面からどのような特徴があるのかを示しています（図表7-7）。そして，行動特性上，企業家とそうでない人を区別する明確な傾向はないものの，企業家はそうでない人よりも，より強い内的統制[15]をもっているとしています。

環境要因は，機会，ロール・モデル（お手本），創造性，経済状況，競争関係，資源，インキュベーター，国の政策，競争者，顧客，納入業者，投資家，銀行，弁護士など多岐にわたります。たとえば，シリコンバレーには，ロール・モデルとなるような企業家がたくさんいますし，創造性にあふれていま

企業家と経営者　第7講

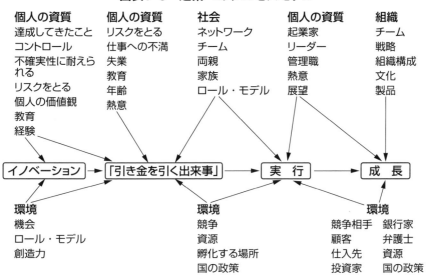

図表7-6　起業へのプロセスモデル

原出所:Moore（1986）．
出所：Bygrave and Zacharakis（2008）（邦訳, 77頁）。

す。また，マサチューセッツ工科大学は，企業家を養成するためのカリキュラムを提供したり，技術的アドバイスをするインキュベーターとしての役割を果たしており，そうしたインキュベーターが多い地域ほど起業は容易となり成功する確率も高くなります。また，実際にビジネスを始めると，取引先，仕入れ業者，投資家，銀行家，会計士，弁護士など，多くの人たちとつながりをもたなければならず，助けをどこでどのようにみつけるのかを知っていることは重要です。

　社会的要因には，ネットワーク，チーム，両親，家族，助言者，ロール・モデルなどがあげられます。特に家族に対する責任感は重要な役割を果たします。家族への責任がない場合は起業は比較的容易ですが，ある場合は難しい決断になるとされます。また，創業して間もない企業家を廉価でサポートする組織の存在も重要な社会的要因であるといえます。

図表7-7 成功する企業家にみられる最も重要な特徴

夢	起業家は，自分自身や自分の事業がこれからどうなるのか，見通しをもっている。もっと大切なのは，彼らがその夢を実現させる力があるということだ。
判断力	起業家は躊躇しない。素早く決断する。素早さも成功の要因の１つとなる。
実行力	一度決めたら，可能なかぎり早く動き出す。
決意	起業家は事業に全身全霊を注ぐ。たとえ困難な障害にぶつかってもあきらめない。
献身	起業家は，ときに友人や家族との関係を犠牲にしても事業に打ち込み，疲れることなく働く。事業を立ち上げようと必死になっているときは，１日12時間，週７日働くことも珍しくない。
思い入れ	起業家は自分の仕事を愛している。困難なときでも耐えられるのは，好きからこそだ。また自分の製品やサービスに思い入れがあるから，効果的に売ることができる。
ディティール	悪魔はディティール（細かな部分）に住むといわれる。これは，まさに事業を立ち上げ成長させるときに当てはまる。起業家は，細かな部分にまで注意を払わなければならない。
目標	起業家は従業員に頼るよりも，自分で目標を達成しようとする。
おカネ	金持ちになることが，起業の主な動機とはならない。おカネはむしろどれだけ成功したかを測る指標だ。起業家は，成功すればその分報われると考えている。
分配	起業家は，事業の成功に欠かせない従業員たちに，会社の所有権を分け与える。

出所：Bygrave and Zacharakis（2008）（邦訳，80頁）。

　イノベーションから起業し，成長に至るまでのプロセスを円滑に進めるためにも，ビジネスプランの策定は重要です[16]。アメリカでは，ビジネスプランは創業に際して不可欠な文書であるとされ，ビジネスプランの策定はビジネススクールの必修科目であるとまでいわれています。これは，名声も実績もない企業家にとって，ビジネスプランの妥当性を提示する以外，必要な経営資源を調達する手段はほかにないためです。日本においても通商産業省（現経済産業省）が，ビジネスプランのひな形を提示しました。これは，エグゼクティブサマリー，事業コンセプト（新規性，実現性，競合性，市場性・成長性），財務計画（中期計画，中期資金計画，長期計画），企業の経緯・現状（事業の経緯，役員・企業推進者の状況，大株主の状況，外部機関の利用状況）などから構成されています。

4 経営者としての企業家

(1) グレイナー・モデル

　グレイナーによれば，企業には5段階の発展過程があるとしています。そして各段階にはそれぞれ異なる危機があり，それを克服することによって新たな成長段階へ進むとしました（図表7-8）[17]。

　第1段階は「創造性による成長」です。創業者はイノベーションによる成長を志します。しかし，イノベーションに没頭するあまり，リーダーとしての地位の確立や企業文化の創出をないがしろにすることで「リーダーシップの危機」が生じることになります。この危機を統率（集権化されたリーダーシップ）により乗り越えていきます。

　第2段階は，「統率による成長」です。この段階では，規模が拡大し組織管理運営が複雑化してきます。そうすると集権的な管理体制に限界が生じてくる「自治の危機」が生じることになります。この危機を権限委譲により乗り越えていきます。

　第3段階は「権限委譲による成長」です。分権化組織構造を適用すると，今度は現場の管理者の権限が強くなりすぎるため，「管理の危機」が生じることになります。この危機を，トップマネジメントが調整機能を発揮し回避していきます。

　第4段階は，「調整による成長」です。調整機能を充実させるために，システムの導入とトップによるシステムの管理運営がなされますが，組織の肥大化により形式主義に陥りやすくなり，「官僚化の危機」が訪れます。これを克服するために，形式主義を排し個人相互間の尊重による協働がなされます。

　第5段階は，「協働による成長」です。しかし，さらに「新たな危機」が生まれるので，これを克服する必要があるとしています。

Part2 企業の成長

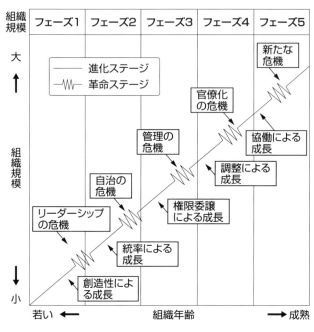

図表7-8　成長の5段階

出所：Greiner（1972）p.41.

（2）企業家から経営者へ

このようにしてみると，企業家はひとたび創業したならば，経営者としてその役割を果たさなければならないことがわかります。イノベーションによって企業を牽引するばかりでなく，企業をマネジメントしていくことが必要となってくるのです。企業家が本来の企業家のようにして活躍できるのは，せいぜい第1段階の「創造性による成長」であるといえます。

ファヨール[18]は，企業活動を行うには，①技術的職能，②商業的職能，③財務的職能，④保全的職能，⑤会計的職能，⑥管理的職能といった6つの職能が必要であるとしています。管理的職能は，予測（将来を予測し活動計画を作成する），組織（仕事の配置・配分を決める），命令（従業員を動かす），調整，

統制からなっています。そして，経営者は，もっぱら⑥の管理的職能を担当するとしています。

　企業家は，アイディア豊富なスペシャリストがなる傾向にありますから，技術的職能に関しては秀でた側面をもっているといえるでしょう。しかし，企業を成長させていくには，管理的職能が必要です。企業家がすべての職能を備えることは不可能です。ですから，企業の成長を考えるならば，企業家は管理的職能に秀でた人材を発掘して，うまく世代交代を行っていくことが不可欠です。企業成長には，企業のトップが，企業家から経営者に変わる必要があるのです。

（3）経営者の役割－組織均衡－

　経営者の役割は，組織の存続と成長にあります。そのためには，組織がメンバーに与える誘因が組織に参加するメンバーの貢献よりも大きいか，少なくとも等しいことが必要です。このことを組織均衡といいます[19]。

　組織均衡を達成するためには，組織の有効性と能率を高めなければなりません。有効性とは，組織目的の達成程度でメンバーに与える誘因の原資となります。組織の環境適応に関係しますので，外的均衡の程度ともいえます。能率とは，メンバーのモチベーションの程度で，昇進や昇格，仕事の配分などの内部マネジメントに関係しますので内的均衡の程度ともいえます。

　したがって，組織均衡を達成するには，外的均衡と内的均衡を同時に図っていく必要があります。そしてその一番大きな責任を負っているのが，経営者なのです。

注

1) Bygrave and Zacharakis（2008）（邦訳，76頁）。
2) Schumpeter（1926）（邦訳，183-184頁）によれば，企業家とは「新結合の遂行を自らの職能とし，かつその遂行にあたって能動的要素となるが如き経済主体」とされる。
3) Schumpeter（1939）は『景気循環論』で「革新」という用語を使用。
4) Schumpeter（1943）は，『資本主義・社会主義・民主主義』で，「創造的破壊」という用語を使用。

5) 清成（1998）156頁。
6) 同上書，172-174頁。
7) Kirzner（1973）（邦訳，124-128頁）。
8) 安部（1995）。
9) GEM調査では，①起業の準備を始めている人，②創業後42ヵ月未満の企業を経営している人の合計が18〜64歳人口100人当たり何人いるかをEEA（Early-Stage Entrepreneurial Activity）と定義，各国の起業活動の活発さを測定する。
10) Bygrave and Zacharakis，前掲書．
11) 総合起業活動指数（Total Entrepreneurial Activity: TEA）とは，懐妊期の企業家と乳幼児期の企業家の合計が成人人口100人当たり何人いるかを示すもので，国全体の起業活動を測定する。
12) 事業機会型総合起業活動指数（Opportunity-type Total Entrepreneurial Activity: OTEA）によって測定する。TEAのうち，認識された事業機会を実現しようとして事業を始める準備をしている懐妊期の企業家とすでに事業を始めた幼児期の企業家の合計。
13) 生計確立型総合起業活動指数（Necessity-type Total Entrepreneurial Activity: NTEA）によって測定する。TEAのうち，現在職がないか現在の職に満足していないという理由で事業を始める準備をしている懐妊期の企業家とすでに事業を始めた乳幼児期の企業家の合計。
14) Moore（1986）.
15) ローカス・オブ・コントロール（locus of control）といい，自分の運命に対する考え方を意味する。ローカス・オブ・コントロールが高い人とは，自分の運命は自分によって決められるとする人であり，低い人とは，自分の運命は環境によって決められるとする人である。
16) 西澤（1998）24-28頁。
17) Greiner（1972）.
18) Fayol（1916）.
19) Barnard（1938）.

● *Column 4* ダイバーシティ経営に必要なものとは？

　ダイバーシティ経営とは，企業における人材の多様性を高い経営成果に結びつける経営のことを意味します。人材不足に悩む日本企業にとって，人材のダイバーシティ化は喫緊の課題となっています。

　ダイバーシティには，性別や人種，年齢といった目にみえる多様性を意味するデモグラフィック型ダイバーシティと職務遂行能力や価値観といった目にみえない多様性を意味するタスク型ダイバーシティの2つに分けられます。このうち，タスク型は企業業績にとってプラスの影響を与えますが，デモグラフィック型は，カテゴライズ化がグループ間対立をもたらし，企業業績に悪い影響を与えるとされます。したがって，ダイバーシティを推進する場合，デモグラフィック型のマイナスの側面をいかに低めていくかが課題となります。

　インクルージョンな風土（包摂的な風土）は，マイナスの側面を解決するものとして注目されています。インクルージョンな状態とは，グループのメンバー1人ひとりが，その中で存在を認められており，所属意識も高い心理的状況のことをいいます。そして，そうした状況を生み出す集団の雰囲気のことをインクルージョン風土と呼んでいます。公平・公正な人事，個々の差異が尊重され，安心して意見がいえるような雰囲気の集団です。

　ダイバーシティに富んだ組織においては，インクルージョン風土を整えることによって，デモグラフィック型ダイバーシティのマイナス面が低減し，タスク型ダイバーシティのプラスの側面が伸ばされるとしています。今後の日本企業にとって，いかにしてインクルージョン風土を形成していくかがマネジメントにおける大きな課題であるといえましょう。

第8講 ベンチャービジネス

1 ベンチャービジネスの概要

(1) ベンチャービジネスの定義

　ベンチャービジネスとは，ベンチャー企業とも呼ばれ和製英語です。『中小企業白書』は，ベンチャービジネスの特徴として次の4つをあげています[1]。
① 経営者が企業家精神に富み，成長意欲が高い。
② 独自性をもった優れた技術，ノウハウを有している。
③ 高い成長力または成長可能性を有する。
④ 未上場の中小・中堅企業であり，他の企業に実質的に支配されていない。

　これに従うならば，ベンチャービジネスとは，「企業家精神に富んだ経営者に率いられ，独自の技術・ノウハウによって，急成長する可能性のある独立系の中小・中堅企業」と定義することができます[2]。ただし，成長を遂げ現在では大企業になってしまった企業に対しても，強い企業家精神がみられる企業に対してはベンチャーと呼ぶことがあります。

(2) ベンチャーブーム

　戦後，日本には3回のベンチャーブームがありました[3]。

1) 第1次ブーム（1970〜73年）

　第1次ブームは，高度成長の終焉期に起こりました。当時，日本は鉄鋼や化学といった素材産業から，自動車や電機・機械などの加工組み立て産業へ

の転換期にあたり，欧米からの新技術によらない新産業の育成が図られました。そして，その担い手としてのベンチャービジネスへの期待が高まりました。電機・自動車等の加工組立産業の周辺とサービス産業での企業の設立がありました。開業率も比較的高水準であり，多くの企業が設立され，「脱サラ」[4]が流行語となりました。ファナック，セシール，アスキー，モスフードサービスなどが代表的企業としてあげられます。

第1次ベンチャーブームは，71年のドル・ショックの結果，過剰流動性が伸び貸出余力に余裕が生じたことにより，銀行がベンチャービジネスへの融資を強化したことがきっかけです。JAFCOなどのベンチャーキャピタル先発8社が設立されました。ブームは，73年の第1次石油ショックによる不況で収束しました。

2）第2次ブーム（1983〜86年）

第2次ブームは，第2次石油ショックによる省エネルギーや生産の効率化の要請，バイオテクノロジーや新素材等新規技術の企業化，ニーズの多様化や経済のソフト化への対応への期待から起こりました。特徴は，1982年に日本で初めて民間ベンチャーキャピタルによる投資事業組合[5]が設立されたことです。また，83年には店頭株式市場の公開基準が緩和されました。

こうしたことを背景として，ベンチャーキャピタルが次々と創設され，それらの資金提供を受けて，ソフトバンク，ジャストシステム，オークネット，スクエアなど有力な企業が誕生しました。ブームは，円高不況によって終焉を迎えました。同時に，ベンチャーキャピタルの過剰投資も問題視され，制度整備の必要性が認識されました。

3）第3次ブーム（1993年〜）

第3次ブームは，バブル経済の崩壊を契機としたものです。バブル経済の崩壊によって，市場の成熟化，産業の空洞化，大企業の停滞，失業率の上昇など，さまざまな問題が明らかとなってきたこと，グローバル化の急速な進展により産業構造の高度化へ取り組む必要性が高まったこと，ベンチャービジネスの勃興によりIT産業への構造転換が成功したアメリカ産業からの影響などにより，閉塞的経済からの脱却の担い手としてベンチャービジネスの

必要性が高まりました。1997年のアジア通貨危機による金融不安の際にいったん沈静化したかにみえましたが,「マザーズ」「ナスダック・ジャパン（現ジャスダック：JASDAQ）」の創設等を機に,「大学発ベンチャー1000社計画」などが打ち出されるなど，現在に至っています[6]。

（3）第3次ベンチャーブームの特徴[7]

第1次と第2次のブームは，好況期において起こったもので，不況の中で破綻しました。不況は，基幹産業における大企業の競争力強化によって克服されました。これに対し，第3次ベンチャーブームは，不況期において起こったもので，創業による新産業の創造が期待され，不況脱出が図られたという違いがあります。

第1次および第2次ブームにおいて，ベンチャービジネスの活気が長続きせず，比較的短期間に終わった基本的要因は，これらのベンチャーブームが資金供給サイドのブームであって，ベンチャービジネスの生成および発展の条件が必ずしも整備されたわけではなかったということにあります。

一方，第3次ベンチャーブームが長く続いている理由として次の点があげられます。

① ベンチャービジネスのプレイヤーの多様化：大企業からの独立ベンチャーが増加している（スピンオフ・ベンチャー，スピンアウト・ベンチャー）。大学における「ベンチャー輩出」の気運が高まっている（大学発ベンチャー）。伝統的中小企業において新規事業への挑戦が増えている（第二創業）。

② ベンチャービジネスに対する行政面の変化：「モノ（ハード施設）」から「カネ」の面での支援，さらには「ヒト（産学官連携やベンチャー企業支援のコーディネータ等）」の育成に施策の重点が移行している。

③ ファイナンス面の強化・株式公開の容易化：創業時から株式公開を目指し，ベンチャーキャピタルからの出資を財務戦略の中心に据える企業が増えている。

2 ベンチャー企業の成長モデル

　ベンチャー企業の一般的な成長モデルを示すと図表8-1のようになります[8]。これは成長段階を，R&D期，創業期，成長初期，急成長期，成長後期，安定成長期の6段階に分け，損益分岐点を中心に，期間損益がマイナスになる前期を成長資源獲得期，プラスになる後期を成長組織構築期とし，企業特性や資金供給者についてみたものです。そして，成長資源獲得期を最初から順に，R&D期，創業期，成長初期とし，成長組織構築期を最初から順に急成長期，成長後期，安定成長期としたものです。

　成長資源獲得期は，期間損益がマイナスであり，累積損失が増加し続けます。R&D期は，製品化に向けた時期で「デビル・リバー（魔の川）」，創業期は，事業化に向けた時期で「デス・バレー（死の谷）」，成長初期は，生存競争の時期で「ダーウィンの海」と呼ばれています。企業にとっては成長資源獲得に向けて，革新的製品やサービスを開発し，その製品やサービスの優位性を市場に知らせ，潜在顧客の購買意欲を喚起する宣伝効果をもった有力顧客への売り込みが不可欠になります[9]。

　成長組織構築期は，期間損益がプラスであり，徐々に累積損益のマイナスは解消され，プラスに転じます。これは，期間損益がマイナスとなりながらも研究開発活動を行った結果といえます。損益分岐点を越えるステージへと達する状態となれば，それ以後は自然増殖的に収益が獲得されるようになります。

　企業は，株式上場を目指し，規模拡大をともなう成長をさせる企業組織の実現に向けて，組織の構築と運用，管理責任者の任命，権限委譲，創業理念を具体化する企業文化の埋め込みなど，企業経営のヒトから組織への転換を図ります[10]。こうした成長を支えるうえでも資金面とマネジメント支援面双方からの支援が必要となってきます。

Part2 企業の成長

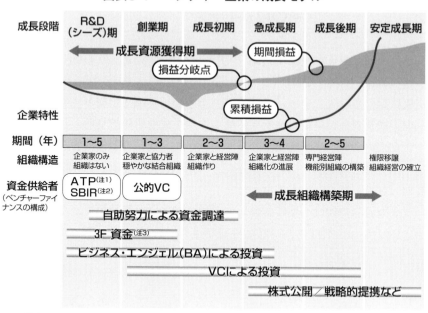

図表8-1 ベンチャー企業の成長モデル

注1：Advanced Technology Program
　2：Small Business Innovation Research
　3：Founder, Friend, Family
原出所：Mason and Harrison（1999）p.23を一部修正。
出所：西澤（2008）20頁，図表1-5。

3 ベンチャービジネスの資金調達

（1）ベンチャー企業の資金源泉

　ベンチャー企業のリスクは，スタートアップ期では50～100％，急成長期では50％，安定期では30％となり，期間経過とともに次第に低下していきます[11]。しかし全般的にリスクは高く，特にスタートアップ期は非常に高いため，市中銀行からの借入れによる資金調達はごく一部の企業に限られます。ベンチャー企業の資金源として，助成金，補助金，金融機関による融資，エ

クイティファイナンスをあげることができます[12]。日本については次のようなものがあります。

1）公的・民間の助成金・補助金

民間助成制度として，研究開発ベンチャーに対する市中銀行による「ベンチャー基金創設補助金」（民間助成制度）があります。また，公的助成制度として，情報通信研究機構（NICT）によるベンチャー支援助成金や新エネルギー・産業技術総合開発機構（NEDO）の研究開発・実用化開発支援助成金があります。

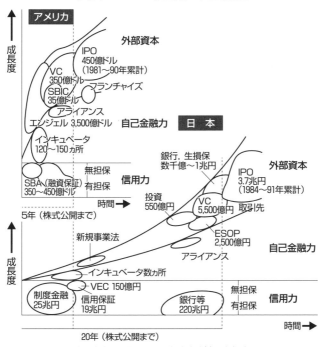

図表8-2　日米企業の資金調達

注：アメリカ：SBAは米国中小企業庁，SBICは投資育成㈱で政府系のVC（ベンチャーキャピタル）。IPOは新規株式公開時の資金調達。
　　日　本：VCは融資を除いた額。ESOPは従業員特殊会。投資は投資育成会社。
原出所：通商産業省産業政策局編（1997）『日本経済の構造改革』東洋経済新報社，34頁。
出所：西澤（1998）27頁。

2）金融機関による融資

日本政策金融公庫，商工組合中央金庫，地方自治体の新産業育成基金からの融資などがあります。政府系の金融機関が中心であるといえます。

3）エクイティファイナンス

エクイティファイナンスとは，株式や社債などの発行による資金調達方法です。自己資金，政府系ベンチャーキャピタル，民間系ベンチャーキャピタル，ビジネスエンジェル，取締役・従業員持株会，株式上場などからの資金調達の方法があります。

日本とアメリカを比較すると[13]，日本は融資に依存する制度金融の比重が大きく，株式公開までが20年と遅くなっています（図表8-2）。融資は返済する義務がありますから，よほどその企業に将来性がもてないかぎり，投資できないということになります。一方，アメリカの場合，エクイティファイナンスが中心となります。株式の発行による調達は自己資本となりますので直接返済の義務がなく，倒産による企業家のダメージも少なくなります。しかも，アメリカでは株式公開までの期間も5年程度と短く，創業当初からビジネスエンジェルと呼ばれる個人投資家，ベンチャーキャピタルなどが，将来性を評価し投資支援する仕組みができあがっています。

（2）ベンチャーキャピタル

ベンチャーキャピタル（Venture Capital: VC）とは，ベンチャービジネスに直接金融の形式で資金提供する機関のことです。直接金融とは，資金を必要とする企業が株式や債券を発行し投資会社に購入してもらうことによって資金を調達することです[14]。ベンチャーキャピタルは，基本的には，投資先企業が新規株式公開（Initial Public Offering: IPO）を果たした際に株式を売却することでキャピタルゲインを得ます。VC会社または個人のベンチャー・キャピタリストは，外部の投資家（主として機関投資家）から資金を募り，VCファンド（投資事業組合）を形成し，ベンチャービジネスに投資します。

さらにこうした資金支援ばかりでなく，市場調査，業務・技術提携の斡旋・仲介，株式市場ノウハウの提供，役員の派遣などによって，企業が成長し株

式上場できるよう，あるいは買収対象として魅力的になるように経営支援もすることがあります。日本のベンチャーキャピタルは，おおよそ３つに分類されます[15]。
① 金融資本系：銀行，証券会社，保険会社の出資によるもの。
② 独立OB系：ベンチャービジネスのOBによるもの。
③ 公共系：政策によって設立されたもの。

これらは，アメリカと比較して次の３点が異なるとされます[16]。
① 日本では銀行系・証券系が中心であるのに対し，アメリカは民間独立系が中心である。
② アメリカでは資金調達源として年金基金からの出資が大きいが，日本はそうではない。
③ 日本では株式会社形態が多いのに対し，アメリカでは投資事業有限責任組合（Limited Partnership: LP）[17]形態が多い。

③に関して，日本とアメリカでは形態等内容が異なります。アメリカは個人のベンチャーキャピタリストが集まってファンドを結成します。ファンドは，投資事業有限責任組合形態で，ベンチャーキャピタリストは，無限責任のゼネラルパートナーとなり，出資者から出資を募りファンドの運用にあたります。出資者はリミテッドパートナーとして有限責任をとります。日本のベンチャーキャピタルの場合，アメリカにあたるベンチャーキャピタリストのところが株式会社形態のベンチャーキャピタルになり，投資事業有限責任組合をつくりファンドを募集し運用することになります。

日本のベンチャーキャピタルの場合，金融資本系が中心で通常の金融機関による投資とあまり変わりがなく，迅速な意思決定ができない，独立OB系の方がノウハウがあって好ましい，ベンチャーキャピタルを増やすための制度的土壌が整備されていないなどの問題点を抱えています。

（3）ビジネス・エンジェル

ビジネス・エンジェルとは，初期段階のベンチャービジネスに投資する個人のことです。自らの個人的資産を用いて直接投資することや，必ずしもキ

ャピタルゲインを目的としていないことが特徴です[18]。ビジネス・エンジェルは，企業を成長軌道にのせるための，メンターの役割を果たしており，スタートアップ期から成長初期にかけて非常に重要な存在です。

日本は欧米に比べ，ビジネス・エンジェル税制の適用手続きが複雑でビジネス・エンジェルを増やすための税制改革が十分とはいえないことから，ビジネス・エンジェルがなかなか養成されない状況にあります。

(4) 証券市場

ベンチャー企業は，新規株式公開（IPO）すなわち株式を上場することによって，自社の株式を証券市場において広く売買可能にし，資金調達力を高めることができます。また，上場することで，知名度も高まる効果が見込まれます。

日本の証券市場は，ベンチャー企業向けの新興市場と一般市場（本則市場）に分かれます（図表8-3）。新興市場には，グロース（東京），ネクスト（名古屋），アンビシャス（札幌），Q-Board（福岡）などがあります。一般市場には，東京（プレミア，スタンダード），名古屋（プレミア，メイン），福岡，札幌に証券取引所があります。このほか，東京証券取引所では，プロの投資家向けにTOKYO PRO MarketとTOKYO PROBOND Marketの2つが2012年7月より新たに開設されています。これらの市場は統廃合を繰り返しながら成長しています。東京証券取引所と大阪証券取引所は2013年の1月より東京証券取引所に統合しています。

図表8-3　日本の証券市場

証券取引所	一般市場（本則市場）	新興市場
東京	プライム，スタンダード	グロース
名古屋	プレミア，メイン	ネクスト
札幌	既存市場	アンビシャス
福岡	既存市場	Q-Board

出所：各種資料より筆者作成。

上場する場合は一定の上場審査基準を満たす必要があり，上場廃止基準に抵触した場合は上場が廃止されます。上場基準は，証券取引所が独自に定める基準で，株式を新規公開する場合に必要とされる売上高，利益，資本金，財務内容，将来性などが条件です。一般市場（本則市場）ほど厳しく，新興市場ほど緩やかな基準となりますが，新興市場の場合は将来性が重要視されます。

4 ベンチャービジネスの支援インフラ

（1）インキュベータとインキュベート・マネージャー

インキュベータ（incubater）とは，孵卵器を意味し，企業家が事業活動を行うためのハード面でのインフラを提供する施設のことを指します。事務所や研究室として利用するスペースや共同会議室，事務機器，キッチンなどを安価で提供するものです。

インキュベート・マネージャーは，インキュベータに入居するベンチャー企業に対する，ソフト面での支援を行います。アメリカなどでは，経営に関する基礎的な支援，マーケティング支援，ネットワーキング支援，共同事務処理，事業融資・融資ファンド・債務保証プログラムの紹介，高等教育機関との連携支援などのサービスを行っています。これらは，特に財務的ノウハウに乏しい人が多い企業家がしばしば抱え込む問題です。インキュベート・マネージャーは，これらに対して適格なアドバイスをする必要があることから，外部に幅広いネットワークを有していることが要求されます[19]。

一般的に，日本はハードであるインキュベータは充実しているがソフトであるインキュベート・マネージャーが不足しており，アメリカとは逆の状況になっているといわれています。

（2）大学のTLO

　ベンチャービジネスに対する大学の役割は非常に大きいといえます[20]。

　大学発のベンチャーはアメリカでは早くから盛んで，MIT発のDEC，スタンフォード大学発のヒューレットパッカード，サン・マイクロシステムズ，シリコングラフィックス，ヤフー，イリノイ大学発のネットスケープ・コミュニケーションズなど多数の大企業を輩出しています[21]。

　日本においても，2001年に経済産業省が「大学発ベンチャー1000社計画」を発表し，多くの大学発ベンチャーが誕生しました。大学発ベンチャーはおおよそ次の4つに分けられます[22]。

① 特許による技術移転型：大学の教職員，学生・院生（以下，学生等）を発明人とする特許を基にした起業。
② 特許以外の技術移転型：大学での研究成果または習得技術に基づいた起業。
③ 人材移転型：大学の教職員，学生等がベンチャーの設立者となったり，その設立に深く関与するなどした起業。
④ 出資型：大学，TLO（Technology Licensing Organization）やこれらに関連するベンチャーキャピタルがベンチャー設立の際に出資した場合。

　大学が行うベンチャー支援スキームは，大学が研究・教育の一環として，ベンチャー企業のインキュベータになると同時に，ベンチャー企業との共同研究や寄付を通じて大学の財政に寄与することを目的としています。1998年には，「大学技術移転促進法」により大学にTLOの開設が認められ，これにより，支援スキームが実施されるようになりました。

　アメリカでは，大学の教員が研究成果を事業化するために自らベンチャービジネスを興すケースが非常に多く，また，逆にベンチャーで成功した人が大学教員となりノウハウを還元するという例も多く，人材の流動性が高く，それが数多くのベンチャービジネスを輩出する要因となっています。

注

1) 中小企業庁編（1984）。
2) この定義は狭義の定義であり，ベンチャーといった場合，営利型ベンチャーと非営利型ベンチャーに分かれる。営利型ベンチャーには，本書における独立型ベンチャーのほかに，企業革新型ベンチャーがある。独立型はさらに，完全独立型と支援独立型に分かれる。企業革新型は，社外ベンチャーと社内ベンチャーに分かれる。詳細は小林（2008）を参照のこと。
3) 関根（2006）184-185頁；西澤（1998）18-19頁；土屋（2006）。
4) ベンチャービジネスに限らず，独立開業することを「脱サラ」と呼んだ。
5) ベンチャーキャピタルが自らの資金により投資するのではなく，投資家から資金を集めファンドを組成して投資する方法。
6) 松井（2004）は，マザーズ，ナスダックジャパン（現ジャスダック）の創設を機とした1999年以降を，第4次ベンチャーブームとしている。詳細は，UFJベンチャー育成基金・松井（2004）。
7) 経済産業省九州経済産業局地域経済部新規事業課（2004）10-11頁。
8) Mason and Harrison（1999）p.23.
9) 西澤，前掲稿，20頁。
10) 同上稿，20頁。
11) Bygrave and Timmons（1993）.
12) 松田（1998）；中村（2008）。
13) 西澤，前掲稿，27-28頁。
14) 同上稿，186頁。
15) 浜田（1998）56頁。
16) 忽那（1997）；中村，前掲稿。
17) アメリカはもともと株式会社形態が多かったが，規制，利益配分，組織運営の面で柔軟性と自由度を確保できたことから，ベンチャーキャピタルの実態に適合し，次第にLP形態に移行した。
18) 西澤，前掲稿，186頁。
19) 中村，前掲稿。
20) 大学発ベンチャーの説明に関しては，同上稿，90-91頁。
21) 現在，これらの企業の多くは，買収等により社名が変更されている。
22) 文部科学省ホームページ（http://www.mext.go.jp/b_menu/shingi/gijyutu/gijyutu8/toushin/attach/1331028.htm 2015年1月4日アクセス）。

第9講 企業成長と多角化

1 ライフサイクルと成長ベクトル

(1) 製品ライフサイクル

　創業時から複数の事業を手掛ける企業は稀です。一般的には，1つの事業から始め，その分野での事業が成立するか否か様子をみることになります。事業が成立すれば，その企業の経営基盤となります。しかし，1つの製品のみを作り続けたり，1つのサービスだけを提供していては，企業を成長させることは難しくなります。これは製品やサービスにはライフサイクルがあるためです。

　製品ライフサイクルとは，製品やサービスの経済的寿命のことで，製品の売り上げは，誕生，成長，成熟，老化，死亡という生命体の一生と重ね合わせることが可能であるという考え方に基づいています。一般的には，製品のライフサイクルは，1）導入期，2）成長期，3）成熟期，4）衰退期の4段階をたどります。図表9-1で示されるとおり，販売量と各段階との関係は，S字カーブとして描かれ，導入期ではほとんど横ばいに近い関係ですが，成長期では大きく上昇し，また成熟期でほぼ水平状態になります。したがって，それぞれの段階における戦略的課題も異なります。

　1）導入期：導入期では，市場開拓が主な戦略課題となります。製品の認知度を高めることが必要となります。顧客が製品コンセプトを理解し，使用方法をイメージできるようにしてもらうようにする必要があります。

　2）成長期：成長期においては，市場におけるポジションの確立，シェアの獲得が戦略的課題となります。そのために，流通チャネル拡大や，製品機

能の改良やモデルチェンジが必要となります。

3）成熟期：成熟期においては，競合製品に対する自社製品のポジショニングやシェアの防衛が戦略的課題となります。価格や広告においての戦略・戦術が必要となりますが，機能改良やモデルチェンジは小さなものとなります。

4）衰退期：衰退期には，撤退が戦略的課題となります。需要が少なくなり，価格やマージンも低く抑えられることになりますが，撤退後のメンテナンス体制やそれにともなう社会的責任も考慮する必要がでてきます。

製品ライフサイクルは，実務界において経験的に確認されていますが，例外も存在します。基礎的な財やサービスにおいて，衰退がほとんど観察されないこともありますし，ファッション産業などでは，成長のあとに突然衰退が起こるような場合もあります。

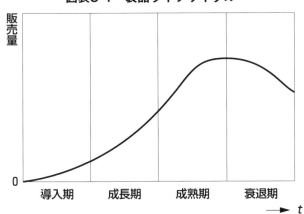

図表9-1　製品ライフサイクル

（2）成長ベクトル

企業は，同じ事業を続けていてもいずれ衰退期に陥ることから，市場の開

拓を行ったり，新製品や新サービスを開発することによって，成長の持続を図る必要があります。

　企業が成長する方法を説明したものに，アンゾフ[1]の成長ベクトルがあります。これは，製品市場マトリクスと呼ばれ，1）製品・サービスの軸（既存か新規か）と2）顧客・市場の軸（既存か新規か）の2軸から成長ベクトルを説明した4象限のマトリクスです（図表9-2）[2]。このうち，市場浸透，市場開発，製品開発戦略は拡大化戦略とも呼ばれます。

　1）市場浸透戦略：既存市場と既存製品の組合せのまま，売上高や市場占有率を伸ばす成長戦略です。既存の顧客が製品を購入する頻度と量を増大させる（リピート率の上昇），競争相手の顧客を奪うといった方法によって，成長を図るものです。ボリューム・ディスカウントやカスタマー・リレーションシップ・マネジメントなどの手法がとられます。

　2）市場開拓戦略：既存製品を既存市場とは異なる市場や顧客に投入する成長戦略です。海外展開を図ったり，赤ちゃん用のスキンケアを女性用に展開したりということが，当てはまります。しばしば，新しいブランドをつくって投入することがあります。

図表9-2　アンゾフの成長ベクトル

出所：Ansoff（1965）（邦訳，109頁）。

3）製品開発戦略：既存市場に新規製品を投入して成長する戦略です。既存製品に関連するアクセサリー製品を導入したり，今までとは異なる品質の製品を創造したり，大きさや色などの異なる追加機種を開発するといった方法があります。既存市場・顧客へ販売します。

4）多角化戦略：新製品を新市場に導入して成長する戦略です。最もリスクの高い戦略です。アンゾフによれば，多角化にも次のようないろいろなタイプがあるとしています。

① 水平的多角化：同じ分野で事業を広げるタイプ。オートバイメーカーであったホンダが自動車事業へと多角化したケースなどがあげられる。

② 垂直的統合：製造の上流もしくは販売という下流へと事業を広げるタイプ。自動車メーカーがそれまで顧客として外部購入していたトランスミッションを，自社で内製化するようなケースがあげられる。

③ 同心円的多角化：現状の製品と近い製品によって新しい市場へと進出するタイプ。自動車エンジン技術を生かして航空機用エンジンを開発して航空機分野に進出したりすることや，Apple ComputerがiPodを開発，音楽配信に乗り出したケースなどがあげられる。

④ コングロマリット型多角化：まったく新しい製品を，新しい市場に導入していくタイプ。自動車メーカーがリゾート開発を手掛けたり，電機メーカーやスーパーが銀行業務へ進出することなどがあげられる。

これら4つのタイプの多角化のうち，①水平的多角化，②垂直的統合，③同心円的多角化の3つは，マーケティングや流通の特徴や生産技術，科学的研究活動などが類似した製品・市場の多角化であり「関連型多角化」と呼ぶことができます。一方，④のコングロマリット型多角化は，既存の主要事業においてカギとなる成功要因とは異なる成功要因をもった製品市場への多角化であり「非関連型多角化」と呼ぶことができます。関連型多角化と非関連型多角化のメリットについては図表9-3のとおりです。

図表9-3　多角化のメリット

	関連型多角化	非関連型多角化
製品市場志向性	マーケティングおよび流通の特徴や生産技術，科学的研究活動などが類似した製品・市場への多角化。	既存の主要事業においてカギとなる成功要因とは異なる成功要因をもつ製品市場への多角化。
潜在的に最も大きな価値のある移転可能資源	運営および／あるいは職能上のスキル。流通システムや生産設備，研究活動の余剰能力。	一般的な管理スキル。余剰資金。
潜在的な利益の性質	操業効率の向上，事業規模の拡大による競争ポジションの改善，長期的な平均費用の削減などによって，全社的な資源の生産性が高まる。その結果，会社の収益の変動が小さくなり，かつ／あるいは，単純なポートフォリオの分散よりも大きな収益の流れを確保し得る。	資金の管理と投資資金の配分がより効率的に行われ，借入資本のコストが削減され，不採算部門の相互補助により利益が増大するなどのため，単純なポートフォリオの分散化から利用し得るよりも大きな収益を手に入れ得る。ただし，体系的（関連市場的）なリスク削減の可能性は低い。
潜在的利益実現の容易性	買収によって多角化する場合には，買収する側とされる側の双方の企業を公式に統合するうえで問題が生ずるため，相対的に困難である。	資本の効率性を高め，不採算部門の相互補助の利点を活用することが，相対的に容易である。

出所：野中 (1985) 64頁。

2 新規事業の育成方法

　企業成長には，新市場の開拓や新製品の開発，すなわち新規事業の育成が不可欠です。新規事業育成方法には，1）内部開発，2）買収，3）提携，4）ライセンシング，5）社内ベンチャー，6）ジョイントベンチャー，7）ベンチャーキャピタルの7つが考えられ，1）から7）に向かうほど，企業の関与度すなわち自社の経営資源（ヒト，モノ，カネ，情報）を使用する程度が低くなっていきます。すなわち，内部志向型から外部志向型への新規事業の育成になっていきます[3]。

　1）内部開発：自社の経営資源を使って新規事業を展開しようとするものです。管理が容易であるというメリットがありますが，事業展開のスピードや領域が制約されるというデメリットがあります。新規事業は，本

業と関連の深い分野となる傾向があります。
2）買収：外部の事業体を内部化するのが買収になります。迅速に異分野に参入できることや，コスト的なメリットがあります。特に，無形資産（パテント，製品イメージ，R&Dスキル）などが重要な分野では大きな効果があるとされます。一方，買収先企業の領域に関する情報が不足している場合は，多大なリスクがともないます。第10講にて詳しく検討します。
3）提携：資本関係をともなう提携から簡単な契約によるものまでを含め，企業の互恵的な取引関係のことを提携といいます。製造業と販売業との提携といった垂直的なものから，研究開発協力や企業ポイント提携といった水平的ものまで多様にあります。企業は相互にメリットがあるように提携を維持しようとしますが，容易なことではありません。
4）ライセンシング：他の企業によって開発された製品の設計技術や製造技術を，許可料（ライセンス料，ロイヤリティ）を支払って，生産・販売することをライセンシングといいます（ライセンス生産）。ライセンシングは，確立された技術やノウハウに迅速にアクセスできるというメリットがあります。一方，ライセンサー（出し手）とライセンシー（受け手）との一方的な関係ですので，技術やノウハウを独占できず，ライセンサーへの依存度が高いというデメリットがあります。
5）社内ベンチャー[4]：自社内に，ベンチャー企業のような新規事業を展開する組織体のことをいいます。アメリカなどでは，新興ベンチャーに対抗して機動性と創造性を発揮するために設置することが多く，日本においても新産業創出の担い手として注目を集めています。成功するにはさまざまな仕組みをつくりあげる必要があります。
6）ジョイントベンチャー：合弁企業といわれ，複数の企業が出資して新たに企業体をつくる，もしくは既存企業の株式を一部買収して，共同経営することを指し，買収と提携の中間に位置します。巨大な資本を必要とする半導体生産におけるものや，海外進出の際に地元企業との共同出資など幅広くみられます。リスクは出資分だけで済むため分散されますが，経営権をめぐってパートナー企業とのコンフリクトが生じるように

なります。建設会社においてみられるジョイントベンチャーは民法上の組合に相当することや，事業が終了すれば解散してしまうという特徴があることから，ここでいうジョイントベンチャーとは性質が異なります。

7）コーポレート・ベンチャーキャピタル：大企業によるベンチャービジネスに対する投資を意味します。第8講で検討したベンチャーキャピタルはキャピタルゲインが主たる投資目的でした。大企業がベンチャーキャピタリストとなる場合は，投資を通じて新技術・新市場の動向を把握することにあります。

3 多角化の実態

多角化の程度がどのくらいなのかを測定する方法として1）ルメルト[5]の指標，2）脱本業比率，3）ハーフィンダール指標，4）エントロピー指標などが知られています[6]。ここでは，さまざまな研究の嚆矢となったルメルトの指標をみていくことにします。

ルメルトは，3つの多角化指標を用いて，多角化の程度を測定しています。

① 専門化比率（specialization ratio: SR）：最大の事業部の売上高が企業全体の売上高に占める割合。

② 垂直比率（vertical ratio: VR）：一連の製造過程からなる製品グループの中で最大のグループの売上高が全体の売上高に占める割合。

③ 関連比率（related ratio: RR）：企業内で相互に関連の事業部の中で最大の事業部の売上高が企業全体の売上高に占める割合。

ルメルトは，これら3つの指標を用いて多角化の分類をしています。これは，図表9-4に示すとおり，企業を「専業（single: S）」「本業中心（dominant: D）」「垂直統合（vertical: V）」「関連事業（related: R）」「非関連事業（unrelated:U）」に分類するものです。多角化は，S→D→V→R→Uの順に従って進んでいると考えることができます。

吉原他[7]は，この分類方法に従って日本企業を調べたところ次のような結

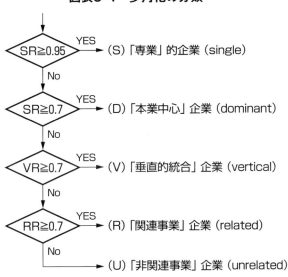

図表9-4　多角化の分類

出所：高橋（2006）34頁を一部修正。

果を得ました[8]。「専業」企業（S）にはトヨタ自動車工業，「本業中心」企業（D）には資生堂，「垂直的統合」企業（V）には東レ，「関連事業」企業（R）には味の素，「非関連事業」企業（U）には宇部興産が代表的でした。

　高橋[9]は，ルメルトと吉原他の研究を総合し，日本とアメリカの企業の多角化の実態について，1958～1959年と1968～1969年の2時点で，比較しています（図表9-5）。

　1958～59年時点では，専業企業（S）の比率は，日本企業が26.3％なのに対し，アメリカは16.2％と日本企業の方が10％ほど高くなっています。一方，関連企業（R）の比率は，日本が30.7％であるのに対し，アメリカが40.0％と10％高くなっています。他のタイプに関してはほとんど差はありません。約10年後の1968年～69年時点では，アメリカでは垂直的統合企業（V）の割合がほとんど変わっていないことと，非関連事業企業（U）の割合が大幅に増加したことを除き，本業中心企業（D）の減少と関連事業企業（R）の増加と

図表9-5　多角化の日本とアメリカの比較

	日本			アメリカ		
	1958	1968	増減	1959	1969	増減
(S)「専業」的企業	26.3	19.5	−6.8	16.2	6.2	−10.0
(D)「本業中心」企業	21.0	18.7	−2.3	22.4	13.6	−8.8
(V)「垂直的統合」企業	13.2	18.6	+5.4	14.8	15.6	+0.8
(R)「関連事業」企業	30.7	36.4	+5.7	40.0	45.2	+5.2
(U)「非関連事業」企業	8.8	6.8	−2.0	6.5	19.4	+12.9
（うちコングロマリット）				(1.2)	(10.9)	(+9.7)

注：Rumelt（1974）Table2.2と吉原他（1981）表2-1から作成。
出所：高橋（2006）35頁を修正。

いった傾向となっており，アメリカと日本との差はみられませんでした。

　また，S→D→V→R→Uという流れでUに進むに従って多角化が進み，逆の流れの場合は集中化が進んでいると考え，2時点間での変化の仕方[10]をみると次の結果を得ました。多角化の分類の変化がなかった企業の割合は，日本が66.7％，アメリカが73.7％とアメリカの方がやや多い状況でした。しかし，日本では変化のみられた33.3％のうち，多角化に進んだのは14.9％，集中化（非多角化）が18.4％でした。一方，アメリカでは変化のみられた26.3％のうち，多角化に進んだのは21.6％，集中化（非多角化）が4.6％であり，アメリカの方が圧倒的に多角化した割合が多いことがわかりました。その理由として，1960年代において，コングロマリットが急増したことがあげられています。

4 多角化の効果

（1）多角化と企業業績

　ルメルトと吉原他の研究結果から多角化と企業業績との関係についてまとめると次のようになります[11]。

① 多角化の程度の高い方が，そうでない企業よりも成長性が高い。特に，コングロマリット型の成長は著しく高い。ただし，コングロマリット型を除けば，成長性のピークは関連集約型[12]においてである。
② 収益性については，中程度の多角化を行っている企業が優れている。本業・集約型と関連・集約型は，どちらの研究においても高い収益性を達成している。

多角化の程度と企業の収益性と成長性の関係は，図表9-6のようにまとめられます。これによれば，多角化の程度が増すにつれて，成長性はほぼ直線的に増大します。一方，収益性は，中程度の多角化でピークになるような逆Uの字になっており，ピークに達したあとは，成長性と収益性の間には，トレードオフの関係がみられるようになります。

（2）シナジー効果

企業成長の手段として多角化が使われる大きな理由として，シナジー効果があげられます。シナジー効果とは，相乗効果を意味し，異なる事業同士が補完性や共有性を発揮することで，2 + 2 = 4ではなく，5にも6にもなるような効果を示すことを意味します。こうしたシナジー効果は，すでにみた

図表9-6　多角化と企業業績との関係

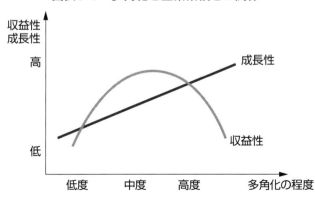

出所：吉原他（1981）181頁。

ように既存の事業と新規事業との間との関連性が高い場合にみられます。シナジーには次の4つのものがあります[13]。

① 販売シナジー：新製品と旧製品が販売面ないしマーケティングにおいて共通性をもっていることから生じる相乗効果。
② 生産シナジー：製造間接部門や生産施設の共通利用により，生産上の経費を節約する効果。
③ 投資シナジー：工場や機械・工具の共通利用による追加投資の節約，共通部品の利用による在庫投資の節約，類似製品研究による研究開発投資の節約といった効果。
④ 経営管理シナジー：既存事業の経営管理手法が新規事業においても適用できるような効果。

注

1) Ansoff (1965).
2) 野中 (1985) 60-64頁。
3) 榊原 (2002) 11-35頁。
4) 同上書, 63-96頁。
5) Rumelt (1974).
6) 多角化の尺度としては，エントロピー指標が最も優れているとされる。これは，企業全体のエントロピー尺度を，大分類事業と小分類事業のエントロピーとの加重平均に分解できることであるとされる（山本, 2002, 64頁）。
7) 吉原他 (1981)。
8) 高橋 (2006) 33-35頁。
9) 同上書, 35-43頁。
10) 2時点間で，SからD, V, R, Uへ，DからV, R, Uへ，VからR, Uへ，RからUへ増加した場合を多角化が進んだと考える。一方，流れが逆の場合は，集中化が進んだと考える。
11) 野中, 前掲稿, 67頁。
12) 関連集約型とは，事業分野間の関連が網の目状に緊密になっているもので，少数の種類の経営資源をさまざまな分野で共通利用するような多角化のタイプ。
13) 野中, 前掲稿, 68-70頁。

第10講 M&A

1 M&Aとは

(1) M&Aの種類と目的

　M&Aとは，企業合併や買収の総称を意味します。M&AのMはMerger＝合併，AはAcquisition＝買収を指します。M&Aには，①吸収合併，②新設合併，③買収の3つの形態があります[1]。
　① 吸収合併：一方の企業が他方の企業に吸収されて消滅すること。
　② 新設合併：複数の企業が合体し，新しい企業に組織変更されること。
　③ 買収：ある企業が他の企業の株式や資産の全部または一部を買い取り，その経営権や支配権を握ること。
　M&Aを行う目的は1）短期的収益追求型，2）経営多角化型，3）救済型などに分けることができます[2]。
　1) 短期的収益追求型は，投機を目的としたもので，割安な企業を買収し株価が上がったところで企業資産を一部もしくは全部売却するといったものです。
　2) 経営多角化型は，シナジー効果の実現，規模の経済性と範囲の経済性の達成，市場支配力の向上，市場取引費用の削減，関連職能の相互補完効果などの目的で行われます。
　3) 救済型は，事業承継が困難になった会社を買収するというもので，非上場の中小企業に多くみられます。

(2) M&Aと企業価値

競争環境の激化により，事業の選択と集中などによる緻密な多角化戦略が展開されるようになり，その手段としてM&Aが盛んになされるようになってきました。そうした中，適切でスピーディな意思決定をするためにも，自社や業界の企業価値や事業価値を知ることが不可欠です。なぜならば，自社や業界の企業価値や事業価値を適切に把握していないと，自社の事業を安すぎる価格で売ってしまったり，他社の事業を高すぎる価格で買ってしまったりすることになるからです。このことは，日本において近年盛んに主張されるようになった株主重視の経営につながるものです。

企業価値は本業（事業と投融資）が将来生み出すキャッシュフローで，事業価値は事業が将来生み出すキャッシュフローで示されます。企業価値と事業価値は，財務理論的には事業部分の価値が事業価値であり，これに投融資部分の価値を加算したものが企業価値であると定義されます。これを時価と簿価の両方から把握することが重要で，そのギャップから適切な施策を考えることも必要です[3]。

(3) M&Aと会社法

2006年施行の会社法によって，M&Aに関しては，1）対価の柔軟化，2）簡易組織再編の適用範囲の拡大，3）略式組織再編の新設といった変化がみられました[4]。

1）対価の柔軟化とは，吸収合併の場合，消滅会社の株主に対して対価として合併後にも存続する会社の株式を支払うことが義務づけられていたものが，存続会社の株式の他に，金銭のみを交付する「現金合併」や，存続会社の親会社の株式を交付する「三角合併[5]」が可能になったことです。

2）簡易組織再編行為とは，株主への影響が軽微な事案に関しては，株主総会での承認決議を経なくても取締役会決議だけで決定することができるとするものです。

3）買収会社が被買収会社の議決権の90%以上を保有しているならば，被買収会社の特別決議を通らず，取締役会だけで決定することができるとするものです。

2 M&Aのタイプ

M&Aは，事前合意の有無，動機，国籍，既存事業との関係で次のように分けることができます[6]。

（1）友好的M&Aと同意なきM&A

M&Aは，事前合意の有無によって，1）友好的M&Aと2）同意なきM&Aに分けることができます。1）友好的M&Aは，売り手と買い手の事前合意に基づいて行われるM&Aです。一方，2）同意なきM&Aは，売却意思のない企業に対して買収企業が合意なしに強引に行うM&Aです。ライブドアのニッポン放送に対する買収（2005年），王子製紙の北越製紙に対する買収（2006年）などが有名です。いずれも買収できずに終わっています。買収される側の経営陣にとっては敵対的買収ですが，従業員や株主にとっては必ずしも敵対的とはいえない場合もあります。

（2）動機

M&Aは，動機別によって，1）戦略型，2）救済型，3）投機型に分けることができます。1）戦略型は，事業構成の再編成や新規事業への進出など経営戦略に基づいて行われたM&Aを指します。2）救済型は，経営破たん企業の救済のために行われるM&Aを指します。3）投機型は，事業への関心ではなく投機目的で行われるM&Aを指します。

（3）国籍

M&Aは，国籍別によって，1）in-out型，2）out-in型，3）in-in型に分

けることができます。1) in-out型は, 国内の企業が外国の企業に対して行うM&Aです。2) out-in型は, 外国の企業が国内の企業に対して行うM&Aです。3) in-in型は国内の企業同士のM&Aです。

　日本におけるM&Aの動向をM&Aが盛んになってきてからの1980年代後半以降についてみてみると, 1980年代後半は, 急激な円高を背景としてin-out型が増加しました。バブル経済崩壊が明らかになってきた90年代後半になると割安な株価により, 外国企業からの買収攻勢が強くなり, out-in型が増加しました。2000年代は外国企業からの買収防衛からin-in型の割合が増加しました。現在は, 円高を基調としてin-out型が堅調に増加している状況です。

(4) 既存事業との関係

　M&Aを既存企業との関係でみると, 1) 水平統合型, 2) 垂直統合型, 3) 多角化型に分けることができます。1) 水平統合型は, 既存事業と同じ事業に対して行われるものです。2) 垂直統合型は, 既存事業の前方または後方の工程に位置する事業に対して行われるM&Aです。3) 多角化型は, 異業種の事業に対して行われるM&Aです。

3　株式取得方法とM&Aの防衛策

(1) 株式取得方法

　M&Aは株式の取得を通じて相手企業の経営をコントロールするものです。株式取得の方法として次の7つがあります[7]。①から⑥は既発行株式の取得, ⑦は新たに発行する株式の取得になります。
① 株式譲渡：買収対象企業の大株主と交渉し, その同意により証券市場を通さずに直接既発行株式を買い取る方法（相対取引）。
② 株式市場での買い集め：買収対象企業が上場企業である場合, 証券市場を通して既発行株式を買い集める方法（市場内買い付け）。

③ 株式公開買い付け：テイクオーバービッド（Take Over Bid: TOB）と呼ばれる。証券市場外において，一定期間に一定価格をもって買い取ることを公表し，対象企業の株式を大量に取得する方法。欧米では，TOBがM&Aの一般的手法となっている。短期間で実行可能，一定量の株式が取得できない場合はキャンセル可能。市場内買い付けよりも費用が安く済むというメリットがある。市場価格よりも高い株価で取引するのが一般的。

④ 株式交換：現金による取得ではなく，相互に株式を交換する方法。完全親子会社関係（100％所有）をつくるための簡易な手段として創設された。

⑤ レバレッジド・バイアウト（Leveraged Buyout：LBO）：買収対象企業の資産を担保として買収資金を外部から調達し，その資金により買収対象先の株式を取得する方法。自己資金が買収資金全体の5～20％程度で済むことから，自社よりも規模の大きな企業でも買収可能となる。敵対的買収に用いられることが多い。

⑥ マネジメント・バイアウト（Management Buyout: MBO）：自社の株式を経営陣（従業員を含む）が取得する方法。一般的には，金融機関が経営陣に融資し，買収後資金を返済するという手法。上場会社による非公開化を指向するMBO（非公開化目的型MBO），非中核部門の分離・独立によるMBO（分割・暖簾分け型MBO），企業再生型MBO，企業買収防衛策型MBOの4つに分けることができる[8]。

⑦ 第三者割当増資：買収対象企業の新規発行株式を，優先的に割り当てを受けて取得する方法。買収先企業の同意が必要なことから，友好的な買収にしか用いられない。

（2）M&Aに対する規制

上記のとおり株式取得の方法にはさまざまなものがありますが，それらを使用するには，独占禁止法上の株式取得規制や証券取引法上の5％ルール，そしてインサイダー取引規制などがあります[9]。

1）独占禁止法の10条では「会社は，他の会社の株式を取得し，又は所有することにより，一定の取引分野における競争を実質的に制限することとなる場合には，当該株式を取得し，又は所有してはならない」としています。

この規定に違反するかどうかは，公正取引委員会の以下に示す企業結合ガイドラインに基づいて判断されます。

① 株式の所有比率が50％を超える場合。

② 株式の所有比率が25％を超え，かつ株式を所有する会社が単独筆頭株主の場合。

③ 所有株式比率が10％を超え，株主順位が3位以内で，会社の相互関係，役員や従業員の兼任関係，取引関係，提携関係，グループ関係などから結合関係にあると判断される場合。もしくは，共同出資会社で，相互の会社の間に一定の関係がある場合。

2）独占禁止法では前述以外にも次のような取得制限を設けています。

① 金融業以外の大規模事業会社（持株会社を除く）が，他の国内の会社の株式を所有できる総額を，原則として資本の額または資産から負債を除いた純資産の額のいずれか大きい額内に制限する（独占禁止法9条の2）。

② 銀行など金融会社（持株会社を除く）の株式取得を5％，保険会社については10％に制限する（独占禁止法11条）。

③ 財団，組合，個人に対しても株式所有・取得に関する制限をする（独占禁止法14条）。

3）金融持株会社法によれば，銀行持株会社と子会社である銀行は合算して，一般事業会社の発行済み株式総数の15％を超えて所有してはならないとしています。これは，銀行が持株会社に移行すると，株式所有が5％から15％になることを意味します。保険会社や証券会社に関しては制限はありません。

4）上場株式会社の株式を証券取引所を通じて買い進める場合には，発行済み株式総数の5％を超えて保有する場合は，大量保有報告書を財務大臣に提出しなければなりません。これを5％ルールといいます（金融商

品取引法第27条の23項)。またこれは,株式を安値で買い集めてプレミアムをつけて発行会社に高値で引き取らせることを要求するレターであるグリーンメールの動きを牽制するグリーンメール規制の働きもあります。

5) インサイダー取引規制とは,内部者などが重要事実を知った場合,その重要事実が公表された後でなければ,それらの者は株取引をしてはならないことを規制するものです(金融商品取引法166条,旧証券取引法)。

(3) M&Aの防衛策

M&Aの防衛策は非常に多く,M&Aが盛んなアメリカにおいて主として開発されました[10]。

① シャーク・リペラント:会社の定款に買収を困難にする規定をあらかじめ設けておく方法。合併承認条件加重条項,期差取締役選出条項,グリーンメール禁止条項などが規定としてあげられる。

② ポイズン・ピル:毒薬条項と呼ばれる。買収者が取締役会の承認を経ずして一定比率以上株式を所有した場合に自動的に発動する特殊条項。新株引受権証書や転換型優先株,転換社債に組み込むことが多い。

③ ゴールデン・パラシュート:多額の割増退職金を買収先企業の役員に対して支払う契約。

④ ティン・パラシュート:多額の割増退職金を買収先企業の従業員に対して支払う契約。

⑤ パックマン・ディフェンス:買収を仕掛けてきた会社に対し,被買収企業が逆に買収を仕掛けること。

⑥ ホワイト・ナイト:敵対的な買収を仕掛けられた会社が,友好的に買収してくれる会社をみつけて,そこに買収してもらうこと。敵対的な買収企業のことをブラック・ナイトと呼ぶことがある。

⑦ ホワイト・スクワイアー:白馬の従者と呼ばれ,安定株主を増加させる目的で,友好的な株主や取引先に新株を割り当てる場合の割当先のことを意味する。

⑧ クラウンジュエル・ロックアップ:クラウンジュエルとは王冠の宝石

を意味する。これは標的となった会社がもつ魅力的な資産のことを指す。クラウンジュエル・ロックアップ条項は，この魅力的な資産が買収企業の手に入らないようにしておく条項のこと。
⑨ 焦土作戦：被買収企業が，所有する営業権や特許権などの資産を次々と処分したり，ロックアップ条項によって買収しても使用不可能にすることで，買収者に買収を諦めさせる方法。

以上に加え，(1)の⑦で検討した，第三者割当増資も買収防衛策の1つとしてみることができます。

4 M&A先の決定とその効果

(1) M&Aの対象企業の決定

M&Aの対象企業を決定する判断基準として，1) トービンのq，2) PBRがあります。

1) トービンのq

トービンのqは，経済学者であるトービン（Tobin, J）が唱えた投資理論における係数を指し，株価が実体価値をどの程度反映しているのかをみるためのものです。①企業の評価額（株式時価総額＋負債の時価総額）を②固定資本ストックの時価総額（実物資産の時価総額）で除したものです。トービンのqが1未満がM&Aの判断基準となります。

たとえば，ある会社の企業評価額が80億円（株式の時価総額が60億円，負債の時価総額20億円）であったとします。ここで，実物資産額が100億円（土地が80億円，設備が20億円）であったとします。この場合，トービンのqは，80÷100＝0.8となります。これは，実物資産を直接取得するには100億円必要ですが，株式取得を通じれば80億円で済むことを示すものです。すなわち，トービンのqが1未満ということは，株式による買収が有利（株価が割安）と

いうことを意味し，反対にトービンのqが1以上になれば，株価が割高（株式による買収が不利）ということを意味しています。

一般に，トービンのqが大きく1を下回っている株価の底の時期からトービンのqが1に向けて回復していく過程で，M&Aブームが発生します。

2）PBR

PBRは，Price Book-value Ratioの略称で株価純資産倍率のことです。株価を1株当たり純資産（株主資本）で割ることで算出します。当該企業の時価総額が，会計上の解散価値（株主資本）の何倍であるかを表す指標です。

配当率が低い企業などは人気がなく株価が低くなるため時価総額が株主資本よりも小さくPBRが1倍未満になることが多いのですが，事業に将来性がないような場合を除き特段の理由がない場合は，割安な企業となりM&Aの判断基準となります。

バブル経済時の日本企業は，PBRが1倍を超えるものがほとんどでしたが，バブルが終焉すると1倍割れの企業が増加し，外国系の投資ファンドによる株式買い占めが盛んになりました。

（2）M&Aの財務評価

M&Aの効果について財務諸表分析のアプローチをとる研究の多くは，M&Aが企業の収益性，成長性，安全性などの，企業業績に及ぼすさまざまな影響について検証しています。

日本においては，村松[11]の実証研究結果が代表的です。これは，1966年から1979年までに合併を1回のみ経験した東証一部上場企業43社に対し分析したものです。総資産利益率，総資産回転率，流動比率，売上高成長率，固定資産成長率，販売費・一般管理費/売上高，従業員1人当たり売上高の7つの指標が検討されました。その結果次のことが明らかにされました[12]。

・合併は，総資産利益率を低下させる。特に，合併後3年間については統計的に有意である。
・合併後の売上高成長率，固定資産成長率については，合併企業と被合併企業で大きな差はない。

- 販売費・一般管理費／売上高では，合併後4年目と5年目で合併企業において明確な改善効果がみられる。
- 合併後の年数が経つにしたがって，合併会社と被合併会社の7つの指標が似通ってくる。

（3）M&Aの市場評価

買収の市場評価に関する考え方として1）フリーキャッシュフロー仮説と2）思い上がり仮説が代表的です。

1）フリーキャッシュフロー仮説

フリーキャッシュフロー仮説[13]によれば，フリーキャッシュフローとは，経営者が有益な投資を最大限に行った結果生じた余剰資金であるとされ，それは経営者の自由裁量にまかされるとします。企業規模が大きくなるほど経営者の報酬が増加することから，経営者は企業を最適規模以上に大きくしようとします。また，自らの地位の確保のために本業とは関係のない分野に進出し利益の安定化を進めようとします。

これらの手段として経営者はM&Aを実行しようとするので，M&Aは経営者によるフリーキャッシュフローの無駄遣いであるとして，市場は否定的に反応するとします。ただし，M&Aを行う企業の業績が良ければ，フリーキャッシュフローの浪費は少ないとして好意的に判断するとします。また本業関連型よりも分散型のM&Aに対して市場は否定的に反応するとします。

2）思い上がり仮説[14]

思い上がり仮説は，M&Aを行おうとする経営者は，自分の判断は正しく，市場は合併後の企業の経済価値を反映しないものであると過信している，すなわち，思い上がっているとするものです。したがって，思い上がり仮説によれば，M&Aを行おうとする企業に対して，市場は否定的に反応するというものです。特に，業績の良い企業の経営者は思い上がる可能性が高く，買収対象企業の業績が悪いほど，過大評価される可能性が高いため，市場はM&Aを行おうとする企業に対して否定的に反応するとします。

注

1) 経済企画庁調整局対日投資対策室編（1996）8-10頁。
2) 佐久間（2006）168-169頁。
3) 経済産業省（2004）。
4) 佐久間，前掲稿，170-171頁。
5) 三角合併とは，親会社が子会社に相手企業を吸収合併させる際に，相手企業（消滅企業）の株主に対して，対価として，子会社（存続会社）の株式ではなく親会社の株式を交付して行う合併のこと。2005年に成立した会社法では，消滅会社の株式の対価について，存続会社の株式ではなく，現金その他の財産（たとえば親会社株式。外国会社の株式ということもあり得る）を用いてもよいことが明確化された。三角合併は合併であることから，取締役会で反対されれば成立しない。また三角合併の被買収企業は原則上場廃止になる。なお，会社法は2006年5月1日に施行されたが，対価の柔軟化に関する部分については，その1年後の2007年5月から施行となった。
野村證券ホームページ参照（http://www.nomura.co.jp/terms/japan/sa/sankakugap-pei.html）。
6) 経済企画庁調整局対日投資対策室編，前掲書，16-22頁；権（2008）。
7) 経済企画庁調整局対日投資対策室編，前掲書。
8) 北川（2007）。
9) 小川（2000）91-124頁。
10) 北川，前掲書，125-152頁。
11) 村松（1987）7-15頁。
12) 同上書，73-75頁。
13) Jensen（1986）；山本（2002）127-162頁。
14) Roll（1986）；山本，前掲書，127-162頁。

第11講 企業結合と独占

1 企業結合

(1) 企業結合の概要

　企業と企業がなんらかの形でつながりをもつことを企業結合と呼びます。個々の企業が有するヒト・モノ・カネ・情報といった経営資源には限りがあります。この経営資源の限界によって，企業目的の達成が困難であるとき，企業は企業結合により目的の達成を図ろうとします。企業結合によって，①競争の制限や排除，②取引コストの削減，③生産工程の合理化，④支配力の強化などが達成されることになります。

　企業結合には，合併，買収，資本参加，持株会社，子会社化，ジョイントベンチャー，提携などさまざまな種類があります。結合力の弱いものは提携などの契約による結合，結合力の強いのは資本による結合です。このほか，兼任役員による結合手段もありますが，これは提携と資本による結合の中間くらいに位置します。弱い結合の場合，急激な環境変化にも対応でき，必要がなくなれば解消することも可能ですが，パートナー企業と緊密に協力することは難しくなります。一方，強い結合の場合，環境変化への柔軟な対応は難しくなりますが，パートナー企業との共同歩調でビジネスを展開することが可能です。

　企業結合の方法にはさまざまなものがありますが，公正取引委員会[1]は次の3つに分類しています。
　① 水平型企業結合：同一の一定の取引分野において競争関係にある会社間の企業結合。

② 垂直型企業結合：たとえば，メーカーとその商品の販売業者との間の合併など取引段階を異にする会社間の企業結合。
③ 混合型企業結合：たとえば，異業種に属する会社間の合併，一定の取引分野の地理的範囲を異にする会社間の株式保有など，水平型企業結合・垂直型企業結合のいずれにも該当しない企業結合。

(2) 企業結合における独占の形態

　企業結合の中でも，特に市場支配力の強化，すなわち独占的地位をねらって企業が結合した形態として，1）カルテル，2）トラスト，3）コンツェルンの3つをあげることができます（図表11-1）。

1）カルテル

　カルテル（cartel）は企業連合とも呼ばれ，同一産業部門において，各企業同士が法人格上の独立した地位を保ちながら，販売量・販売価格・販売地域・生産・取引条件・技術などに関して互恵的な協定を結ぶことを指します。カルテルとして，次の4つが代表的です。
① 地域カルテル・・・販売地域の分割に関する協定
② 価格カルテル・・・販売・購入価格に関する協定
③ 割当カルテル・・・販売数量の割当に関する協定
④ 専門化カルテル・・企業相互の得意な専門領域を侵食しない協定

　たとえば，価格競争による値崩れを抑えるために企業同士が，価格に関する協定を締結したとします（価格カルテル）。協定を結ぶ企業は競争が制限されますから一定の利潤が獲得できるというメリットがあります。

　カルテルの1つとして，紳士協定をあげることができます。これは企業間での合意が，公式的なプロセスや契約書によらず形成されたもので，暗黙的・非公式的取決めです。談合はその代表的なものです。地方公共団体が公共工事を発注するときは，原則として競争契約（一般競争入札もしくは指名入札）がとられますが，入札に当たって業者間であらかじめ結託して応札価格を申し合わせ，入札のたびに持ち回りで落札するように画策することで，入札価

格の下落を防ぐことができます[2]。

また，シンジケートは，カルテルがより強化されたものです。一般的にカルテルは，アウトサイダー（未加盟の有力企業）が存在する場合はあまり効果が見込めません。短期間で崩壊する可能性が大きくなります。拘束力も弱いので，企業の自由な退出が可能です。一方，シンジケートは，企業が共同で共同販売機関を設立し，一元的に販売する組織です。1893年に結成されたライン・ウェストファリア石炭シンジケート（ドイツ），1902年の鉱鉄連合会（ドイツ）などが有名です[3]。

2）トラスト

トラスト（trust）は，企業合同とも呼ばれ，株式の買収，持株会社の設立によって，同種企業を事実上企業として一体化させることをいいます。各企業の法的・経済的な独立性はほとんど失われるので，結合企業全体を統一的に経営することができます。カルテルの発展型ともいえます。同一産業部門内で生産や販売の集中度を高め，独占的な支配を目指す水平的トラストと，同一産業内での生産から販売までの各工程を担当する企業間で，合理化や中間コストの排除を目的とする垂直型トラストがあります。

トラスト関係にある企業は，独占的な地位を獲得することで適正利潤を超える利潤である超過利潤を獲得することができます。

3）コンツェルン

コンツェルン（concern）は，企業連携，企業結合と呼ばれ，異なる産業部門に属する企業が独立性を保ちながら，金融機関や持株会社を親会社として，その下に形成されたものです。各企業は法的な独立性を維持していますが，実際は中心となる企業，銀行によって支配されるため，経営の独立性は低いといえます。コンツェルンには，産業企業がその中心部となり生産的・技術的観点から形成される産業資本型コンツェルンと，銀行がその中心部となり産業上の関連を超えて形成される金融資本型コンツェルンとに分けられます。第12講で検討される財閥は，コンツェルンの代表的なものです。コンツェルンは，個別企業の独立性を認めながら形成されるカルテルや，特定の産業部門内においてのみ形成されるトラストよりも資本集中が進んだものであると

企業結合と独占　第11講

図表11-1　企業結合における独占の形態

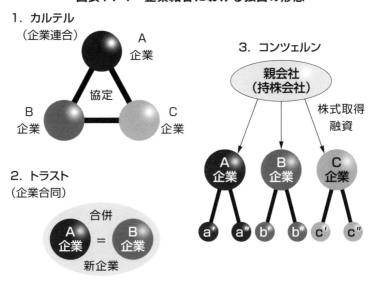

出所：ニュース解説室へようこそ!編集委員会編（2007）196頁。

されます。

　ただし，コンツェルンは，複数の企業の統轄が第一目的であり，市場支配は直接的な目的ではありません。継続的に取引を行うことが不可欠である企業同士が緊密に連携し合うことで各産業における優位性を発揮できることが大きな目的です。

（3）企業結合の展開

　企業結合がどのように進むのかを，アメリカのスタンダードオイル社の例によりみていきましょう[4]。

　スタンダードオイル社（以下，スタンダード社）の創設者であるロックフェラーは，1863年に製油所を建設し石油産業に参入します。当時のアメリカはオイルラッシュでしたが，石油採掘部門は投機的すぎるということで，安定した精油部門に進みました。オイルラッシュの後，約300もの製油業者が激

しく競争する時代が到来しました。このとき、ロックフェラーは、1872年までにクリーブランドのほとんどの製油業者を買収し、全国で約20%のシェアを獲得するに至りました。しかし不況状態が続いていたために、プールと呼ばれるカルテルを結成し、石油精製業者に精製される原油を割り当てることによって、生産と販売、さらには価格を統制しようとしました。しかし、内部対立とアウトサイダーの存在のために、1年も経たずに解散しました。

カルテルの失敗によって、ロックフェラーは資本的な結合によって石油産業を支配することを選択しました。まずペンシルバニア鉄道が、子会社の集油部門と鉄道部門の連結の利を生かして精油部門に進出しようとしたのに対抗し、あらかじめ、各地の有力精油業者と資本的結合を図ることで市場支配力を強めました。結果として、ペンシルバニア鉄道との戦いに勝ち、ペンシルバニア鉄道の集油ラインを取得し、他の精油会社に対する圧倒的なコスト優位性を手に入れました。そして、精油会社の集中を推進し、1879年までには、精油部門の90〜95%を支配するに至りました。

スタンダード社は、1879年に長距離パイプラインを建設し、その後、集油ライン、長距離ライン、精油部門の大半を支配していきました。支配の方法は、一種のトラストによるものでした。当初は、各地の有力企業を傘下におさめるために、個人的トラスティー方式と呼ばれる方式を採用していました。これはスタンダード社の株式もしくは現金との引き換えにされた株式などを、直接スタンダード社のものとせずに、スタンダード社の経営陣から選ばれたトラスティーといった個人に預託（トラスト）される形で始まりました。その後、1882年にはトラストと呼ばれる機関を設置し、傘下に40社を抱えるまでになりました。

1885年にオハイオ州で石油が掘り当てられたのを機に、スタンダード社は原油生産に直接乗り出すとともに、販売部門へも進出し始めました。垂直統合をより進めたのです。しかし、こうした、水平型企業結合と垂直型企業結合を進めた結果、市場支配力が増し独占的になったことから、公正な企業間での競争が阻害されるとして、1892年、オハイオ州最高裁判所はオハイオ・スタンダード社がトラストの構成企業であることを禁じる判決を下しました。

これは，1890年のシャーマン反トラスト法によるものです。トラストは解体されましたが，スタンダード社は順調な発展を遂げました。しかし，企業集団の合法的なトップ企業が存在しないことがマネジメント上の課題となっていました。

そこで，1899年，持株会社という新しい形態でスタンダード社を再組織することになったのです。トラストの解散により同族によって所有されていた20社の中から，ニュージャージー・スタンダード社が持株会社となり，残り19社と，以前から株式を所有していた23社の合計42社が傘下企業となりました。その後，スタンダード社は，持株会社もトラストであり，シャーマン反トラスト法に違反しているということで，再び解体を命じられることになりました。解体後は，ニュージャージー・スタンダードオイル社（後のエクソン），ニューヨーク・オイル社（後のモービル）などに分かれました。

2 持株会社(Holding Company, Holdings：HD)

トラストやコンツェルンといった企業結合における独占の形態では，持株会社による企業結合方式が採用されることが一般的です。

持株会社とは，他社の株式を保有し，その会社を支配することを目的とした会社のことをいいます。具体的には，株式の保有については，「会社の総資産に対する子会社の株式の取得価額の合計が50％を超える会社」（改正独占禁止法9条3項参照）と定義されます。また，子会社とは，「親会社による持株比率50％超の会社とする。間接保有により50％を超える場合を含む」と定義されます。また，支配するという意味は，他社の株式を50％所有するということではなく，役員の選任などその会社の基本的な意思決定を左右する，実質基準を指しています。ですから，会社型投資信託のように他の会社の株式を投資や投機の目的としている会社は，持株会社とは呼びません。一般の株式会社との違いは，事業の主たる目的が，他社の支配にある点です。

持株会社には，1）事業持株会社，2）純粋持株会社の2種類があります。

> **Part2** 企業の成長

日本では，戦争終結後，GHQが持株会社形態を採用していた財閥による過度な経済力集中と軍国主義との関係を憂慮し，財閥の解体を日本政府に要求しました。その結果，独占禁止法により純粋持株会社は規制され，事業持株会社のみが許されることになりました。しかし，先進国において純粋持株会社や金融持株会社が許されていないのは日本だけであることや，経済の発展のために企業形態の柔軟化が必要となってきていること，不透明な株式の持合いなどの解消の問題から，1997年12月の独占禁止法の改正によって，原則，純粋持株会社の設立が許されることになりました。禁止される持株会社については図表11-2を参照。

1）事業持株会社

自社固有の事業を営みながら，他社の株式を支配目的で保有する会社。日本の大企業のほとんどは，事業持株会社形態でいくつかの子会社を支配していました。この場合は，支配会社よりも従属会社の方が規模が小さくなるという特徴があります。

2）純粋持株会社

株式保有と支配だけを目的とし，自社固有の事業をもたない会社。持株会社の傘下で，似通った事業を行う子会社を束ねる「中間持株会社」と呼ばれる形態もあります。たとえば，ソフトバンクグループは，純粋持株会社（第1層），中間持株会社（第2層），事業会社（第3層）から構成されています。純粋持株会社傘下の中間持株会社が事業統括会社として機能しています[5]。

また，持株会社として，1998年に金融持株会社の設立も認められるようになりました。これは，持株会社のうち，子会社の大半が金融に関する事業を行う会社です。

持株会社のメリットとデメリットを指摘するとおおよそ次のことが考えられます[6]。

企業結合と独占　第11講

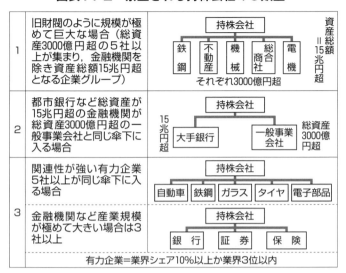

図表11-2　禁止される持株会社の3類型

原出所：『読売新聞』1997年12月9日。
出所：ニュース解説室へようこそ！編集委員会編著（2007）197頁。

<メリット>

- 事業と経営の分離：事業と経営とを分離することによって，経営者は個別事業の判断業務から解放され，経営管理と戦略的な意思決定に特化できる。一方，事業責任者は権限が増し，自律的な展開が可能になる。
- 経営幹部の意識改革：純粋持株会社に移行することで，事業部制における事業部長が傘下企業の社長になることにより，経営幹部としての意識が形成される。
- コーポレートガバナンスの意識：事業部が株式会社化することによって，株主や資本効率をより意識した経営が求められ，厳しいコーポレートガバナンスが要求される。
- 人事労務面のメリット：企業が他社と合併する場合，勤務形態や賃金体系，労働組合等の統一・統合が不可欠となる場合が多いが，持株会社の場合はこうした問題が発生しにくい。

Part 2 企業の成長

・自律的な企業文化の維持：被買収企業側の企業文化の維持が可能である。
・リスクの切断：事業リスクが当該子会社への投下資本の範囲に限定される。

＜デメリット＞
・子会社間の連携がうまくいかない。
・組織改編については，子会社方式よりも社内組織の方が柔軟に対応できる。
・キャッシュフローの自由度がない：事業部制やカンパニー制の方が，キャッシュフローの自由度が高い。

　持株会社のメリット・デメリットには上記以外にもさまざまなものが存在します。しかし，日本企業にとって重要なことは，企業形態の選択肢が増加したことによって，より柔軟な経営が可能になったことです。

3 独占

（1）独占とは

　企業結合が進むと独占的状況が生まれてきます。独占（monopoly）とは，1企業のみでその産業を支配し，完全に競争を排除することをいいます。また，2社で支配することを複占（duopoly），数社で支配することを寡占（oligopoly）といいます。一般的にはこれら独占，複占，寡占を総じて独占と呼んでいます[7]。

　こうした独占状態というのは，不完全競争状態で完全競争と対峙されます。完全競争の条件は次の5点に集約されます。
　① 多数の売り手と多数の買い手が存在する。
　② すべての売り手と買い手が取引に関係する完全な情報を有している。

③ 個々の取引量が全体に比べごく僅かなために個々の取引量が全体の価格に影響を与えない。
④ 売買される財はまったく同質である。
⑤ 市場への参入は自由である。

こうした完全競争は現実には存在しませんが，それに近い状態のことを自由競争と呼んでいます。不完全競争とは，一般的には，こうした要素が満たされない状況を指します。独占状態は，完全競争の条件が満たされませんので，不完全競争なのです。ただし，独占の中でも複占や寡占状態では，競争が行われることもあり，これを有効競争と呼んでいます[8]。

（2）独占の問題点

独占がもたらす不完全競争の問題点として次の3点を指摘することができます。

1）非効率な資源配分

独占企業は限界費用を上回る価格をつけることがわかっています。この場合，財の価値を費用よりも高く評価する消費者すべてが購入するわけではありません。したがって，独占企業による生産・販売量は，社会的に効率的な水準を下回ることになります[9]。

2）X非効率の発生

不完全競争下では，企業に対する競争圧力が弱いために，自由競争においてみられるような価格や費用を削減する努力が低下するとともに，企業組織内にさまざまなスラック（ムダ）が生じます。このような企業組織内の非効率によって生じる費用の上昇分を，X非効率と呼びます[10]。

3）レント・シーキング活動による非効率

独占企業は，支配的地位の獲得・維持のために広告宣伝活動，ロビイング，天下りの受け入れといったレント・シーキング（rent-seeking）活動を行うことがあります。そのために，独占利潤である生産者余剰が適正に使われない

ことがあります。これは社会的に有用であるとはいえず，非効率が発生しているといえます。

4 市場支配と独占禁止法

　以上のように独占は競争を排除することによって社会に対し負の影響を与える可能性があるため，独占禁止法によって制限されています。独占禁止法を運用する公正取引委員会は，企業結合審査の対象となる企業結合が，水平型企業結合，垂直型企業結合，混合型企業結合のいずれに該当するかによって，当該企業結合が一定の取引分野における競争を実質的に制限することになるか否かを判断する際の検討の枠組みや判断要素が異なるとしています。

　特に，水平型企業結合は，一定の取引分野における競争単位の数を減少させるので，競争に与える影響が最も直接的であり，一定の取引分野における競争を実質的に制限することとなる可能性は，垂直型企業結合や混合型企業結合に比べ高いとしています。これに対し，垂直型企業結合および混合型企業結合は，一定の取引分野における競争単位の数を減少させないので，水平型企業結合に比べて競争に与える影響は大きくなく，一定の場合を除き，通常，一定の取引分野における競争を実質的に制限することになるとは考えられないという見方をしています[11]。

　それでは，市場の集中の程度もしくは企業の競争の程度というのはどのようにしてみるのでしょうか。

　市場の集中の程度を測定する指標として，ハーフィンダール・ハーシュマン指数（HHI）があります。これはある産業における各企業の市場シェアの2乗を合計したものです。数値が大きい産業ほど，市場集中が進み独占的になっており，小さい産業ほど，競争的であると判断します。

　公正取引委員会は次のように市場を判断しています。

　　　　高位集中型（Ⅰ）　　3000＜HHI
　　　　高位集中型（Ⅱ）　　1800＜HHI≦3000

低位集中型（Ⅰ）　1400＜HHI≦1800
低位集中型（Ⅱ）　1000＜HHI≦1400
競　争　型（Ⅰ）　 500＜HHI≦1000
競　争　型（Ⅱ）　　　 HHI≦500

　日本の独占禁止法では寡占規制の対象となっているのは，上位1社の市場シェアが50％を超え，上位2社のシェアが75％を超えた場合で，高位集中型（Ⅰ）3000＜HHIのときであるとされています。

　企業結合に関しては，公正取引委員会が「企業結合ガイドライン」（「企業結合審査に関する独占禁止法上の運用指針」（平成21年改正））を公表しています。それによれば，独占禁止法上問題ないセーフハーバーとされているものは次のようになります。

① 水平型企業結合の場合
 ・企業結合後のHHIが1500以下の場合
 ・HHIが1500超2500以下で，HHIの増分が250以下の場合
 ・HHIが2500を超え，HHIの増分が150以下の場合
② 垂直型企業結合および混合型企業結合の場合
 ・当事会社グループの市場シェアが10％以下の場合
 ・HHIが2500以下で，当事会社グループの市場シェアが25％以下

　こうした判断基準によって，カルテルやトラスト，コンツェルンといった独占的企業結合形態は制限されています。

　日本では1999年までは独占禁止法の適用除外として，不況カルテルや合理化カルテルが認められていました。現在では改正により，カルテルとみなされるものは全面的に認められていません。紳士協定もカルテルとして含まれます。談合はカルテルの代表的なものであり，頻繁に問題になっています。また，トラストやコンツェルンの場合も，独占禁止法に照らし合わせて厳しく制限されています。

Part 2　企業の成長

注

1）公正取引委員会（2004）15-17頁。
2）汪（2007）121頁。
3）高柳（1991）65頁。
4）谷口（2008）。
5）水村（2006）121頁。
6）武藤（1996）63-74頁。
7）高柳，前掲書，62-67頁。
8）2018年現在，日本のビール業界は，アサヒ，キリン，サントリー，サッポロの4社でほぼ99％のシェアを占める寡占市場となっているが，激しいシェア争いが展開されている。
9）Mankiw（2004）（邦訳，436頁）。
10）Leibenstein（1966）．
11）公正取引委員会，前掲資料。

Column 5　企業再編と規制緩和

　現在の日本には，家電産業や工作機械産業など，メーカー数が多く過当競争に陥っているところが少なくありません。効率性を高めるには，合併や買収などの企業結合による企業再編を進める必要があります。そのためには，企業結合審査の柔軟な判断や審査期間の短縮による迅速な対応が求められます。この点に関し，公正取引委員会は，1～2年かかる場合もあった事実上の審査の場である事前相談を廃止し，30日以内の1次審査と，それで判断がつかない場合に追加の書類提出を受けてから90日以内に結論を出す2次審査だけにしました。こうした規制緩和により，たとえば，新日本製鉄と住友金属工業との合併審査は，期限よりも2カ月早く終了しました。

企業のネットワーク化

Part 3のねらい

　Part3では，企業が集団を形成したり，ネットワーク化することの意味について考えていきます。

　なぜ企業は集団を形成するのか，それらにはどのようなものがあり，それを説明する理論にはどのようなものがあるのか。また，企業が集積した結果生じた産業集積にはどのようなものがあるのか，企業間のネットワークの特性をどのようにして測定することができるのか，最近みられるようになってきた戦略的提携といった新しい企業間関係の形態とはどのようなものかなどについて検討していきます。

第12講 企業集団

1 財閥

　第11講で検討した，カルテル，トラスト，コンツェルンは，市場支配力を強めるための企業の結合方法でした。これらの中で，コンツェルンは最も資本集積・企業集中が進んだ企業集団です。日本においても財閥として戦前から存在しました。日本の財閥の多くは，政商と呼ばれる，政府や役人と結びついて特権的な利益を獲得した商人が，官業の優先的払い下げによって成立しました。中でも，三井，三菱，住友，安田は4大財閥として知られています。

　4大財閥を概観すると次のようになります[1]。
① 三井財閥：江戸時代から両替商・呉服商として資金を蓄積し，明治維新後，銀行・貿易・炭鉱の3部門を中心に成長。
② 三菱財閥：岩崎弥太郎が，海運業を軸に多角的経営を展開し，海運業分離後，鉱山，造船，銀行を中心に成長。
③ 住友財閥：江戸時代からの別子銅山の経営で基礎を成し，明治以後事業を多角化し成長。
④ 安田財閥：安田善次郎が幕末に両替商を開業し，一代で築いた金融業中心の財閥。

　これらの財閥は，明治末期から大正にかけてコンツェルンを形成していきました。最初のコンツェルンは，三井によるものでした。三井は1893年の商法改正を受けて，銀行・物産・鉱山の合名会社化を行いました。続いて，1909年から11年にかけて，三井11家による三井合名会社を財閥本社として独立させ，同時に，上記の3合名会社を株式会社に改組しました。直系会社，

関係会社は当初は株式を公開していませんでした。しかし，財閥における重化学工業部門の資金需要の増加が，財閥本社で対応できる額を超えていたことや，社会における財閥批判や反財閥感情の高まりとそれに関連した血盟団事件のようなテロを受け，株式会社化したものでした。しかし，大部分は非公開であり，財閥本社も株式会社に転化したものの株式の全面的な公開が実現することはありませんでした[2]。

こうした三井合名会社にみられるように，財閥は，その家族や同族を出資社員とする合名会社や合資会社である財閥本社を設立し，それが純粋持株会社となって，直系会社，関係会社を株式会社化させ，株式を集中的に保有・統括するとともに，外部資金の導入を図っていました。持株会社を頂点とするピラミッド型の支配従属関係を作り上げることで，その頂点の持株会社の所有さえ維持していれば，比較的少額の出資で，全体を支配することができたのです。合名・合資会社は財産・事業内容の公開を義務づけられていないこともあり，同族財産の保全に適した形態であったのです[3]。財閥は，タテ系列の企業集団といえるでしょう。

1920年代以降は，金融恐慌・昭和恐慌の中で，資本の集中が進み，独占体制が強化されました。1937年時点での4大財閥への資本金集中度は10.4％，続く5財閥の鮎川・浅野・古河・大倉・野村へは4.8％に達しました。続く戦時経済下では，上位10財閥の資本金集中度は34.1％に達しました[4]。

コンツェルン化した財閥の存在は，戦後の日本の民主化過程における財閥解体に合理的な根拠を与えました。戦後，GHQは，日本における軍国主義と過度に経済が集中していた財閥との関係を憂慮し，財閥解体を日本政府に求めました。これにより財閥家族と同族は財閥本社と傘下企業の役員から徹底的に排除され，財閥における封鎖的かつ排他的な所有と支配の構造の解体が実現しました。また，財閥本社の傘下企業の既発行株式は持株会社整理委員会への譲渡を経て売却されました[5]。そして，純粋持株会社の設置は，独占禁止法により全面的に禁止されました。また，過度経済力集中排除法（1947年）により巨大独占企業11社が分割されることになりました。これにより指定を受けた財閥は解体されることになりました。ただし，1997年12月独占禁

止法の改正により，純粋持株会社の設立は，原則解禁されています。また，過度経済力集中排除法も1955年に廃止されています。

2　6大企業集団

　財閥が解体されたことで，タテ系列の企業集団は戦後なくなりました。一方，戦後はヨコ系列と呼べる企業集団が生まれてきました（図表12-1）。これらは，旧財閥を主体としたもので，6大企業集団と呼ばれます。

　6大企業集団の成長は，製造業が作った製品を商社が流通させ，その資金を銀行が融資することによって実現されました。中でも，資金調達先としての銀行の役割は重要で，企業集団の中核をなしていました。

　6大企業集団の中でも「三井」「住友」「三菱」は，単体でかつての傘下企業を再構成しました。他の3つの企業集団は，銀行を中心に旧財閥が連合して形成されたものです。「芙蓉グループ」は，旧「安田」とその基幹銀行である富士銀行を中心とし，浅野，根津，大倉，森，そして，日産の一部によって結成されました。「一勧グループ」は，第一勧業銀行を中心とし，古河，川崎などによって結成されました。「三和グループ」は，三和銀行を中心とし，日立（日産の一部）を始め独立系各社によって結成されました。

　6大企業集団には以下に示す6つの特徴があります[6]。

① 集団全体として円環状の株式相互持合いを行っている。
② 事実上の大株主会として社長会をもつ。
③ 集団単位での共同投資を行っている。
④ 集団の中核として都市銀行が集団内融資（系列融資）を行っている。
⑤ 集団のもう1つの中核として総合商社が集団内取引をすすめている。
⑥ 銀行・商社および重化学工業分野を中心に包括的な産業体系を内に含んでいる（いわゆるワンセット主義）。

　ここでは，系列融資，社長会の結成，株式相互持合い，企業集団の結束度についてみていきます[7]。

企業集団　第12講

図表12-1　戦前の財閥と戦後の企業集団

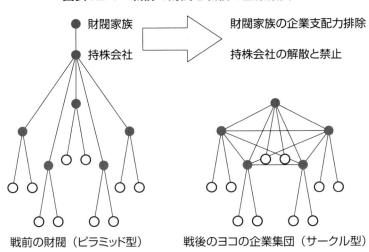

出所：高橋（2006）145頁，図4.3を加筆。

（1）系列融資

　財閥解体による過程において，財閥本社によって所有されていた旧財閥系企業の株式は証券市場に放出されることになりました。しかしながら，その放出量が市場における需要をはるかに超えていたことや，ドッジ・ラインによる財政金融引き締め政策によって，株価は1949年10月から51年末まで低迷を続けました。また，1950年の朝鮮戦争による特需は資金需要を増大させ，資金不足を加速させました。

　こうした中，持株会社にも指定されず，過度経済力集中排除法の対象にもならなかった都市銀行は，日本銀行からの資金の借り入れによって，旧財閥系のグループ企業に対して重点的・集中的に貸し出しを行うという系列融資を展開しました。いわゆるメインバンク制です。これは，グループ企業内で貸付資金が還流することから歩留まり率が高くなることや，グループ間での取引のため現金準備が少なくて済むこと等のメリットがありました。

Part3 企業のネットワーク化

(2) 社長会

　1951年9月のサンフランシスコ講和条約によって，それまで禁止されていた財閥商号ならびに標章の使用が可能になりました。三井・三菱・住友といった旧財閥は，旧商号を復活させることになりましたが，この商号の管理は企業集団にとっては重要な協議事項なために社長会が結成されることになりました。公正取引委員会の「企業集団の実態について：第7次調査」によれば，2001年度時点において，旧財閥系企業集団のメンバー企業にとって社長会に加入するメリットとして，「情報交換等」が主なものとしてあげられています。特に旧財閥系企業集団においては，「ブランドによる信用力の向上」をあげています（図表12-2）。

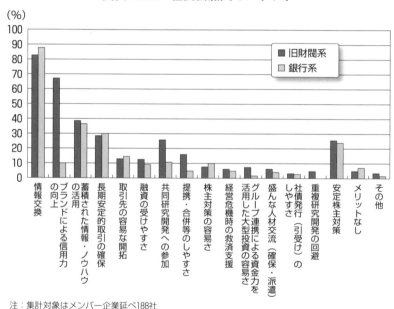

図表12-2　社長会加入のメリット

注：集計対象はメンバー企業延べ188社
出所：公正取引委員会事務総局編（2001）第8章第6図。

社長会は，こうした旧財閥系企業集団を中心に結成されたものと，富士銀行，三和銀行，第一勧業銀行といった都市銀行が取引集団をまとめた，芙蓉，三和，第一勧銀といった企業集団ごとに結成されたものに分けられます。

　この社長会の設置を根拠として，6大企業集団は財閥の展開系であるとみなすことがあります。しかし，6大企業集団には，戦前の本社に相当する持株会社も存在しないし，財閥家族・財閥本社・傘下企業というタテ系列の垂直的な関係が形成されていません。社長会自体も定期的に実施される非公式的な会合にすぎず，メンバー企業間に支配従属の関係は存在しません[8]。

(3) 株式相互持合い

　戦後間もない株価の下落は，旧財閥系企業が国内外の第三者の買い取りや買い占めの対象になることを意味していました。第三者には，日本国内に存在する同系列以外の事業会社や金融機関が当初は想定されていました。しかし，日本国内で段階的に実施された資本自由化によって，海外の事業会社や金融機関といった海外資本にも対応する必要が出てきたのです。

　旧財閥系企業は，同系列以外の経営介入を回避するために，従業員や同系列の事業会社ならびに金融機関と協力しながら，株主相互持合いによる安定株主化に向けた方策を実施しました。旧財閥系企業は，戦前の株主である財閥本社の代わりとなるような安定株主の獲得を目論んだといえます[9]。

(4) 6大企業集団の結束度

　6大企業集団の結束度が，どの程度であるのかについて，集団内株式所有率，役員受入会社比率，派遣役員比率の3点から検討すると次のようになります（図表12-3）[10]。

　① 集団内株式比率：6大企業集団全体の平均は22.1%で，一番高いのが三菱グループの38.21%，一番低いのが第一勧銀グループの14.21%であった。
　② 役員受入会社比率：6大企業集団全体の平均59.93%で，一番高いのが三菱グループの100%，一番低いのが三井グループの34.62%であった。

図表12-3　6大企業集団の内訳と結束度（1993年3月31日現在）

		三井	三菱	住友	芙蓉	三和	第一勧銀
社長会	名称	二木会	三菱金曜会	白水会	芙蓉会	三水会	三金会
	会社数	26社	29社	20社	29社	44社	48社
	設立年	1961年10月	1955年(推定)	1951年前後	1966年1月	1967年2月	1978年1月
	出席者	社長	会長・社長	社長	社長	会長・社長	会長・社長
	会合日	毎月 第一木曜日	毎月 第二金曜日	毎月 第四水曜日	毎月 第四月曜日	毎月 第三水曜日	1,4,7,10月 第三金曜日
	会合時間	1.5時間	1.5時間	1時間	2時間	2時間	1.5時間
結合度	集団内株式所有率*	19.29%	38.21%	27.95%	16.88%	16.68%	14.24%
	役員受入会社比率*	34.62%	100.00%	50.00%	48.28%	70.45%	56.25%
	派遣役員比率*	2.03%	14.47%	6.01%	2.56%	5.20%	4.70%

＊：1992年度（1992年7月1日から1993年6月末日までに期間が到来した事業年度をいう）。
　　集団内株式所有率＝企業各社の同一企業集団のメンバー企業により所有されている株式数の合計の発行済株
　　　式総数に占める比率の合計／企業集団のメンバー企業
　　役員受入会社比率＝同一企業集団のメンバー企業から派遣役員を受け入れている企業数／企業集団のメンバ
　　　ー企業
　　派遣役員比率＝同一企業集団のメンバー企業から派遣されている役員数／企業集団メンバー企業の役員総数
出所：髙橋（2006）147頁，表4.2。

③　派遣役員比率：6大企業集団全体の平均は5.83%，一番高いのが三菱グループの14.47%，一番低いのが三井グループの2.03%であった。

このことから，各企業集団の資本的・人的結びつきは一様ではないことがわかります。資本的結合関係としては，三菱と住友は強く，また，旧財閥系は高いけれども，銀行系は20％未満と弱くなっています。メンバー企業の多くは互いに役員を受け入れてはいるものの，役員総数に占める割合は低く，人的結合関係は必ずしも強くはないといえます。

3 企業系列

企業集団は，多種多様な巨大企業から構成されており，その代表的なものが6大企業集団でありました。そうした企業集団を，現在では，三菱グループや三井グループといった言い方をしています。またこれとは別の意味で企業グループとか企業系列といわれる企業集団があります。これには，1）企

図表12-4　企業集団と企業グループ

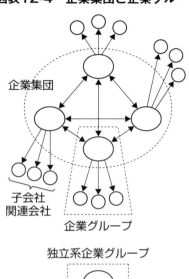

出所：鈴木（2006b）145頁。

業集団内の1企業を頂点として子会社や孫会社，関連会社で構成される企業群と，2）企業集団に属さない独立系企業グループがあります（図表12-4）。いずれの場合も，有力企業を親としてそれに諸企業が結合する親子関係が成立しており，Keiretsuと英語化までされる日本独自のシステムとなっています。

　系列には，親会社がコントロールする取引によって以下の4つのものがあげられます[11]。

① 下請系列：企業間で連続する製品加工工程の最終段階に位置する巨大完成品メーカーが，加工工程上の企業を傘下に収めたもの。傘下の企業は独立しているものの，協力・協賛メーカーとして，上位系列企業から

長期的固定的取引関係を結ぶ。一方，それと引き換えに，低コスト，高品質の部品の供給元として寄与する。自動車メーカー，家電メーカーが典型。
② 販売系列：川上に位置する大企業が，川下の取引先企業を自社の傘下に収めたもの。大企業が特約店や代理店契約を結んだ販売店に，資金援助や経営・販売援助指導をする。自動車メーカー，家電メーカー，化粧品メーカー，石油精製会社が典型。
③ 仕入れ系列：巨大な流通企業が，自社に出荷する販売力の乏しいメーカーを傘下に収めたもの。大手コンビニエンス・チェーンやスーパーマーケットが食品加工メーカーに自社ブランドで製造させるケースが典型。
④ 融資系列：銀行がメインバンクとしての立場から，融資先の企業を傘下に収めたもの。融資先の企業は，銀行から安定的・長期的に資金供給や経営支援を受けられる。銀行にとっては，長期的・継続的な融資・預金先を確保できる。

4 企業集団の収益性

　企業が集団を形成する動機として，配当搾取仮説，コスト削減仮説，独占動機仮説，連結の経済仮説を指摘することができます[12]。すなわち企業は，営利の最大化，コスト削減，市場独占，産業間の取引ネットワーク上の優位性の関係から，企業集団を形成しようとします。
　それでは，6大企業集団に代表されるように，企業が集団を形成することは，どの程度有効なのでしょうか。日本の企業集団が，個別企業と比較して，どの程度の利益獲得能力を有するのかについて，製造業，非製造業の集計レベルで考察した研究をみると[13]，日本の企業集団の利益獲得能力は，個別企業と比較して，それほど高いわけではなく，特に1990年代に能力低下が進んでいる実態が明らかにされました。
　能力低下の傾向は，製造業よりも非製造業に強くみられ，非製造業の利益

獲得能力の低さが指摘されています。しかしながら、製造業においても、企業集団の利益獲得能力が優れているとはいえず、結局、日本の企業集団の利益獲得能力は、脆弱であることが指摘されています。

また、製造業、非製造業間の事業活動における利益規定要因の相違と資金構造の相違については、非製造業は、売上原価率、販売管理費率が規定要因であるのに対して、製造業は、個別企業とともに、販売管理費率が利益規定要因でした。

このように、企業集団に所属するメリットは、90年代に入ると薄れてきたことがわかります。このことは、6大企業集団の変容となって現れてきました。

5　6大企業集団の変容

6大企業集団は日本経済の成長において大きな役割を果たしてきました。しかし、その枠組みも1990年代になると大きく揺らぐようになりました。これは、株式相互持合いにおける、「持合い崩れ」が起こり始めたことによります。6大企業集団の持合い比率は、高度経済成長以降上昇し、70年代から80年代はほぼ一定でしたが、90年代後半になると低下し始めました。

1990年代に入り、バブル経済の崩壊によって、都市銀行をはじめとする金融機関は、不良債権処理の原資を捻出するために、持合い株の売却を始めました。また、会計制度改革により、持合い株が時価評価されることになったことで、各企業が他社株式の長期保有を避けようとしたことにより、持合い株の売却をしました。

さらにこれに拍車をかけたのが、都市銀行の再編でした。2000年頃から、深刻な不良債権問題を抱えた銀行は統合を始めました。それぞれの集団の中核銀行同士が合併・再編を行うようになったのです。その結果、6大企業集団から四大金融グループが新たに形成されました。三井住友グループ、三菱東京グループ、みずほグループ、UFJグループです。ただし、銀行の動きだ

けをみますと，後に三菱東京グループとUFJグループが合併し三菱UFJグループとなり，三大メガバンクとなりました[14]。しかし，事業グループもそれにあわせて再編されて3つになっている状況とはいえません。

6大企業集団におけるメインバンクの影響力は，メガバンク再編の前から弱まり始めていました。この理由として，情報技術の発展と金融のグローバル化により，企業が銀行からの間接金融から直接金融による資金調達方法を増やし始めたことがあげられます。グループ企業のように力のある企業はメインバンクへの依存比率を弱めていったのです。メインバンクは，グループ内の大企業からグループ以外の企業，中小企業そして個人への依存度を高めていきました。こうしたことからも，メインバンクの再編によって，グループ内企業の再編が即時的・追随的に起こることはなかったのです。

注

1) 鈴木（2006b）。
2) 水村（2006）。
3) 高橋（2006）。
4) 鈴木，前掲稿。
5) 水村，前掲稿。
6) 奥村（1994）。
7) 高橋，前掲書。
8) 水村，前掲稿。
9) 同上稿。
10) 高橋，前掲書。
11) 鈴木，前掲稿。
12) 安田（1997） 180-187頁。
13) 伊藤・道明（1997）。
14) 現在は，三井住友フィナンシャルグループ，みずほフィナンシャルグループ，三菱UFJフィナンシャルグループ。

第13講 産業集積

1 産業集積の考え方

　産業の集積は，企業の外部環境として大きな影響を与えています。20世紀の初頭，マーシャルはLocalization，ウェーバーはAgglomerationという用語によって産業集積に関する理論を展開し，今日の基礎を成しました[1]。

（1）マーシャルの集積論

　マーシャル[2]は，生産規模の増大から生ずる経済を，個々の企業が規模を拡大することから生ずる内部経済と産業全体の規模の拡大による外部経済に分類しています。そして，ある産業が特定の地域に集積しているところ，すなわち，局地化がみられるところにおいては，主に外部経済がみられるとしています。外部経済とは，企業の相互関係から生じる経済であり，規模の拡大による内部経済とは区別される必要があります[3]。

　マーシャルは，産業の局地化が起こる理由は多様であり多くの偶然が重なるものとしています。それよりもむしろ，局地化した産業の持久性について焦点を当て，外部経済が働く地理的に有利な場所の条件として，①補助産業の成長，②熟練労働市場，③新技術の導入とスピルオーバーの3つをあげています。

（2）ウェーバーの集積論

　ウェーバー[4]は，産業の立地要因として輸送費に着目しました。輸送費は，原料や製品の重量と輸送距離に比例します。その結果，原料の重量が重ければ，原料輸送費を考慮して原料採取立地が選択され，同業種が集積するよう

になります。もしくは，完成品の重量が重ければ，消費地において生産した方が輸送費を削減できることになります。その結果，消費地立地が選択され，そこに集積が形成されるとしました(5)。

このように，まず企業の立地は運送費を極小化させる点に決定されますが，それに幅をもたせる要因として，労働費の節約と集積そのものによる費用節約の2つをあげています。そして，ウェーバーは，運送費の極小化や労働費の節約の結果生じる集積を偶然集積と呼び，集積そのものによる費用節約から生じる集積を純粋集積と呼び区別しています。純粋集積そのものによる費用節約とは具体的には次のものです(6)。

① 技術的設備の拡充：分業の深化・補助工業の発生。
② 労働組織の拡充：十分に発達し，分化・統合された労働組織，高度に専門化した能力をもつ労働者や企業が多数存在することで利用可能な利益が増す。
③ 経済組織全体への適合の増進：集積規模の拡大にともない必要なときに必要な品質・数量の原料調達が可能になる。在庫削減による費用低減が実現される。
④ インフラの整備：集積により電気，ガス，水道，道路などの整備が進むことで個別企業にとって費用の低減効果がある。

2 産業地域の類型化

（1）日本における産業の類型化

産業集積にはさまざまなタイプが存在します。

日本でよく用いられるのは，都市型集積，産地型集積，企業城下町型集積，誘致型複合集積といった区別です(7)。

① 都市型集積：多くの場合，機械金属関連を中心に，専門化された高い加工技術をもつ工場が広範に存在していて，地域内の企業間分業と系列

を超えた取引関係が構築されている。東京都大田区や大阪府東大阪市が代表的。
② 産地型集積：特定の製品ジャンルに特化した集積。福井県鯖江市（眼鏡），愛媛県今治市や大阪府泉大津市（タオル），岡山県倉敷市児島地区（ジーンズ）が代表的。
③ 企業城下町型集積：特定大企業を中心として下請け企業が集積するパターン。トヨタ自動車の城下町である愛知県豊田市などが代表的。
④ 誘致型複合集積：第2次世界大戦前からの産地基盤や軍需関連産業，大戦中の疎開工場などを中心に，関連企業が集積。

（2）マークセンの産業の類型化

マークセン[8]は，産業集積の議論の中で，1）マーシャル型，2）ハブ・アンド・スポーク型，3）サテライト型といった3つのタイプの産業地域を示しています（図表13－1A～C）。マークセンの類型をもとに日本の産業地域の特徴や問題点をまとめると次のようになります[9]。

1）マーシャル型産業地域（図表13－1A）

これは，中小企業の水平的結合関係によって特徴づけられるもので，日本では大田区や東大阪市の大都市型産業集積，浜松市や諏訪市・岡谷市などの地方都市型産業集積，繊維や陶磁器などの各種の地場産業地域が該当します。製造工程を専門業者が分担する社会的分業を特徴とし，比較的狭い空間的範囲にそれらの業者が集積し，独特の産業地域社会を形成するものです。

2）ハブ・アンド・スポーク型地域（図表13－1B）

これは，大企業と関連下請企業群からなるもので，豊田市や日立市などの企業城下町が該当します。企業城下町といっても，業種によって企業間関係や空間形態はかなり異なります。自動車工業の場合は，「ピラミッド構造」と呼ばれるように，完成車メーカーを頂点に1次，2次，3次等から成る階層的な下請・関連企業群が形成され，しかも日本の場合はジャスト・イン・タイムの生産システムを特徴とするので，そうした企業群は比較的凝集した

空間形態を形成しています。これに対し電気機械工業の場合には，フラットな階層構造が形成されることが多く，親企業内で高度な部品の内製化が進む一方で，海外からの購入も含め，部品の調達圏域は広域化しています。また，鉄鋼や化学などの素材工業の場合は，工程を空間的に結合し，それらを一団地としてまとめコンビナートを形成する傾向にあります。

3）サテライト型産業地域（図表13-1C）

これは，地域内よりも外部の本社や同一企業の他の工場との関係が密接である「分工場経済」で，日本のテクノポリス地域などが該当します。テクノポリス地域では，ハイテク型業種の立地はある程度進んだものの，地元の中小企業との関係形成はほとんどみられず，地域経済への波及効果は限られています。また，本社や研究開発機能がなく，生産機能に特化しているために，簡単に工場の閉鎖や人員削減がなされるという問題点を抱えています。

図表13-1　マークセンによる集積の類型

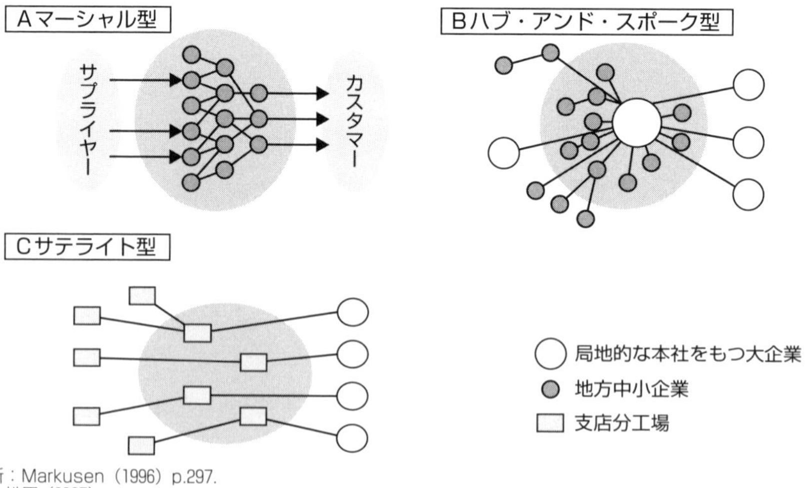

A マーシャル型／B ハブ・アンド・スポーク型／C サテライト型

○ 局地的な本社をもつ大企業
● 地方中小企業
□ 支店分工場

原出所：Markusen (1996) p.297.
出所：松原 (2007)。

3 産業地域論

　マーシャルやウェーバーを嚆矢とする産業集積論は，1980年代以降新しい産業集積論として議論されるようになりました。これは，フォードシステムなどにみられる大企業による大量生産の行き詰まり，経済のグローバル化にともなう国際競争の激化，産業の空洞化や経済危機といった状況においても，成長を続ける地域があることに関心が高まったことによります。第三のイタリア，シリコンバレー，ドイツのバーデン＝ビュルテンベルク州といった地域です。ここでは第三のイタリアと呼ばれる産業集積に関する研究をみていきます。

　ピオリ＝セーブル[10]は，大量生産体制から多品種少量生産に適した「柔軟な専門化」体制への移行を論理的に説明しました[11]。

　消費者のニーズが多様化し需要予測が困難になってきたことによって，大量生産に行き詰まりが見え始めました。不確実性の高い市場に対応するため，企業は柔軟な生産体制を整備する必要が出てきたのです。イタリアの北東・中部にある7つの州にある数多くの地場産業地域は，「柔軟な専門化」によって，モノづくりの柔軟性と永続的なイノベーションを実現し，第三のイタリアと呼ばれるようになりました。これは，大企業経済圏である第一のイタリアと呼ばれる北西部4州と政策的に投資された重工業中心の第二のイタリアと呼ばれる南東・島嶼9州に対比されています。

　柔軟な専門化体制においては，企業は，一貫生産の大量生産ではなく，特定の工程に専門化，他企業と分業上の柔軟なネットワークを結ぶことで多様な需要に対応しています。ネットワークは中小企業同士の水平的ネットワークで，マーシャル型産業地域になっています（第2節参照）。産業活動は地域コミュニティによって支えられており，企業は競争だけではなく，しばしば，地域全体のための職業訓練校やマーケティング機関ならびに調査研究所の設立といった協調的行動をとることにより，永続的なイノベーションを行っていました。生産現場では，複数の工程をこなす熟練技能者がNC工作機械を駆使することで高品質の製品を製造しています。中小企業による柔軟なネッ

トワークには，不確実性の高い状況において取引費用を削減するという効果があります。いわゆるマーシャルの外部経済効果がみられるのです。

ピオリ＝セーブルは，プラト（Prato）の織物地帯を詳細に取り上げています。そして，成功の要因として，伸縮性に富む市場への転換，一貫生産の大工場の解体と小工場へのネットワークへの再編，元請けとしてデザイナーとして生産を組織・調整するインパナトーレの役割，コミュニティ的な結びつき，地方自治体の役割を指摘しています[12]。

先進国には，大量生産方式をとってきた産業を低開発国に移動するという選択肢とクラフト的生産技術に立ち返るという選択肢の２つのかじ取りが迫られています。後者は，多品種少量生産に適したコンピュータ制御の汎用機を技術的基盤として，そして，それを使いこなす熟練技術の伝承を保証する地域産業コミュニティである産業地域の再出現をもたらすものとして第三のイタリアは注目されているのです[13]。

4 産業クラスター論

ポーター[14]はグローバル化とIT化が進むほど，国や個々の企業の成功にとって逆にローカルである産業集積が重要な役割を果たすとして「産業クラスター」論を提起しました。グローバルレベルで成功するには，ローカルレベルが重要だという着想です。

ポーターは，産業クラスターを「特定分野における関連企業，専門性の高い供給業者，サービス提供者，関連業界に属する企業，関連機関（大学，規格団体，業界団体）などが，地理的に集中し同時に協力している状態」と定義しています。クラスター自体は，房を意味し，産業クラスターとは，ぶどうの房のように企業，大学，研究機関，自治体などが地理的に集積していることを意味します。

ポーターは，①企業戦略および競争環境，②要素条件，③需要条件，④関連・支援産業の４つの要素を用いたダイヤモンドモデル（図表13-2）によって，

地理的に近接している地域では，スピルオーバーによりクラスター構成企業や産業の生産性やイノベーションが高まると主張しました。ポーターによれば，企業の優位性は，工業化時代の主題であるコストの削減よりも，知識集約化時代の今日においては，イノベーション（技術革新）の創出により実現されるとしています。

　ポーターは産業クラスターのメリットとして，①生産性の上昇，②イノベーション上の優位性と取引費用の削減，③新規事業の創業の容易性の3つをあげています。そしてこうしたメリットは，企業が地理的に集中しているだけでは発揮されないとしています。そして，「うまく機能しているクラスターは，単なる階層的なネットワークを超え，個人，企業，各種機関のあいだの，無数の重なり合う流動的な結びつきの格子となる」[15]として，産業集積のコミュニティ化が重要であるとしています。

　この産業クラスターの代表例として，カリフォルニア州のシリコンバレー（自然発生的形成），石油産業から転進したテキサス州オースティンの情報産業クラスター（政策的形成）や造船業から転進したペンシルバニア州フィラデルフィアのバイオ産業クラスター（政策的形成）があげられます。また，日本においては，ナノテクノロジー生産技術を中心としたTAMAクラスター（技術先進首都圏地域クラスター）や近畿バイオクラスターが代表的です。国家的な取り組みとしては，経済産業省「産業クラスター計画」や文部科学省「知的クラスター創成事業」があげられます。

　このポーターの産業クラスター論の問題点として，次の3点が指摘できます[16]。第一に，内部経済と外部経済の関連の視点が欠如していることです。すなわち，クラスターそれ自体が競争力をもっているのではなくて，個々の企業の競争力をクラスターが強化し，結果としてクラスターの競争優位が形成されるという関係が明確にされていません。第二に，組織の枠を超えた情報流通型ネットワークが形成される条件を検討していないことです。すなわち，地域や組織的文化的背景が明らかにされていません。第三は，大企業がクラスターに参加するか否かその場合の条件が触れられていないことです。すなわち，産業集積を内部化できる大企業が，なぜクラスターに参加するの

図表13-2 ポーターのダイヤモンドモデル

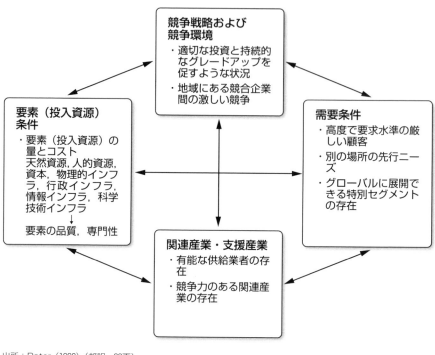

出所:Poter(1998)(邦訳,83頁)。

かが明らかにされていません。そして,これらの問題点に応えたのが次にみるサクセニアンです。

5 地域産業システム論

　サクセニアン[17]は,シリコンバレー(カリフォルニア)とルート128(ボストン)と呼ばれる米国の産業集積の比較研究を行いました。そして,両地域とも1970年の繁栄と80年代前半の衰退を経験したのですが,80年代半ば以降は,シリコンバレーは産業構造の変化に柔軟に適応し繁栄する一方で,ルー

ト128は衰退してしまったことについて分析しました。

　サクセニアンは，地域の優位性を説明するうえで，マーシャルのいう外部経済の概念や外部経済や内部経済を区別することは有効ではないとしています。そして，地域産業システムが産業集積を有効に機能させる要因として，1）地域の組織や文化，2）産業構造，3）企業の内部構造といった3つをあげ，両者を比較しました。そしてその差異が，「地域ネットワーク型産業システム」（シリコンバレー）と「独立企業型システム」（ルート128）と呼ぶ地域産業システムの違いにあるとしました[18]。

1）地域の組織や文化

　シリコンバレーの文化は，1960年代のフェアチャイルド・セミコンダクタ社を源流としています。フェアチャイルドからは，多くの企業家や経営者が輩出されていて，同一企業への帰属意識を発端に，シリコンバレーという地域に非公式的な付き合いから情報を共有し合い，協力する習慣や風土がもたらされました。同僚が顧客，競争相手，上司が部下となることが日常茶飯事であったことから，企業に対する忠誠心よりも，仲間に対する忠誠心や技術進歩といった大義に忠誠心が働いたのです。組織を超えた枠組みで，地域の社会ネットワークや職業ネットワークが働いたのです。

　ルート128の文化は，ニューイングランドの伝統から階級を重んじるピューリタンの倫理観に支配されていました。家族や出身階級によって将来が決定され，職業生活とは完全に分離した社会生活を営なむコミュニティが発達していました。シリコンバレーのように産業をベースとした強い忠誠心も生まれず，リスクを避ける保守的な文化でありました。

2）産業構造

　シリコンバレーでは，半導体の製造装置や材料の供給企業とともに何百もの小さな設計会社，下請けメーカー，金属加工工場，ソフトウェア開発者等が設立されました。弁護士やコンサルティング会社が知的財産権のみならずベンチャーキャピタルと企業家を結びつける役割を果たしました。スタンフォード大学は，特別プログラムを実施して修士や博士を多く輩出し，人材提

供を行いました。こうしたことから，企業は専門分野に徹底するだけで済んだのです。

ルート128の産業構造は，軍事産業需要中心であったということから，自給自足体制を推進する中で形成されました。典型的な大量生産方式の大企業型モデルを採用し，50歳代60歳代の役員クラスの人材を重宝したことから，少数の企業がさまざまな生産プロセスを内製化するといった旧来の方式を進展させることになりました。

3）企業構造

シリコンバレーでは，企業の内部構造的に，ヒューレット・パッカード社の手法である，個人に対する信用と自主性の尊重，気前のよい福利厚生制度などを導入しました。東海岸に比べると形式にとらわれない，権限が分散したオープンで平等な労働環境が作られたことによって，高いモチベーションが生まれたのです。

ルート128の企業構造は，基本的にはピラミッド構造で，形式重視の意思決定や経営手法，保守的な職場体制をとっていました。

シリコンバレーにみる地域ネットワーク型産業システムは，国の産業クラスター構想などを実現させるうえでの，1つの成功例としてのモデルを与えています。しかしこのモデルがすべての産業において有効であるとは限りません。たとえば，愛知県の自動車産業クラスターも成功したクラスターの1つとして捉えることができますが，シリコンバレーよりもむしろルート128に近い産業システムになっています。この要因として，つくっている製品の違い（半導体関連製品対自動車関連製品）が指摘されています[19]。

注

1) 本節は，主として稲水・若林・高橋（2007）を参考。
2) Marshall（1920）.
3) 永田（2011）。
4) Weber（1922）.
5) 有村（2006）。
6) 長瀬（2009）。

7) 立見 (2008)。
8) Markusen (1996).
9) 松原 (2007)。
10) Piore and Sabel (1984).
11) 立見，前掲稿。
12) 松原 (1999)。
13) 同上稿。
14) Porter (1998).
15) Ibid (邦訳，106-107頁)。
16) 原田 (2009)。
17) Saxenian (1994).
18) 以下，浜松 (2009) の記述に従う。
19) 日本政策投資銀行東海支店 (2003)。

Column 6　国際合弁企業の寿命

　企業同士が出資し合ってつくられる合弁企業（ジョイントベンチャー）の寿命はどのくらいでしょうか。欧米およびアジアの企業と合弁関係にある日系企業全1,281社の寿命を調べた結果によれば，次のことがわかっています。
　① 合弁子会社の寿命は，完全所有子会社の寿命よりも短い。
　② ライバル企業との合弁の寿命の方が，資源を補完し合うような企業との合弁の寿命よりも短い。
　③ ライバル企業との合弁は，一般的に考えられているよりも寿命は長い。
　ライバル企業同士の合弁は寿命が短いとはいえ，激しい経済環境と急速な技術革新のもとでは，今後増加することが見込まれます。企業が成功を収めるには，ライバル企業との協力関係をうまく進めるための能力が不可欠といえそうです。

参考：牛丸元 (2007)『企業間アライアンスの理論と実証』同文舘出版。

第14講 企業間関係

　企業は他の組織と何らかの垂直的・水平的関係を形成することによって成長していきます。第12講でみた企業集団や企業系列は，資本関係や兼任役員などの人的関係が強くなったものとして捉えることができます。また，第13講でみた産業集積は，資本的関係や兼任役員などに加え，戦略的提携や共同研究，合弁（ジョイントベンチャー），長期契約によって組織間関係が重層的に蓄積したものとみることができます。本講では，こうした企業間関係にかかわる理論的側面について検討していきます。理論的研究に関しては，企業間関係が組織間関係の中に含まれるという考え方に従い[1]，企業間関係と組織間関係を同じ意味で使うことにします。

1 企業の企業間関係戦略

　企業は，その目的に応じて企業間関係戦略を構築し，さまざまな企業間の調整メカニズムをつくりあげるとされます[2]。
　まず，企業は次のような目的で企業間関係の構築を試みます。
① 継続的な競争優位を築くために，自社には欠けている強みを獲得する。
② 国内あるいは海外の新しいマーケットに参入するためのノウハウを獲得する。
③ 業界構造に影響を与えることによって，自社の業界内順位を向上させる。
④ 新事業に多角化する。
⑤ 規模の経済を利用する。
⑥ 貿易，海外投資の際に参入障壁を回避する。
　そして，企業はこれらの目的を達成するために，M&A，共同出資，合弁，

業務提携，非公式な業務提携といった多様な組織間形態を採用し，最終的には，企業の成長や存続，業界内でのパワーを獲得しようとするのです。

こうした多様な組織間形態は，企業の対企業間関係戦略の中で用いられます。組織間戦略には1）自律化戦略，2）協調戦略，3）政治戦略の3つがあげられます[3]。

1）自律化戦略

組織が他組織への依存そのものを吸収・回避する戦略です。そのための方策は，合併や既存の分野以外への多角化や内部化です。合併は，他組織への依存関係を組織内に吸収するという方法ですが，多角化は自組織の努力により依存を回避するという方法です。

2）協調戦略

組織が他組織との依存関係を認めたうえで，他組織との折衝で合意を見いだし，良好で安定した関係をつくりあげるという戦略です。協調戦略には，多様な組織間形態が考えられます。柔軟性がある一方で，他組織との合意形成が課題となります。合意形成には緩やかな形態から順に，規範，契約，役員の受け入れ，合弁，アソシエーションという方法があります。

3）政治戦略

第三者の介入，または第三者機関に対する働きかけを通じて，依存関係を間接的に操作するという戦略です。他組織への依存関係を当事者同士で処理することができない場合にとられます。政府の規制と組織の政治行動による方法の2つがあります。

2 企業間関係の分析単位

企業間関係の分析単位には，1）組織間ダイアド，2）組織セット，3）組織間集合体，4）アクションセット，5）組織間ネットワークなどがあげられます[4]。

図表14-1 組織セットモデルの例

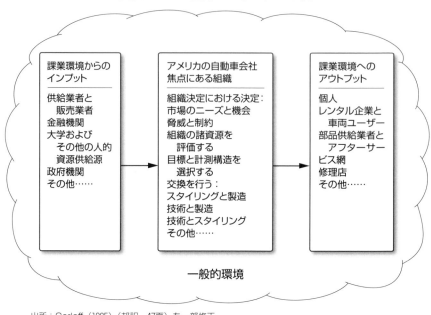

出所：Gerloff（1985）（邦訳，47頁）を一部修正。

1）組織間ダイアド

組織間ダイアドとは，2つの組織の関係を分析レベルとしたものです。初期のころの分析はほとんどこのダイアドレベルです。

2）組織セット

これは，焦点組織とそれに資源インプットを行うインプット組織セット，資源のアウトプット先であるアウトプット組織セット，そして，アウトプット組織セットから焦点組織やインプット組織セットへのフィードバックの4つから構成されています（図表14-1）[5]。

3）組織間集合体

組織間集合体は，組織セットの分析対象の範囲を広げたもので，インプット・アウトプット組織内の相互作用についても研究対象となっています。すなわち，焦点組織と間接的な関係にある組織も分析対象とされ，考慮される

組織数も無数となります（図表14-2）。

4）アクションセット

アクションセットは，前記3つの概念が焦点組織を設けていたのに対し，焦点組織を設けず，関係それ自体を分析対象とします。したがって，OPEC（石油輸出国機構）のようにある特定の目的のもとで一時的に同盟を結んでいる組織集団における組織間関係をみていくものです。ここでは一時的にせよ，分業や行動規範が存在し，メンバー加入のルールが決まっています。

5）組織間ネットワーク

組織間ネットワークは，以上の概念すべての上位概念として位置づけられます。ここでは，組織セットやアクションセットが目的志向的に形成され，その中で役割分担がされていると仮定されるのに対し，ネットワーク内のある組織グループは目的志向的に行動していても，他はそうとは限らないとい

図表14-2　組織間集合体

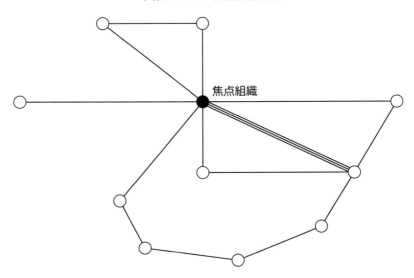

原出所：Van de Ven et al.（1975）p.28.
出所：佐々木（1990）11頁，図表1-6を一部修正。

Part 3 企業のネットワーク化

図表14-3　組織間関係のモデル

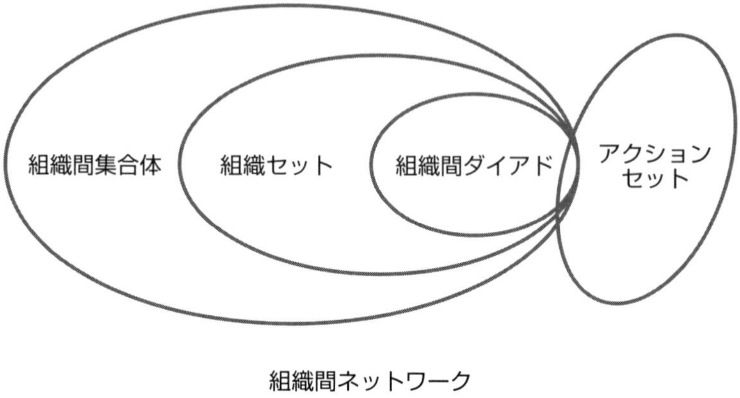

組織間集合体　組織セット　組織間ダイアド　アクションセット

組織間ネットワーク

出所：佐々木（1990）23頁，図表1-9。

うように，関係が流動的でダイナミックであることを仮定しています（図表14-3）。また，既存の組織間関係のほかにも，これから生まれる可能性のある組織間関係をも分析対象としています。組織間ネットワークに関しては，第15講にて詳しく検討されます。

3　企業間関係の理論

（1）資源依存理論

　資源依存理論によれば，組織はその存続にとって不足しているとされる能力やマテリアルや製品および資金といった資源を獲得するために組織間関係を形成するとします[6]。組織はあくまでも自律性を志向するもので，自己の行動を抑制する組織間関係をもつようなことはできる限り避けるという前提があります。したがって，資源への依存とそれからの自律といった相反する問題にいかに対処していくかが焦点となります。具体的には，資源の依存に

よって発生するパワーと不確実性にいかに対処していくかを問題とします。

フェッファー＝サランシックは，焦点組織の他組織に対する依存を決定する要因として，次の2つをあげています[7]。

1）焦点組織にとっての資源の重要性
① 資源交換の相対的規模：たとえば，一顧客にしか製品やサービスを供給できない組織は多くの顧客に製品を供給できる組織よりは顧客に対してより依存的である。
② 資源の必須性：たとえ，資源の総インプットに占める比率が低くても，その資源なしでは組織の存続が不可能な程度。
2）資源に対する自由裁量の程度とコントロールの集中度
① 資源に対する自由裁量：実際の資源の保有，資源へのアクセスの容易性，資源の使用の状態および資源コントロールに関する法や社会的規範の存在など。
② 資源のコントロールの集中度：資源取引における利用可能な取引相手の数と，保有される資源の集中度。

このように，他組織に対する依存は上記1）と2）の2つの要因の関数として捉えることができます（図表14-4）。たとえば，組織Bが組織Aに対しパワーをもつということは，Aが外部組織Bに資源を依存し，Bの要求や支配を受け入れなければならないことを意味します。この場合，AがBのもつ資源を大量に必要としそれが希少であるほど，Bがその供給する資源の配分や利用について大きな裁量権をもつほど，BがAの必要とする資源を集中的にコントロールしているほど，Bの供給資源へのAの対抗力が弱いほど，BはAに対しパワーをもつことになります。したがって，組織としては，他組織へ依存する程度を最小化しながら，他の組織からの依存の程度を最大化することで，パワーを増大させる行動をとります。

ここで注意しなければならないことは，組織が他組織に資源を依存していること自体は問題ではありません。安定的かつ継続的に資源が利用可能であ

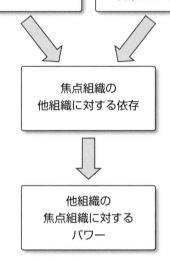

図表14-4　依存とパワーの影響要因

出所：山田（1996）65頁，図3。

れば支障は生じないのです。問題は，環境が不確実であることにあります。他組織がパワー格差を利用していつ何時何らかの要求や制約を突き付けてくるかわからないような場合は，資源を依存すればするほど脅威になってきます。したがって，不確実性をできるかぎり低減させるために，自律化，協調，政治といった3つの企業間関係戦略によって他の組織とさまざまなタイプの企業間関係を結ぶのです（第1節参照）。

（2）組織正当性理論[8]

　組織正当性理論は，組織間関係は，組織が社会に支配的な信念や規範や外部からの期待に一致した存在であることを示し続けるために形成され，それにより，組織はイメージや威信を改善もしくは維持することができるとする

ものです。

　ここでは，組織がいかにして正当性を獲得する戦略をとっていくべきかが焦点となります。たとえば，文化的なシンボルや正当的なパワーをもったものと結び付くことがあげられます。威信をもった人を重役として迎え入れたり，慈善組織に対し資金的援助などを行うのです。ミネアポリス・セントポールにおける組織と文化団体との間の兼任重役に関する研究では，影響力のある会社の社員は，文化的な委員会にリクルートされたり，それほど威信のない会社の社員は威信のある文化団体の役員になろうとする傾向にあることが報告されています。また，たばこ産業がたばこの健康上の危険について大学や研究機関から批判を受けたときに，当該組織に対し研究基金を提供し対応したことが報告されています。

(3) 取引コスト理論

　ウィリアムソンの取引コスト理論[9]は，市場と組織の二分法に関する理論です。それによれば，当該取引が市場においてなされたときよりも，組織においてなされたときの方が取引コストが安いときに組織が発生するとします。

　取引コストには，出会いコスト（取引相手を探すコスト），契約コスト（交渉コスト），実行コスト（取引相手の監視コスト）があり，市場においても組織においても存在します。市場において相手を探すのが困難であったり，相手がタフ・ネゴシエーターであったりする場合は，市場における取引コストが増大します。一方，組織においても，情報処理システムが非効率的である，海外子会社の動向が把握し難いといった場合などは，組織内取引コストが増大することになります。

　市場での取引コストが発生するのは，市場が不完全だからです（市場の失敗）。完全な市場では取引コストが発生しないことから，市場は技術的に分離不可能な最小ユニット（最小規模の組織）によって構成されます。一方，組織内取引コストが発生するのは組織設計が不十分なためです（組織の失敗）。組織はその取引コストを最小にするように組織形態を決定し管理を行います。

　市場や組織が不完全であるのは，人間の「制限された合理性」や「機会主

図表14-5 取引コストモデル

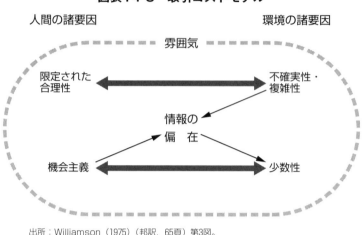

出所：Williamson（1975）（邦訳，65頁）第3図。

義的行動」があるためです（図表14-5）。制限された合理性とは，複雑な問題を定式化したり解決したりするには人間の能力には限界があるというものです。人間のもつ情報獲得量や処理量に限界があるほど意思決定の代替案は少なくなり，主観的に合理的な意思決定の範囲は狭められ，取引コストは上昇することになります。機会主義の概念は，自己利益追求的な経済主体の行動に，戦略的行動の余地を与えたもので，自己の利益をずる賢いやり方で追求することです。しかし機会主義的行動は，誰もが常にとるとは限らず，ある特定の人がこうした行動をとるため，取引を行う前に判別することは非常に難しいとされます。情報の隠蔽などの機会主義的行動があるほど取引コストは上昇することになります。環境が不確実になるほど，人間の合理性は制限され，機会主義的行動の可能性は高まります。これが市場においてみられると市場での取引コストが上昇し，組織においてみられると組織内での取引コストが上昇することになります。

また，市場での取引コストが上昇する大きな要因として，取引に使用される資産の特殊性があげられます。取引に従事する人的資産に依存する程度やある特定の顧客専用に設備投資を行う程度が高いほど，取引相手が機会主義

的行動をとったときの市場での取引コストが高まり，リスクが増します。

このように，市場および組織における不確実性と取引資産の特殊性の程度によって，市場における取引コストおよび組織における取引コストが決定され，組織と市場との選択が行われるのです。

(4) エージェンシー理論

エージェンシー理論は，依頼人（プリンシパル）と代理人（エージェント）との関係に関する理論です[10]。たとえば，フランチャイザーとフランチャイジー，本社と海外のジョイントベンチャー型法人などとの関係を明らかにする理論です。

エージェンシー理論の主な問題は，プリンシパルがどのようにしてエージェントの報酬構造を設計するかにあります。この解決策はプリンシパルがどのようにしてエージェントの行動を観察するかにかかっています。まず，プリンシパルがエージェントの行動を観察できない場合，両者がリスクに対する仮定の違いによって，賃金契約（一定額の報酬）にすべきか地代契約（労働収益から地代を引いた額の報酬）にすべきかなどが決まります。また，直接的に観察できないが，努力水準に対するシグナルを得ることができる場合は，エージェントがリスク回避的であるならば，シグナル（労働時間など）をベースに報酬構造を構築すべきであるといった解決策が見いだされます。

エージェンシー理論は，発注者と受注者との関係にみられるような，企業間の報酬構造を適切に構築し企業間関係をコントロールするための理論的背景を提供しているといえます。

(5) グラフ理論

グラフ理論は，企業間関係の連続体であるネットワークに関する分析理論です。人的・資金的・取引的な結合によるネットワークすべてを射程にいれて，その構造や特性を分析する現代数学の一理論です[11]。

ネットワークは，点と矢印からなるグラフによって表わされ，そこから連結の密度や中心そして取引グループが数学的に求められます。グラフ理論によっ

て，巨大な企業間ネットワークの構造分析が可能となり，アメリカやヨーロッパにおいて役員兼任ネットワークの存在や国別特徴が明らかにされるようになりました。しかし，実際に関係があるかないかの判断基準に統一されたものがないことや，これによって，数学的に求められた構造にいったいどういった意味があるのかを知ることができないといった限界もあげられます。

社会ネットワーク分析はグラフ理論をベースとした分析理論で，第15講において詳しく検討します。

4 企業成長と企業間関係問題

企業間の関係は，組織の発展段階・ライフサイクルによって変わってきます[12]。ここでは，組織誕生から消滅までに至る組織のライフサイクルを，成長1期から5期と衰退1期から5期までの10段階に分けて考えてみます。

1) 成長1期では，組織はただ単に環境に反応するだけで経営の自由度は低い状況です。組織も資源の変動や資源を支配する組織に対して反応することが課題となります。

2) 成長2期では，組織は情報を求めて環境を精査・探索するようになります。企業は，組織存続のために適切な目標設定や情報処理システムなどを整えなければなりません。特に，組織と環境との接点に存在し，情報処理の探索・精査を行う境界結合単位と呼ばれる人や組織の構築の仕方と活動内容が課題となります。

3) 成長3期では，適応的反応を制御するために，神話を形成することが課題となります。神話を獲得することで，組織は他の組織をコントロールすることが可能となるのです。

4) 成長4期では，組織間の依存関係の相互認識を深め，その期待集合を明確にすることが課題となってきます。すなわち，いかに相互に有利で堅牢なドメイン・コンセンサスを作り上げるかが問題となるのです。そのために，中心組織のリーダーは，他組織のリーダーに対しその事業領

域についてしっかりとした認識を植え付けるように努力する必要があります。

5）成長5期では，組織の環境統制力が強くなり，組織間関係の管理上の自由度も大きくなります。この段階では，ネットワーク全体を構造化することが可能となります。そのため，目標達成度は組織の組織間デザイン力に従うことになります。ここでは，企業自身の組織間デザインの構築力が問題となるのです。

6）衰退1期は，成長5期の組織間デザインが失敗している状況にあります。したがって，いかにして組織間デザインの失敗部分を克服していくかが問題となります。

7）衰退2期では，他の組織によるドメイン・コンセンサスの侵害が起こります。自社の事業領域に関して統一できていないのです。したがって，いかにして組織の事業領域について他組織に再認識させるかが問題となります。

8）衰退3期では，他の競争組織から神話が脅かされている状況にあります。ここでは，いかにして神話を復活させるかが問題となります。

9）衰退4期では，組織は有効な環境精査能力を失ってしまう状況にあります。ここでは，いかにして，環境精査能力を復活させるかが問題となります。

10）最後の衰退5期では，基本的な資源確保ができなくなっている状況です。ここでは，希少資源の確保が問題となります。

こうした，組織間問題の変化に応じて，それに対応するための組織間形態も異なってきます。たとえば，発生初期段階にある企業の場合は，成熟した段階にある組織とのフランチャイズ契約の締結や，長期的契約を締結したり，合併などが有効な組織間関係となります。一方，成熟段階にある企業の場合は，新しい企業とのフランチャイズ契約（この場合フランチャイザーとなる）や長期的契約，合併，スピン・オフ，分社化などを行うことが有効となります[13]。

注

1) 佐々木（2005）31頁。
2) 各務（1999）25-26頁。
3) Pfeffer and Salancik（1978）；山倉（1993），93-116頁；各務，前掲稿，26-29頁。
4) 佐々木（1990）1-24頁。
5) Evan（1972）．
6) Pfeffer and Salancik, op.cit.
7) 山田（1996）。
8) DiMaggio and Powell（1983）．
9) Williamson（1975）．
10) Douma and Schreuder（1992）．
11) Berkowitz（1982）．
12) Burns and Mauet（1984）．
13) Aldrich and Auster（1986）．

● Column 7　企業間の協力のしかた

　企業間ネットワークをうまく形成していくには，パートナー企業と末長く協力関係を形成する必要があります。協力の方法には，動機的協力と構造的協力の2つの方法があります。

　動機的協力は，パートナー同士が，将来に向かって明るい展望を共有することで自然と湧いてくるものです。一方，構造的協力は，パートナーが裏切らないように，制裁を加えることによって無理矢理協力関係を形成しようとするものです。

　国際合弁企業を対象とした実証研究結果によれば，動機的協力のほうが構造的協力よりも，国際合弁の安定性に寄与することがわかりました。人間関係に限らず，企業間関係においても，明るい未来像を互いに共有することが，良好な関係を形成する秘訣であることに違いはないようです。

　参考：牛丸元（2007）『企業間アライアンスの理論と実証』同文舘出版。

第15講 企業間ネットワーク

　1990年代に入り，企業間関係をネットワークとして捉えようとする，企業間ネットワークあるいは組織間ネットワークと呼ばれる研究領域が生まれてきました。この背景には，企業を競争的で排他的な存在としてみるのではなく，戦略的提携の増加にみられるように，むしろ協調的で依存的な存在としてみることの現実妥当性が高まってきていることがあげられます。競争の激化，急速なグローバル化，組織学習の高速化に対応するためには，競争しつつも協調しなければその維持・成長が困難な時代に突入してきたのです。

1 企業間ネットワーク分析とは

　企業間ネットワーク分析は，グラフ理論の研究成果を分析ツールとして応用した社会ネットワーク分析と，グラフ理論から派生した複雑ネットワーク分析の2つをベースとして成立しています。現在では，社会ネットワーク分析と複雑ネットワーク分析は相互補完的になっていて，両者の距離は接近してきています。

(1) 社会ネットワーク分析

　社会ネットワーク分析には，さまざまな系統がありますが，その多くはソシオメトリー (sociometry)，ハーバード大学研究，マンチェスター・アンソロポロジスト (Manchester anthropologist) といった3つの研究系統に立脚しており，その後ハーバード大学でブレイクスルーが起こり，今日に至るとされます[1]。初期の成果として，グラノベッターとリーが有名です。

　グラノベッター[2]は，人々の転職における職探しについて考察しました。

それによれば，就職に関する情報ネットワークにおいて重要なのは，家族や親友，同僚といった強い紐帯（strong tie）からの情報ではなくて，むしろ普段はあまり会わない人から，すなわち弱い紐帯（weak tie）からの情報でありました。このことから，情報の伝達速度といった点については，ネットワークのホモフェリー性（homophery：似たもの同士）が重要であるものの，有益性といった点についてはヘテロフェリー（heterophery：異質な者の集まり）が有効であることがわかったのです。

次に，リー[3]は，中絶が違法であるところにおいて，どのようにして中絶希望者が医師とコンタクトをとるかについての調査を行いました。その結果，最も重要なチャネルは，同年齢の女性であること，平均5.8人にアプローチし情報を得ようとしていること，そのうち多くのコンタクトは医師にたどりつくことができない行き止まり状況であり，成功したものは，平均2.8の長さ，すなわち2.8人を介在して医師にたどり着いていることがわかりました。こうしたハーバードにおける研究が現在の社会ネットワーク分析の基礎となっています。

（2）複雑ネットワーク分析

ネットワーク研究には，社会ネットワーク分析以外に，複雑ネットワーク（complex network）と呼ばれる研究領域があります。これは複雑系（complex system）の研究と数学の一領域であるグラフ理論から派生したものであり，自然科学者が発展させた領域です。

複雑ネットワークによる社会ネットワーク分析への貢献は，社会ネットワークのスモールワールド性とスケールフリーを発見したことにあるといえます。スモールワールドとは，世間は狭いというよくいわれていることを実際にネットワーク理論により明らかにしたものです。ミルグラム[4]は，見知らぬ任意の2人の間での手紙を届けるには何人の人を中継すればよいのかという世界規模での実験を行いました。その結果は，平均6人でした[5]。また，スケールフリーとは，多くのネットワークの次数分布がべき乗になるという性質を指します[6]。

2 ネットワーク分析の構成概念[7]

(1) ノードとリンク

　グラフ理論では，ノード（node）あるいはアクター（actor）と呼ばれる点と，リンク（link）もしくはライン（line）あるいは紐帯（tie），エッジ（edge）と呼ばれる線によってグラフが描かれます。グラフは，ソシオメトリーではソシオグラムと呼ばれます（図表15-1）。

　ノードとは半自律的でネットワークの創造とパワーをもつ意思決定単位です。企業間のネットワークにおいては企業が，従業員のネットワークにおいては個々の従業員がノードに相当します。リンクとはそれらの相互作用により生まれる長期的な連結関係です。何をもって連結しているかについては，研究目的によって異なります。このグラフ（ソシオグラム）によって，誰と誰が相互作用関係にあるのかという社会のネットワークが把握できるばかりでなく，ネットワーク全体の稠密性を示すクラスター（cluster）や，サブネットワークであるクリーク（clique），ネットワークの中心であるスター（star），ならびに，複数のクラスター間の仲介役であるリエゾン（liaison），どのノードともやりとりのない孤立者などを把握することができます。

(2) 無向・有向グラフとソシオマトリクス

　無向グラフとは，リンクに方向性がない場合を意味し，有向グラフとは，リンクに方向性がある場合を意味します。方向性の有無の判断は，研究目的によって異なります。たとえば，企業同士の株式所有の問題などで，持ち合う方向が問題視される場合にはグラフに方向性をもたせることになりますが，株式を単に所有関係があると判断するだけのものであれば無向グラフで表現されることになります。一般的には，グラフ理論では，ノード間のつながり方の有無を行列によって表現します。これをソシオマトリクス（socio matrix）もしくは隣接行列（adjacency matrix）と呼びます。ノードが隣接して

Part3 企業のネットワーク化

図表15-1 ソシオグラムの例（有向グラフ）

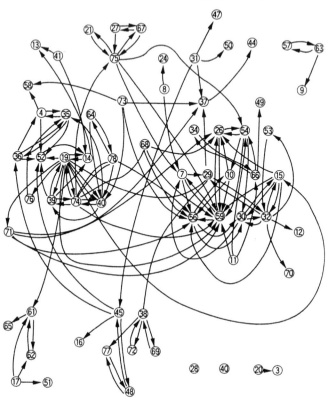

原出所：Allen (1979) p.154．
出所：榊原 (2002) 63頁，図Ⅱ-2。

いる場合は1，隣接していない場合は0で表現されます。無向グラフの場合は対称行列になりますが，有向グラフの場合は非対称行列となります。

(3) 次数と次数分布

　隣接するノードの数のことを次数（degree）と呼びます。無向グラフの場合は，隣接するノードの数を次数として計上することができますが，有向グラフの場合は，出次数（out degree）と入次数（in degree）の2つを考える必

要があります。出次数とは、任意のノードから隣接するノードへ出ていくリンクの数です。入次数とは隣接するノードから任意のノードに入ってくるリンクの数です。

次数分布とは、ノードごとのリンクの分布で、一般的には線形グラフと両対数グラフで可視化します。社会ネットワーク構造におけるスケールフリーの発見は、すなわち、べき分布になっているとの発見は、次数分布の両対数化における近似曲線の傾きを求めることで明らかになったものです。

(4) 平均経路長

重複する線が1本もないリンクのことをパス（path）といい、パスに含まれるリンクの数をパスの長さ（length）といいます。したがって、長さとは物理的な長さのことを意味するものではありません。任意の2つのノード間を結ぶ最も短いパスを測地線（geodesic distance）といい、そのネットワーク全体での平均のことを平均経路長と呼びます。これは、隣接行列から距離行列を求めることで算出することができます。

社会ネットワークがスモールワールドになっているという発見は、平均経路長を求めることで明らかになったものです。

(5) 中心性（centrality）

各ノードのネットワークにおける中心の程度もしくは末端の程度を測定する指標であり、主として5つの測定方法があります。

1) 次数（degree）による中心性
各ノードがネットワークの中でいくつのノードと直接つながっているのかを計測し、その数が多いほど中心性が高いとします。無向グラフの場合は、各ノードの次数が中心性となります。有向グラフの場合は入次数だけか、出次数だけか、もしくは合計数を中心性とします。

2) 距離（path length）による中心性
各ノード間の最短距離をパス長で測定し、最短距離（測地線）の合計で、

ネットワーク内の当該ノードを除くすべてのノード数で割り測定します。数値が小さいほど中心性は高くなります。最短距離でメッセージを伝達できるノードが，最も中心的となります。ただし，孤立点があったり，有向グラフを扱う場合に，距離が計測不能になることがあるという欠点が存在します。

3）媒介性（betweenness）による中心性

あるノードが他のノードとの関係をどのように媒介しているのかによって測定する方法です。情報伝達のハブとなるようなノードほど中心性が高いとします。潜在的な情報の統制力や切断点（cut point）がどこにあるのかを知ることができます。

4）ボナチッチ（Bonacichi）中心性

中心性の高いノードと結びついているノードの中心性が高くなるようにして，中心性を測定します。次数による中心性の欠点を補ったものです。次数による中心性の場合は，リンクするノードの重要性については考慮しませんでしたが，これを固有ベクトルを求めることによって測定したものです。ボナチッチは人名です。

5）情報中心性（information centrality）

情報量の多寡によりノードの中心性を測定する方法です。情報は測地線上を経由して流れるばかりでなく，他のパスを経由することが考えられます。したがって，測地線上のノードをすべて同等に扱うのではなく，隣接するノードを多く有するノードとの関係を重要視して，ウェイトづけし測定したものです。媒介中心性の欠点を補ったものといえます。

（6）構造同値，構造的空隙，構造的拘束

構造同値（structural equivalence）とは，あるノードと複数のノードとのリンクの仕方がまったく同一である場合のことをいいます。構造同値にあるノード同士は，ネットワーク上におけるポジションに独自性がない，すなわち他のポジションとの差別化を図ることができないことから，競争関係が生じやすいとされます。

構造的空隙（structural hole）とは，ネットワーク内部において，当該ノー

ドと他のノードがどの程度構造同値であるか，当該ノードと関係する他のノードとがどの程度結束しているのかによって決まります。構造的空隙を多く有するノードは，他のノードに対して優位な立場にあり，交渉におけるパワーを有し，行動の自由度も高くなります。これは，ネットワークにおいて関係が欠落していたり，希薄な部分をリンクさせることにより獲得される利得が存在するためです。

構造的拘束（structural constraint）とは，構造同値とは逆に，拘束される程度のことを指します。

（7）クラスターとクラスター係数およびネットワーク密度

クラスターとは，3つのノードがリンクによって直接結合し三角形を形成している状況を指します。クラスター係数とは，このクラスターの程度であり，係数が高いほどネットワークの緊密性は高いと解釈されます。各ノードのクラスター係数とは，各ノードが形成するクラスターの数を当該ノードがとり得る可能なかぎりのクラスターの数で除して求められます。ネットワーク全体のクラスター係数は，各ノードのクラスター係数の平均です。スモールワールドの条件の1つは，このクラスター係数が高いことにあります。クラスター係数同様にネットワーク全体がどの程度緊密であるかを示す指標として，密度（density）があげられます。これは，ネットワーク内に存在する実際のリンク数を理論上最大のリンク数で除して求められます。

（8）クリーク

クリークとは，ネットワーク内で直接に連結し合うノードの集合体のことを指します。ノードの凝集性に着目したものです。一般的には，ネットワークが大きくなるほど，全体的なノード間の関係は希薄化してくる一方で，特定のノード同士が強いつながりをみせるようになります。一般的には，ノードが5以上，密度0.8以上のまとまりをクリークとして抽出します。

クラスターがネットワーク全体の緊密性を示す概念であるのに対し，クリークはクラスターの程度が高いサブネットワークのかたまりといえます。

(9) ブロック

　クリークが，内部の緊密性を基準にしてグラフの中の下位集団を探す方法であったのに対し，ブロックは，小集団の外部のパターンに注目し，構造同値のノードをグループ化したものです。したがって，ノード同士がリンクしていることに注目するクリークとは異なり，まとめられたノードはばらばらです。まとめられたノードとそれ以外のノードとの関係をみるもので，リンクの集まりの類似性に注目したものといえます。これにより，複雑なグラフを単純化することが可能となります（図表15-2）。

図表15-2　概念図（構造同値, 構造的空隙, ブロック, クリーク）

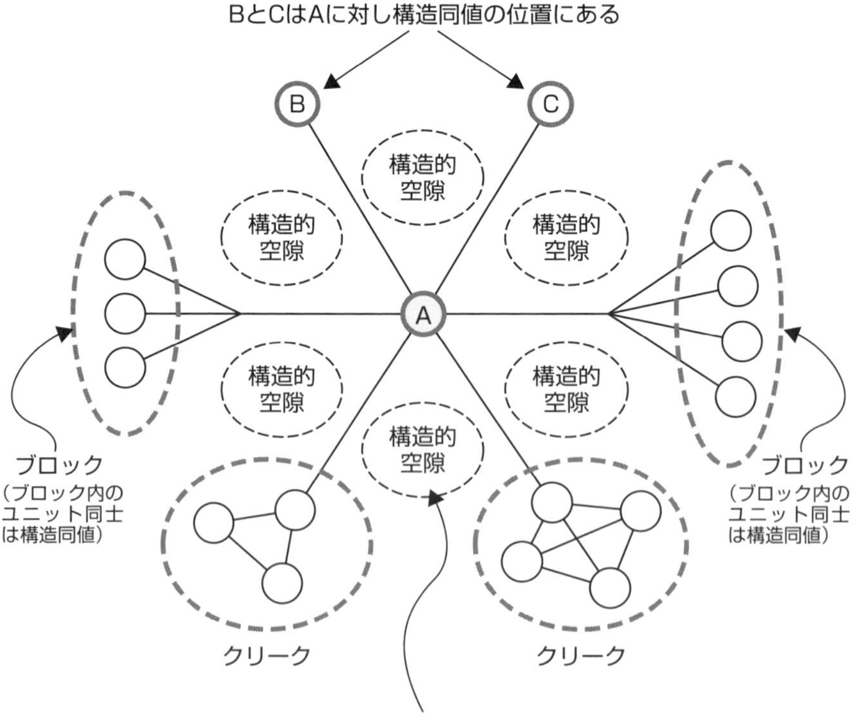

BとCはAに対し構造同値の位置にある

ブロック（ブロック内のユニット同士は構造同値）

クリーク

Aは，構造的空隙を数多く有する位置にいる。

3 日本における企業間ネットワークの研究例

　日本における企業間ネットワーク研究を概観すると，それらは，企業系列や財閥といった企業集団に関する研究と，産業クラスターに代表される企業集積に関する研究からなっています。ただしそれらの研究の大半は，ネットワーク分析を用いたものではありません。ここでは，ネットワーク分析の技法を用いて，企業間ネットワークを分析した典型的な研究を紹介します。

1）トヨタの兼任役員ネットワーク

　トヨタ・グループを対象とした兼任役員に基づく企業間ネットワークの分析では[8]，グループ各社の位置づけおよびその影響力とサブグループに関してネットワークの中心性が測定されました。その結果，第1にトヨタ自動車工業は統合化した利害グループの中核企業であり，グループ活動では中心的な役割を果たしていること，トヨタ・グループの中から9社のサブグループが，役員兼任関係における中心的役割を果たす部分であることなどが明らかにされました。

2）旧六大財閥の兼任役員ネットワーク

　旧六大財閥を対象とした，兼任役員に基づく企業間ネットワークでは，支配中心性と情報中心性ならびにネットワーク密度が計測されました[9]。その結果，各集団とも，銀行が支配と情報の両面からみて他の企業より抜群に中心性が高いこと，役員の兼任は支配権を行使するよりも情報交換の目的で利用されている可能性が高いこと，俗にいわれる「組織の三菱」「人の三井」「結束の住友」という定評の妥当性が相当程度高いことなどが指摘されました（図表15-3，15-4参照）。

3）産業クラスターのネットワーク分析

　近畿広域経済圏の医療関連産業と北部九州広域経済圏の半導体産業といった地域クラスターのネットワーク分析では，主として次の5つが明らかにされました[10]。

Part3 企業のネットワーク化

図表15-3 三井グループ内の兼任・派遣ネットワーク

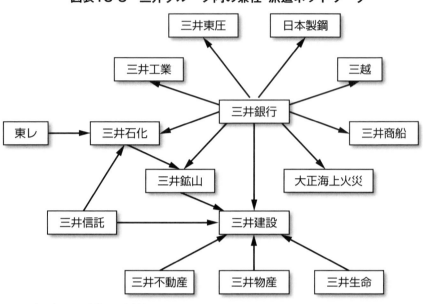

注：汪（1991）33頁，付録3の資料を元に作成。
出所：沼崎（1994）101頁，図表4-5。

図表15-4 三井グループのブロックモデル

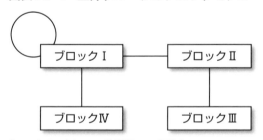

ブロックⅠ：東レ，三井銀行，三井鉱山
ブロックⅡ：三井石化，三井建設
ブロックⅢ：三井信託，三井不動産，三井物産，三井生命
ブロックⅣ：三井東圧，日本製鋼，三井工業，三越，
　　　　　　三井商船，大正海上火災

注：汪（1991）33頁，付録3の資料を元に作成。
出所：沼崎（1994）103頁，図表4-6。

① 両地域のネットワークがスモールワールドネットワークの特性を備えている。
② 両ネットワークの内部には大小さまざまなグループ化された集団（モジュール）が多数存在しそれらが緩やかに結びついた構造をもっている。
③ 近畿の医療関連産業では同業種に属する企業群が横に緊密な結合をしてモジュールを作る一方で，北部九州のシステムLSI等の半導体産業では中核メーカーごとの縦系列のモジュールと横の連携が混在しており，両者のアーキテクチャの違いがみられる。
④ 広域経済圏単位でネットワークの一体性が高い。
⑤ ミクロ的な分析として主要なノードに着目すると，産業分野の中核企業・研究大学・商社等がネットワークの中心的な位置づけ（コネクターハブ）を占めている。

4）地域産業ネットワークの比較

長野県諏訪地域における岡谷市，諏訪市，下諏訪町のネットワーク構造に関する研究では[11]，企業が密接に連携し合い1つのネットワークを形成しているのか，それともそれぞれ地域ごとに独立したネットワーク形成しているのかが分析されました。その結果，岡谷市では積極的な水平的ネットワークが形成されているのに対し，諏訪市や下諏訪町では十分な水平的ネットワークが形成されていないことが明らかとなりました。

5）上場企業のネットワーク分析

日本の上場企業3,700社の取引関係ネットワークの分析では，主として次の4点が明らかになりました[12]。
① 企業間の取引関係ネットワークの平均距離は3.36〜5.36であり同規模の社会ネットワークよりも小さい。
② クラスタリング係数は0.072でありノードがよりグループ構造を形成している。
③ べき指数2.06のスケールフリー構造を有している。
④ ネットワークの構造優位性は，企業の株価指標および収益財務指標と大きく関係している。

6）企業業績とネットワーク

　東京都区部のネット企業を対象としたネットワーク分析の結果，主として次の4点が明らかにされました[13]。

① 　東京都区部にはネット企業の集積がみられ，インターネットバブル後もこれらの企業の業績は好調である。

② 　これらの企業の間には，役員，投資家，取引銀行，仕入先企業および販売先企業を媒介とした企業間ネットワークが形成されているものの，こうした企業間ネットワークは企業業績に寄与していない。

③ 　成長性（売上高増減率）の高い企業とは，1999年以降設立された若い企業で，投資家によって媒介された企業間ネットワーク内において媒介性が高い（媒介性が1以上）企業である。

④ 　収益性（当期利益増減）の高い企業とは，6社以上のネット企業に投資を行っている投資家から投資を受けており，資本金が19億7,300万円超である企業である。

7）産業間ネットワークの分析

　安田[14]は，企業間のネットワークを産業間のネットワークに捉えなおし分析しました。その結果，主として次の2点を明らかにしました。

① 　日本の産業においては，ネットワーク優位性（ネットワーク間の構造優位性）の高い産業は，鉄鋼業，金融，保険業であり，ネットワークの優位性の低い産業は，農業，原油業，石炭業である。

② 　産業間ネットワーク内で有利な地位を占めている産業は，不利な地位を占めている産業よりも相対的に高い利益率である。

注

1） Scott（1991）.
2） Granovetter（1974）.
3） Lee（1969）.
4） Milgram（1967）.
5） Watts and Strogatz（1998）はこれを定式化することで，スモールワールド性を明らかにした。

6) Barabasi and Albert (1999).
7) 本節では安田（2001）ならびに金光（2003）に従い，ネットワーク分析に使用される概念を紹介する。
8) 佐藤（1988）。
9) 汪（1992）。
10) 坂田他（2006）。
11) 林・潮村・中嶋（2005）。
12) 杉山他（2007）。
13) 湯川（2004；2005）。
14) 安田（1996）。

Column 8　しっぺ返し戦略

　企業間関係においてとられる戦略を大別すると，協調戦略と競争戦略（裏切り戦略）に分けることができます。アクセルロッドは，コンピュータ・プログラム選手権を開催し，14人の研究者たちから協調と競争の組合せからなる14の戦略とランダムな戦略の15の戦略同士を戦わせ，1試合で200回ずつ総当たり戦を行って，その得点を競いました。

　その結果，「しっぺ返し」と呼ばれる，協調型の戦略が最も高い得点を獲得しました。これは，相手が何であれ最初は協調し，その後は相手がとったものと同じ戦略を選ぶというものでした。一方，「JOSS」と呼ばれる競争型（裏切り型）の戦略は，15戦略中12位でした。全般的に，協調型の戦略が競争型の戦略よりも高い得点を獲得する結果となりました。

　その後の実験研究においても，この傾向に変わりはみられませんでした。これらの実験結果を総合して，アクセルロッドは，競争戦略（裏切り戦略）の中にあっても協調戦略をとる戦略を有する企業が自社以外に1つでもあれば，互いに協力し合って生き延びることができることを証明しました。

　アクセルロッドの実験結果は，企業間関係において協力し合うことの重要性を教えてくれるものとして参考になるでしょう。

参考：Axelrod,R.(1984)　*The Evolution of Cooperation*, Basic Books.
　　　（松田祐之訳『つきあい方の科学』ミネルヴァ書房，1998年）

第16講 戦略的提携とネットワーク

　第12講から第15講でみたように，企業は単独では存続しえないがゆえに，他の企業と何らかの企業間関係を結びます。その大規模な形は，日本においては財閥として出現し，その後は，さまざまな企業集団，企業系列が現れました。今日では，企業集団や系列の枠組みを超えた企業間ネットワークが拡大してきています。

　さらに，現在の急速な企業間ネットワークの拡大は，単に国内だけに留まるものではなく，国際的なレベルでなされるようになってきています。しかも，今までにはみられなかった同業種に属するライバル関係にある大企業同士が協力する，戦略的提携といわれる企業間連携の増加がネットワークの拡大に大きく寄与しています。戦略的提携は単なる従来の提携とは異なる性質を有しています。戦略的提携によって形成されたネットワーク・グループ同士の戦いが重要になってきています[1]。したがって，これからの企業にとって，戦略的提携をうまく使いネットワークを構築していくことが非常に重要になってきているのです。

1 戦略的提携の概要

（1）提携の一般的定義

　一般的な提携の定義は，合併とまではいかないものの事業のいろいろな面で結びついた，長期にわたる正式な企業間の友好関係であるとされ，合弁，部分的株式所有，ライセンシング，共同研究開発などから成る幅広い企業間の関係を含みます[2]。

図表16-1　資源・能力の獲得方法

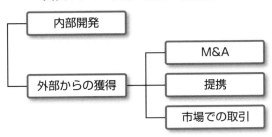

出所：桑嶋（1996）108頁, 図1。

　企業の資源獲得方法には，内部開発と外部からの獲得の2つの方法があります。外部からの獲得方法には，M&A（合併・買収），提携，市場取引の3つがあります。提携は，この外部獲得方法の1つですが，これはさらに，従来型の提携と戦略的提携に分かれます（図表16-1）。

　戦略的提携と従来型提携にはどのような違いがあるのでしょうか。実は両者の概念については研究者によってまちまちで，新聞等での報道においても統一性はみられません。しかし，一般的には広義の意味で使われる場合と，狭義の意味で使われる場合の2通りがあるようです。

（2）広義の戦略的提携

　広義の戦略的提携は，企業戦略の手段として組み入れられ，戦略上重要な位置づけにある提携のことを指します。旧来からよく行われてきた技術提携のようなものは，企業経営の進行途中で必要に迫られて提携話が出てきたり，その場かぎりのもので長期的計画の中で築かれたものではなかったり，経営資源を割り当てる際に最初から予定されたものではないことから戦略的提携とは呼びません。戦略的提携の条件として以下の5点があげられます[3]。

① 提携事業が主要事業の1つとして優先的に企業の経営計画の中に組み込まれる。
② 特定の提携プロジェクトが事業計画の中に戦略的に組み込まれる。
③ トップ・マネジメントの役員が政策的な関与を行い，提携の意思決定

にも直接関与する。
④　自社の経営資源能力と配分を長期的な観点からみる提携計画である。
⑤　提携が戦略的に計画され練られたもので経営に大きく影響を与える。

(3) 狭義の戦略的提携

　狭義の戦略的提携は，水平的・ライバル関係にある企業との提携といった意味で使われています。これらは，近年になってみられはじめたものであり，従来の提携パターンとは異なっています。

　従来型の提携は，垂直的な関係にある企業同士の提携が主たるもので，日本企業が採用してきた方法です。ここでいう垂直的とは，単なる生産・流通過程の川上と川下というばかりでなく，大企業と小企業，売り手と買い手，先端技術企業と後発企業といった力関係の上下関係も含みます。系列取引などは，この従来型提携に入ります。この従来型提携は，日本においては70年代に多くみられました。日本企業は，欧米企業からの技術供与などによって製品を大量生産し販売する，もしくは，OEM生産することで規模の生産性を最大化し，コスト優位性を実現していました。コスト優位性の実現のためには，短期ではなく長期の提携が有効でした。また，企業間の取引は補完的であり，敵対的関係はみられませんでした。日本企業がアジア企業と結んでいる関係がこの従来型提携です。

　戦略的提携は，80年代からみられるようになり，技術提携を中心に90年代以降急速に重要性を増してきました。これは，大企業同士，技術開発先進企業同士，売り手企業同士，買い手企業同士といった競合企業同士の水平的な提携であり，企業間の熾烈な生き残り戦略の手法であるといえます。現在の提携関係の半数以上が競争企業同士の提携であり，業種別では，航空会社，エネルギー，ヘルスケア産業で7割近くもしくはそれを超える割合の提携が競争企業間でなされていることが報告されています[4]。現在の日本企業が欧米企業と結んでいる関係がこの戦略的提携です。競合企業同士が手を結ぶという新しいタイプの提携です。

（4）一般的効果

戦略的提携は企業に次のような効果をもたらします[5]。
① リスクの分散：新事業への投資におけるリスクやコストを分散できる。
② 規模の生産性：企業が個別に事業運営していてはできない規模の経済によるコスト優位を，提携することによって実現できる。
③ 資源へのアクセス：新たな業界もしくは業界内のセグメントへ進出することが可能になる。
④ ネットワーク競争への対応：自社に優位な競争環境を創り出すことが可能となる。たとえばハイテク分野での規格競争で，自社技術を標準化しなければならないときは，提携をとおしてパートナー企業に自社企画や技術を採用してもらうことで，有利な競争環境を創出できる。
⑤ 競争からの学習：競争企業から重要なスキルや能力を学習することで競争力の強化を可能にする。戦略的提携の効果として特にこの学習効果が大きな意味をもつとされる。

2 プロダクト・イノベーションと戦略的提携

　戦略的提携は，共同開発などのイノベーションが要求される分野において，急増しています。それでは，イノベーションと戦略的提携はどのような関係があるのでしょうか。
　アバナシー[6]は，イノベーションをプロセス・イノベーションとプロダクト・イノベーションに分けています。
　まず，プロセス・イノベーションとは製造工程の革新のことであり，製品をいかにして高品質で廉価なものに仕上げるかということにかかわっています。トヨタ自動車のかんばん生産方式にみられるような，各生産単位間の安定した関係に必要とされます。一方，プロダクト・イノベーションは製品革新のことであり，いかに優れた製品をつくるかにかかわっています。製品開

発単位間の関係は多様であり，連続的な関係は必ずしも必要とされません。

　両者を比較すると，プロセス・イノベーションには従来型提携が有効であり，プロダクト・イノベーションには戦略的提携が有効であることがわかります。従来型提携は長期的で友好的な垂直的企業間関係ですから，安定した部品提供が望まれ製品の高品質化を実現できます。また，安定した販売ルートとの関係は大量生産とコストダウンを可能にします。一方，戦略的提携は競争企業間同士の短期あるいは短期の反復的・連続的関係ですから，多様な知識の接触がおこり斬新なアイデアを生み出すことにつながります。このようにイノベーションのタイプは，提携のタイプと密接な関係があることがわかります。

　アバナシーは，このプロセス・イノベーションとプロダクト・イノベーションにはトレード・オフ的な周期関係があることを指摘しています。すなわち，製品開発初期にはプロダクト・イノベーションが盛んだが，ドミナント・デザインが確立されるとプロセス・イノベーションが盛んになり，それらが新製品の出現によりサイクル的に生じるというものです。現在では，消費者ニーズの多様化とグローバル化により製品の陳腐化が早くなっています。企業は製品のドミナント・デザインの確立に向けて試行錯誤を続けている状況です。ドミナント・デザインが決まるまで，さまざまな製品が出現し素早く消滅する状況にあります。

　こうしたライフ・サイクルの短縮化現象が今日の技術市場環境をきわめて不確実なものにし，それが企業の収益悪化と製品開発スピードに拍車をかけています。市場はまさにプロダクト・イノベーションを要求しているといえます。もちろん，プロダクト・イノベーションを自社独自で行うことは，技術情報の漏洩防止という点からみても好ましいのですが，収益の悪化と製品開発のスピードの速さが，単独開発を不可能なものにしています。企業にとって，プロダクト・イノベーションの実現という目的性質上，戦略的提携が不可欠となります。近年の日本企業の提携関係が，生産・販売提携から製品開発等の技術提携にまで拡大してきているのもこうした理由によります。

　こうしたライフ・サイクルの短縮化は日本企業にとって大きな意味をもち

ます。周知のとおり，従来の日本企業のビジネス・モデルは，欧米の先進技術をいち早く製品化し，それを開発企業以上に高品質で廉価なものに仕上げ大量に販売するといったものでありました。日本企業は，プロセス・イノベーション重視の戦略を採用することで競争優位を築いてきたのです。しかしこれが有効なのはライフ・サイクルが比較的長期な場合であって，有効性に限界があります。また，生産重視の既存資源をベースにして新製品という，まったく新しい知識集積を生み出すことは難しく，既存の資源と外部資源との触発関係が望まれます。戦略的提携はプロダクト・イノベーションが求められる今日の日本企業にとって，非常に重要な戦略ツールなのです。

3 製品アーキテクチャと戦略的提携

提携の在り方は，製品アーキテクチャによっても異なってきます。製品アーキテクチャとは，製品の構成要素をどのように分解し，どのようなルールで結合するかについての，基本設計構想（core design concept）のことです[7]。インテグラル型とモジュラー型の2つに分けられます[8]。

インテグラル型は，すり合わせ型とも呼ばれ，個々の部品間を細かく調整して，1つの製品にしていくというものです。製品構成要素間の相互作用が大きく，1つの部品を替えただけで，全体の設計を考え直さなければならなくなる場合もあります。乗用車やオートバイ，軽薄短小型家電などが代表例です。メリットとしては，製品が全体に最適化されていることや，模倣が困難であることがあげられます。デメリットとしては，ある部品だけ独自に進化することが困難であることや，調整コストがかかることがあげられます。

モジュラー型は，組み合わせ型とも呼ばれ，部品はそれ自体がある一定の機能を果たすモジュールといわれるものから成っており，モジュール同士が，インターフェイスで連結することによって，1つの製品となっているものです。インターフェイスが標準化されているほど，モジュールを自由に連結し，独自の製品を開発することができます。パソコンやパッケージソフト，自転

車などが代表例です。メリットとしては，モジュールの組み合わせが容易で多様な製品ができることや，モジュールの進化によって製品も進化すること，インターフェイスが標準化されるほど開発スピードが速くなることがあげられます。デメリットとしては，製品に無駄が多いことや，インターフェイスの進化に時間がかかることなどがあげられます。

近年，デジタルテクノロジーの発展により，今までインテグラル型であった製品のモジュラー化が進んでいます。モジュラー型の製品をつくっている産業では，クロックスピードが短縮化してきています[9]。クロックスピードには，製品のクロックスピード（モデルチェンジ），プロセスのクロックスピード（製造装置やプロセス，新製造技術の導入），組織のクロックスピード（組織のリストラクチャリング，M&A，新しいマネジメントの導入）の3つがあります。モジュラー型産業では，インテグラル型産業に比べ，これら3つが非常に速くなってきています。たとえば，インテグラル型産業の代表である鉄鋼や造船のクロックスピードは20年から100年ですが，モジュラー型産業の代表である半導体やPC産業では，半年から2年と非常に短くなっています。

こうした，クロックスピードの速いモジュラー型の産業では，自前の知識や自社開発だけでは，巨大企業といえども単独でイノベーションを成功させることはできません。成功には，他者の知識や共同開発を積極的に取り入れる手法であるオープンイノベーションが必要とされます[10]。オープンイノベーションでは，時には敵味方関係なく提携を組むことで素早く製品や技術を開発・流通させるといった戦略的提携を幾重にも柔軟に行い，企業間のネットワークを構築していくことが重要です。そうした中で構築されたネットワークでは，常時新規企業の探索を行うことでイノベーションに必要な異質な情報を獲得するとともに，その情報を効率的に得るためにも，自らがブリッジ役となるようなポジションにいることによって大きなメリットを得ることができます。モジュラー型の産業では，弱い企業間関係（関係的埋め込みが弱い）によって異質な情報を獲得すると同時に，疎な企業間構造（構造的埋め込みが弱い）によって効率的に情報を獲得するといった特性をもつネットワークが必要といえます。PC産業や携帯電話産業などにみられる，企業間関

係はその代表的なものです。

　一方，インテグラル型の産業は，すり合わせによるモノづくりをしますから，部門間の長期的関係形成が重要です。パートナー同士がすぐに入れ替わることは，むしろモノづくりにはマイナスに働きます。こうしたインテグラル型に合ったイノベーションは，クローズドイノベーションと呼ばれ，垂直統合の程度を高めることによって企業間関係を緊密にしイノベーションを実現しようとします。従来からみられる垂直的提携関係にみられるイノベーションです。自動車産業の組み立てメーカーと部品メーカーとの関係はその代表的なものです。インテグラル型の産業では，強い企業間関係（関係的埋め込みが強い）によって関連情報を緊密にやりとりすると同時に，密な企業間構造（構造的埋め込みが強い）によってあらゆる方向から情報をやりとりするといった特性をもつネットワークが必要といえます。

　このように，製品アーキテクチャと戦略的提携ならびに企業間ネットワークとの間には，一定の関係がみられるといえるでしょう。

4 戦略的提携のマネジメント

　戦略的提携が重視されるのは，従来から市場・資源獲得の有効な戦略手段として用いられてきたM&A方式では，スピードが要求される激しい環境変化についていけなくなってきたという実態面からの理由を指摘することができます。現在の激しい環境変化のもとでは，今日のニッチ市場が明日のニッチ市場になっているとは限らなくなってきているのです。また，今日獲得した重要資源が明日の重要資源とは限らなくなってきています。企業には，ニッチ市場や重要資源を内部化するだけではなく，自ら市場や経営資源を創出することが不可欠となってきています。戦略的提携は，M&Aに代わってこうした要件を満たす重要な経営戦略手法として注目されてきているのです。

　しかし，戦略的提携には大きな問題点があります。それは，パートナー関係が不安定で，常にパートナーが裏切る可能性があるという点です。戦略的

提携を行っている企業の50％以上が提携先企業の目的を満たしておらず，期待されたほどの成果を収めていないことや，提携関係が不安定なものであるという報告があります[11]。また大半の提携が学習し進化することなく，3年以内に危機的な状況に陥ってしまうという指摘もあります[12]。日系国際合弁企業1,281社を対象に行った生存時間分析によれば，戦略的提携（水平的提携）の方が従来型提携（垂直的提携）よりも，有意に生存時間が短く不安定であるという報告もあります[13]。

　ではなぜ，戦略的提携は不安定なのでしょうか。その理由として，パートナー関係が囚人のジレンマに陥っていることがあげられます[14]。

　囚人のジレンマの基本的性質は，互いに協調し合った方が得をするにもかかわらず，どちらか一方が競争した（裏切った）ときの利得が高いために互いに競争して（裏切って）しまい，結局，双方とも低い利得しか獲得できないというところにあります。

　たとえば，競合関係にある2つの企業AとBが共同開発（戦略的提携）を行うと仮定します。そこでは，互いに研究成果を正直に提供し合うか（協調），重要な情報については秘匿しておくか（競争＝裏切り）といった2つの戦略があるとします（図表16-2参照）。協調し合った場合は双方とも3，競争した（裏切った）場合は双方とも1，どちらか一方が協調して一方が競争した場合は，協調した方が0，競争した方が5の利得を獲得するとします。双方とも相手がどのような戦略をとるのか事前にわからないとすると，リスク回避的な企業であるならば，とりあえずは競争して（裏切って）おけば，最低でも1，うまくいくと5の利得を獲得できるので，双方とも競争戦略（裏切り戦略）を選択してしまい，結局利得は1にとどまることになります。このように，囚人のジレンマの場合，両企業とも協調した方が，双方競争する（裏切る）よりもより高い利得を獲得できることになるのに，どうしても競争（裏切り）を選択せざるを得なくなってしまい低い利得にとどまってしまうというジレンマに陥るのです。協調すれば3の利得を獲得できるのに，実際は1にとどまってしまう。これが，囚人のジレンマの基本性質です。

　こうした囚人のジレンマの基本性質は，1回かぎりでも1,000回でも，有

図表16-2　囚人のジレンマの利得表例

	協調	裏切り
協調	R=3, R=3	S=0, T=5
裏切り	T=5, S=0	P=1, P=1

注1：T＞R＞P＞S
注2：R＞（T+S）/2
注3：R=報酬，S=お人よし，T=裏切りへの誘惑，P=微罪
出所：Axelrod（1984）（邦訳，8頁）

限回であるかぎりは変わらないとされます。協調するよりは競争した（裏切った）方が一方の利得が高くなるため，双方とも競争し（裏切り）合い，互いに低い利得にとどまるのです。有限回では，最終回に競争した（裏切った）としても，後々のことを考える必要がないので，双方とも協調しようとはせずに，競争する（裏切る）ことを選択してしまうのです。したがって，どんなに付き合う回数を増やしても，有限回である以上は最初から最後まで競争する（裏切る）ことが最善の戦略となってしまうのです。

　有限回では競争戦略（裏切り戦略）を選択した方が得をするが，無限回ではある一定の条件を満たせば，双方とも協調戦略を選択した方が得をすることがあります。これは，フォークの定理として一般的に知られています。フォークの定理によれば，将来の価値を現在価値に割り引く割引率が十分高ければ，競争戦略（裏切り戦略）を選択するよりも互いに協調戦略を選択した方が得であることが明らかにされています。図表16-2の利得表で計算するならば，割引率が0.5以上になった場合は，協調戦略を選択した方が得であることが計算上求められます[15]。

　以上のことから戦略的提携を短期的なものに終わらせずに長期的・安定的にしていくには，まず協調することが長期的なメリットをもたらすことをお互いに認識し合うことが重要です。アクセルロッド[16]によるコンピュータ・シミュレーションの実験結果では，協調的な戦略プログラムは非協調的な戦略プログラムよりもパフォーマンスが高く，個体数を増やし長期的に存続で

きることが明らかにされました。戦略的提携を長期的・安定的にしていくには，お互い組むことによるメリットの大きさや将来展望を共有し合うことで，提携することの将来価値を高めることが重要なのです。

注

1) Gomes-Casseres (1994).
2) 桑嶋 (1996)。
3) 小川 (1995)。
4) Harbison and Pekar (1998) におけるBooz-Allen and Hamilton社の調査結果。
5) 高井 (2006)。
6) Abernathy (1978).
7) Henderson and Clark (1990).
8) インテグラル型とモジュラー型に関する説明は，藤本 (2003)，一橋イノベーションセンター編 (2003)，佐伯 (2008) を参考。
9) クロックスピードに関する説明については，小川 (2007) を参考。
10) オープンイノベーションとクローズドイノベーションについては，Chesbrough (2003) を参考。
11) Bleeke and Ernst (1991).
12) Doz and Hamel (1998).
13) 牛丸 (2000)。
14) 囚人のジレンマに関する説明については，桑嶋，前掲稿を参考。
15) 牛丸，前掲書。
16) Axelrod (1984).

Part 4
企業の国際化

Part 4 のねらい

　企業の成長にとって国際化はネットワーク化と同様重要です。日本企業の国際化はどの程度なのか，国際化はなぜ起こるのか，どのような理論があるのか，国際化するために企業は戦略や組織をどのように構築していくべきか，日本企業の国際化課題は何かについて，実際の企業を取り上げながらみていきます。

第17講 国際化と日本企業

1 国際化とは

　企業の国際化とはどういうことを指すのでしょうか。多くの人は,パナソニックのような巨大企業が,海外に現地法人を数多く設立し輸出や海外生産を積極的に展開することをイメージするでしょう。また,輸出ばかりでなく,石油元売り会社のように原油を輸入しそれを加工精製し国内で販売する会社も立派に国際化している企業であると考える人もいるでしょう。さらには,小規模であっても,世界シェアナンバー1を誇る下町の工場も含まれると考える人もいると思います。

　このように,国際化とは企業活動の広がりがどの範囲にまで及んでいるのかに関係しているといえます。チェン[1]は,企業活動をインプット活動(国内調達と海外調達),変換活動(国内生産と海外生産),アウトプット活動(国内販売と輸出・海外販売)の3活動から捉え,8つにカテゴリー化しました。インプット活動とは,原材料や研究開発関連情報,労働,資本を外部から獲得する活動であり,国内から獲得する方法と海外から獲得する方法に分けられます。変換活動とは,インプット活動により獲得された諸資源を加工して製品やサービスに変換する活動であり,国内で生産するか海外で生産する方法に分けられます。アウトプット活動とは,こうした製品やサービスを外部にリターンする活動であり,国内販売と輸出といった方法があります。

　図表17-1から企業活動の8タイプをみていくと,カテゴリー1に属する企業は,原材料の調達も加工も販売もすべて国内でなされており,純粋な国内活動企業であるといえます。このカテゴリー1に属する企業はまったく国際化がなされていないといえます。これに対し,カテゴリー8に属する企業は,

国際化と日本企業　第17講

図表17-1　企業活動の8カテゴリー

インプット	国内				海外			
変換	国内		海外		国内		海外	
アウトプット	国内	海外	国内	海外	国内	海外	国内	海外
カテゴリー	1	2	3	4	5	6	7	8

出所：Cheng（1991）p.161, Fig.1.

すべての活動を海外において行っており，最も国際化が進んでいる企業であるといえます。カテゴリー2から7に属する企業に関してはすべて，程度の差こそあれ何らかの形で国際化を行っているといえます。すなわち，原材料を海外から輸入し，それを国内で生産し国内で販売するといったカテゴリー5に属するような企業も国際化しているといえます。

この分類方法の特徴は，一般的な概念であるアウトプットの国際化である輸出のみをもって国際化していると考えるのではなく，インプットの国際化すなわち輸入もその定義に含めようとしている点にあります。こうした国際化に対する考え方は，世界各国から原材料や技術を盛んに輸入しそれを国内で生産，販売するといった中小企業の典型的な国際活動も視野に入れている点においてより包括的であるといえます。

2 多国籍企業の定義

多国籍企業の定義は，以下に示すとおりさまざまなものが存在し，定まったものはありません。

① ビジネスウィークの定義：多国籍企業とは次の2つの条件をクリアしたものである。第一は，少なくとも1つ以上の外国に定着した製造拠点，あるいはその他の形態の直接投資を確保していること。第二は，真の意味で全世界的な見通しをもち，経営者は市場開拓，生産および研究につ

いて世界中のどこにでもすぐ適用可能な多種多様の基本的意思決定を行っていること⁽²⁾。
② 国際経営学者バーノンの定義：共通の所有者によって結合され，売上高1億ドル以上を有しており，共通の経営戦略をもって対処し，少なくとも6カ国以上で活動しており，さらに少なくとも総資産の20％以上が海外子会社のそれで占められている企業である⁽³⁾。
③ OECD（2011年）の定義：通常，2つ以上の国において設立される会社又はその他の事業体から成り，さまざまな方法で活動を調整できるように結び付いている。これらの事業体の1つ又は2つ以上のものは，他の事業体の活動に対して重要な影響力を行使し得るが，企業内における事業体の自治の程度は，多国籍企業ごとに大きく異なり得る。その所有形態は，民有，国有又はその混合たり得る⁽⁴⁾。

3 多国籍企業を定義する視点

　多国籍企業の定義は，上記のように数多く存在します。それゆえに，多国籍企業の用語として，Multinational Corporation（MNC），Multinational Enterprise（MNE），International Corporation，Transnational Enterprise，など多様なものが存在します。この多国籍企業の定義づけのための基準として，ヒーナン＝パールミュッター⁽⁵⁾は，構造基準，成果基準，姿勢基準の3つをあげています。そして，構造基準と成果基準を客観的指標であるとしています。どの基準に重きをおくかは，定義する論者の理論的・実践的バックグランドによって異なります。

1）構造基準
　国内企業に比べて，企業の構造がどの程度異なるかを基準とするものです。海外子会社数，親会社および海外子会社の所有形態，トップ経営者の国籍，などがあげられます。

2）成果基準

　事業全体における海外事業のウェイトを基準とするものです。海外所得，売上高，資産あるいは雇用数の絶対数値，海外所得，売上高，資産あるいは雇用数等の相対値（企業全体における割合）などがあげられます。

3）姿勢基準

　トップマネジメントをはじめとする経営姿勢を基準とするもので，前述のヒーナン＝パールミュッターのEPRGプロファイルが代表的です[6]。それらは，国内志向，現地志向，地域志向，世界志向の4つに分␅れ，EPRGとはこれらの頭文字をとったものです。

① 国内志向（ethnocentric）：人材，技術，製品等すべて本国が優れており，本国の本社を至上とする。重要な意思決定はすべて本社首脳部によってなされ，在外子会社は決定事項の伝達を受けるにとどまり，自由裁量権をもたない。在外子会社は本社追随型の経営となる。

② 現地志向（polycentric）：現地のことを最もよく知っている人に経営を任せようとする。そのため，子会社の主要ポストには現地人を配置して，日常業務上の権限を与える。ただし，重要な戦略は本社が集約的に決定する。

③ 地域志向（regiocentric）：北米や欧州，アジアといった地理的もしくは何らかの共通点に基づいて，ある地域をひとまとめにして経営する。

④ 世界志向（geocentric）：地球規模での視野に立った経営をしようとする姿勢。特定の国や地域に対する偏りはなくなる。また，本社が一方的に意思決定をするのではなくて，重要なものについては本社と在外子会社が協議する。経営資源も，世界的観点から最適なところに配置する。

　ヒーナン＝パールミュッターは，大多数の多国籍企業はE→P→R→Gの順に沿って発展するとしていますが，さまざまな方向性があり一様ではありません。

Part 4 企業の国際化

4 代表的多国籍企業と国際経営

多国籍企業の最大の特徴として規模が巨大であることがあげられます。図表17-2は，UNCTAD（国連貿易開発会議）による世界の多国籍企業ランキングです（海外資産順）。全資産ならびに海外資産の額をみるといかに巨大であるかがわかります。たとえば海外資産で1位のシェル社（英国）は総資産は約4,040億ドルで，そのうち海外資産は約3,680億ドルとなっています。これは，デンマークのGDPが約4,080億ドルで世界37位ですから，それを凌ぐ規模となっています（2021年）。また，海外資産が15位のホンダの総資産は約1,970億ドルで，そのうち海外資産は約1,490億ドルです。これは，1,480億ドルで59位のクウェートとほぼ同じです。このように，多国籍企業の特徴は巨

図表17-2 世界の多国籍企業ランキング（非金融）

海外資産ランキング	企業名	国籍	業種	資産（百万ドル）		売上（百万ドル）		従業員数		多国籍化度（％）
				海外	全社	海外	全社	海外	全社	
1	シェル	英国	石油	367,818	404,379	239,658	261,504	56,000	82,000	83.6
2	トヨタ	日本	自動車	319,475	522,471	206,121	279,216	219,388	366,283	65
3	トタル	フランス	石油	298,425	332,380	172,322	218,243	58,050	101,309	75.3
4	フォルクスワーゲン	ドイツ	自動車	262,835	598,719	243,201	295,745	373,000	667,000	60.7
5	ドイツテレコム	ドイツ	通信	259,466	318,979	98,972	128,598	156,339	216,528	76.8
6	エクソン・モービル	英国	石油	197,420	338,923	172,426	276,692	25,200	63,000	53.5
7	Stellantis NV	オランダ	自動車	194,548	194,548	157,892	176,618	130,788	281,595	78.6
8	BP	英国	石油	191,516	287,272	106,398	157,739	11,100	64,000	50.5
9	アンホイザー＝ブッシュ	ベルギー	食品	179,313	217,627	46,272	54,304	146,785	169,000	84.8
10	BAタバコ	英国	タバコ	172,480	185,153	27,074	35,329	29,717	52,050	75.6
11位から14位までは省略										
15	ホンダ	日本	自動車	149,346	196,882	107,950	129,490	143,878	211,374	75.8

注：各企業の数値は2021年。
出所：UNCTAD（2022）Web table 19を一部抜粋。

大であることから，その進出や撤退といった行動がいかに全世界に影響を及ぼすかがわかると思います。

それでは，主として多国籍企業のオペレーション，すなわち国際経営は国内経営と何が違うのでしょうか。それは，政治的，法律的，通貨的な意味で国家間の壁を越えた経営で，次の4点があげられます[7]。

① 異なる複数の国々で事業展開する。
② 国際ビジネスに身をおくマネージャーの直面する問題の幅ないしその問題自体がより複雑である。
③ 国際ビジネスにおけるマネージャーは，国際貿易システムにおいて多かれ少なかれ複数の政府の介入の制約下で仕事を遂行しなければならない。
④ 国際ビジネスにおいては，各国間の通貨の為替レートが発生する。

5 日本企業の国際化

（1）輸出から海外生産へ

日本企業の国際展開は，戦後長い間輸出が中心でした。海外から大量に一次生産品を輸入して，国内で最終製品にまで加工し輸出する加工貿易が中心でした。そして，国内生産をするために，日本国内でさまざまな産業がフルセットで存在していました。しかしながら，今日では国境を越えて海外に進出し，そこで生産や販売を行うようになりました。国際分業化が進んできているのです。海外に単独もしくは合弁で製造工場や販売会社を設立し，工場のネットワークを利用して国際的なレベルで生産が行われています。さらに，研究開発活動も海外に拠点をおく企業もみられるようになりました。

日本企業の国際化の程度を海外生産比率の推移によってみていきます[8]。日本企業の海外生産比率は，1980年代後半は5％程度でありましたが，2007年度には約19％にまで上昇してきています。1980年代後半から90年代半ばにかけては，日米貿易摩擦の高まりやプラザ合意による円高の進行が海外生産

拡大の要因となりました。特に，81年からの自動車の対米輸出自主規制によって日系自動車メーカーの北米進出は，海外生産比率の上昇に大きく寄与しました。90年代後半から2000年代前半にかけては，製品のモジュール化の進行が国際分業の進展の大きな要因となりました。特に「世界の工場」と呼ばれるようになった中国への進出が目立ちました。

2000年代後半になると，韓国や中国とのコスト競争から，コスト削減を目的として，新興国への進出が海外生産比率を押し上げるようになってきています。特に，これまで行われていた工程間分業をさらに発展させて，汎用品の製造はすべて新興国にシフトするという製品別分業を行う動きがみられるようになってきています。また，新興国市場を単なる生産拠点とみなすのではなく，その市場の需要獲得を目的とする進出もみられるようになってきています。

2022年度の製造業の海外生産比率[9]は，国内法人ベースで24.3%です。業種別にみると，輸送機械（40.4%），電気機器（35.9%），精密機器（32.8%）といった業種の生産比率が高くなっています（ゴム，繊維製品除く）。欧米と比較してみると[10]，1997年時点で，米国は27.7%，ドイツは32.1%です。このことから，日本企業の国際化は，四半世紀前の米国と同程度といえるでしょう。

（2）海外進出の動機とパターン

日本企業の海外進出の動機は何でしょうか。内閣府経済社会総合研究所の「令和5年度（2023年度）企業行動に関するアンケート調査」（図表17-3）により，海外に進出する理由（3つまでの複数回答）をみると，現地・進出先近隣国の需要の拡大が見込まれる（68.5%）が最も多くなっており，現地の顧客ニーズに応じた対応が可能（52.6%），労働力コストが安い（34.2%），資材・原材料等のコストが低い（30.3%），親会社・取引先等の進出（28.5%）が続いています。製造業に限ると，労働力，資材等のコスト安を理由とする企業割合が高く，製造業でもやはり現地需要の拡大が最も大きな理由となっています。

こうした動機から，日本企業の海外進出はその業界がおかれている状況によっておおよそ5つのパターンに分けることができます[11]。ここでいう海

外進出とは，輸出ではなく，海外直接投資を指します。海外直接投資とは，日本の親会社による海外企業の株の取得や海外現地法人の設立を指します。海外工場の拡大のために，海外現地法人が自身の資金調達によって行われる投資は含まれないことに注意してください。

1）低賃金志向型

製造業による低賃金地域での生産活動の展開です。高度成長や円高により日本での賃金が高くなっていく過程で，繊維や雑貨，電気機械など単純労働を大量に利用する産業はしだいにコスト高になり，国際競争力を失っていきました。こういう産業が早い段階から，低賃金を求めてアジア地域にシフトしていきました。こうしたことから，日本の対外直接投資の特徴の1つとして，欧米の直接投資に比べて，アジア地域への投資が多いことがあげられます。

2）資源開発型

安定的に資源を輸入するために進出するというものです。最も昔からみられる海外進出方法であり，石油，石炭，鉄鉱石，木材，スズなどの資源を求めて，オーストラリア，マレーシア，インドネシア，中東などに積極的な投資を行ってきました。1960年代のインドネシア北スマトラ石油，フィリピンやマレーシアの鉄鉱石，ブルネイの天然ガスなどが代表的です。

3）市場密着型

国や地域によって消費者の製品に対する要求には微妙な違いや変化があります。それを的確に捉えて製品に反映させるためには，現地従業員を雇用した現地工場や製品開発拠点が必要となります。製品が標準化されている低級な衣料品や雑貨のようなものは市場密着型でなくてもかまいません。より高級な製品や市場ニーズを取り込む必要が大きい製品のみが，密着型となります。

4）貿易摩擦回避型

輸入国側の貿易制限的政策やそれを生み出すような環境によって，輸出から現地生産へ展開される場合がこれにあたります。貿易摩擦は古くからありました。1950年代の米国における日本製1ドルブラウス事件や綿製品の対米

Part4 企業の国際化

輸出自主規制，60年代の日本製テレビのダンピング問題や鉄鋼の対米輸出自主規制，70年代の工作機械の輸出自主規制，80年代のVTRの貿易摩擦や自動車の対米輸出自主規制などが代表的です。

5）大企業追随型

セットメーカーの海外進出にともない，部品を提供するために部品供給メーカーがセットメーカーと同一地域に立地するものです。系列傘下の中堅・中小企業などがこうした海外展開を図っています。

ところで，従来，中堅・中小企業は経営資源（ヒト，モノ，カネ，情報）の問題から，5）の大企業に追随型以外はほとんどみられませんでした。しかしながら最近では，高水準の円高を背景として，海外企業の買収（M&A）

図表17-3　企業の海外進出の理由

製造業		素材型製造業		加工型製造業		その他の製造業	
④現地・進出先近隣国の需要が旺盛又は今後の拡大が見込まれる	35.9 (38.4)	④現地・進出先近隣国の需要が旺盛又は今後の拡大が見込まれる	49.1 (52.0)	④現地・進出先近隣国の需要が旺盛又は今後の拡大が見込まれる	26.4 (30.3)	④現地・進出先近隣国の需要が旺盛又は今後の拡大が見込まれる	41.0 (37.8)
⑤現地の顧客ニーズに応じた対応が可能	21.5 (19.5)	⑤現地の顧客ニーズに応じた対応が可能	21.3 (15.4)	⑤現地の顧客ニーズに応じた対応が可能	26.4 (24.2)	①労働力コストが低い	21.0 (17.8)
①労働力コストが低い	16.6 (18.0)	⑦親会社，取引先等の進出に伴って進出	10.2 (8.9)	①労働力コストが低い	19.4 (22.7)	⑤現地の顧客ニーズに応じた対応が可能	12.0 (14.4)
⑦親会社，取引先等の進出に伴って進出	10.0 (8.5)	①労働力コストが低い	7.4 (10.6)	⑦親会社，取引先等の進出に伴って進出	11.9 (8.1)	⑥現地に部品，原材料を安定供給するサプライヤーがある	10.0 (11.1)
③資材・原材料，製造工程全体，物流，土地・建物等のコストが低い	6.6 (7.3)	⑥現地に部品，原材料を安定供給するサプライヤーがある	5.6 (6.5)	③資材・原材料，製造工程全体，物流，土地・建物等のコストが低い	8.5 (8.6)	③資材・原材料，製造工程全体，物流，土地・建物等のコストが低い	6.0 (7.8)
						⑦親会社，取引先等の進出に伴って進出	6.0 (8.9)

注1：「主な理由」の構成比の母数は，回答企業数としている。
注2：回答企業は，「主な理由」を1つ選択できる。
注3：（　）は前年度調査結果
出所：内閣府経済社会総合研究所（2023）25頁，表5-4．

国際化と日本企業　第17講

なども含めた積極的な海外進出が目立つようになってきました。

（3）アジア中心の進出

日本企業の海外進出の全般的傾向として，アジア中心であることがあげられます。

現地法人の状況をみてみましょう（図表17-4）。2022年度末における現地法人数は，2万4,415社。製造業が1万433社，非製造業は1万3,982社。全産業に占める割合は，製造業が42.7％，非製造業が57.3％。地域別にみると，現地法人数は，アジアは1万6,547社と全地域の7割弱を占め，中国が6,900社（全地域に占める割合が28.3％），ASEAN 10が7,263社（同29.7％）となっています。

次に，現地従業員の状況をみてみましょう。2022年度末における現地法人従業者数は，557万人で，そのうち製造業は408万人で，輸送機械（163万人），情報通信機械（51万人）が多くなっています。非製造業は149万人で，卸売業（63万人），小売業（17万人）が多くなっています。地域別にみると，アジア

図表17-4　現地法人の分布状況

(単位：社)

	全地域	北米	中南米	アジア	中国	ASE-AN10	その他	中東	欧州	オセアニア	アフリカ
合計	24415	3079	1277	16547	6900	7263	2384	160	2709	488	155
製造業	10433	1067	362	8031	3533	3481	1017	25	819	84	45
化学	981	115	21	718	267	302	149	4	115	6	2
金属製品	628	45	12	542	221	266	55	2	21	5	1
生産用機械	831	91	10	655	325	224	106	***	68	6	1
電気機械	614	58	11	489	269	167	53	2	50	4	***
情報通信機械	914	80	16	745	351	302	92	4	67	2	***
輸送機械	2220	313	171	1518	559	760	199	2	184	4	28
非製造業	13982	2012	915	8516	3367	3782	1367	135	1890	404	110
情報通信業	730	128	3	519	191	249	79	2	68	9	1
運輸業	1312	87	338	747	263	403	81	5	101	14	20
卸売業	7095	948	280	4509	2069	1661	779	70	1080	161	47
サービス業	2497	482	110	1414	506	695	213	34	352	81	24

注1：「操業中」と回答した企業を集計
注2：地域区分は別に掲載の「調査票記入の手引」内「別表1．国分類，地域分類表」を参照のこと
備考：主要地域・国ならびに主要業種のみ掲載。
出所：経済産業省（2024）より作成。

(365万人),ヨーロッパ(61万人),北米(37万人)でアジアが圧倒的に多くなっています。そのうち,アジアでは,中国(116万人),ASEAN 10(202万人)となっています。

(4) 日本企業のパフォーマンス

　日本企業の海外でのパフォーマンスはどうなっているでしょうか。図表17-5は,公開企業562社(非製造業を含む)の地域別の収益状況を示したものです。横軸は売上高の構成比,縦軸はその営業利益率で,面積は営業利益に比例しています。

　これをみると,売上高の35%程度が現地法人等の海外セグメント(輸出分は国内セグメントに含まれる)となっており,中でもアメリカ,アジアのウェイトが高くなっています。また,2008年の営業利益率は全世界で2%となっています。これは資源価格高騰やリーマンショック後の景気悪化の影響を受け,金融危機の震源地であるアメリカ,欧州は大幅に利益率が低下し,それに次いで国内セグメントの利益率も低下したことが要因として考えられます。一方,アジアの利益率は約4%と高水準を維持しています。また,資源国が多く含まれるとみられる「その他」の国での利益率はさらに高い水準となっています。

　こうした,アジアにおいて高収益で,欧米において低収益であるという傾向は,日本企業の海外進出が盛んになってきた1980年代後半から続いています。通商産業省「平成8年版通商白書」では,日系子会社の地域別の経常利益率について設立時期別に検討していますが,アジアにおいては高い利益率を示すものの,欧米ではふるわないことが指摘されています。また,米国企業との比較においても,従業員1人当たりの売上高ならびに税引き後利益率においても,ほとんどの進出国において米国企業が上回っていることが報告されています。

　このように,競争上優位なアジア地域では利益をあげることができるものの,競合企業の多い欧米では苦戦しており,日本企業にはすぐれたマネジメント能力が必要とされており,現在もこの傾向は続いています。

図表17-5　全企業の対象地域別収益状況（2008年）

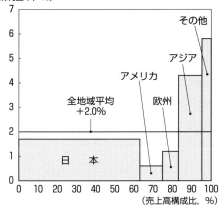

出所：内閣府（2010）第3-3-8図（1）。

注

1) Cheng（1991）.
2) Business Week（1963）p.63.
3) Vernon（1971）（邦訳，8-10頁）。
4) OECD閣僚理事会（2011）（邦訳，11頁）。
5) Heenan and Perlmutter（1979）.
6) Ibid.
7) Hill（2001）；浅川（2003）　8頁。
8) 大塚（2011）。
9) 経済産業省（2024）。
10) 経済産業省（2000）。
11) 伊藤（2002）464-466頁。

第18講 企業国際化の基礎理論

　本講では，企業はなぜ国際化するのか，そのためにはどのような条件が必要かといったことに関する代表的理論についてみていきます。これらの多くは，戦後から1970年代にかけてさかんに議論されてきたものです。ここでは，ハイマー＝キンドルバーガー理論，内部化理論，プロダクト・サイクルモデル，寡占的反応理論，OLIパラダイムについて概観していきます。

1 ハイマー＝キンドルバーガー理論

　企業はなぜ国際化するのでしょうか。この国際化の条件や海外進出の動機といったものは，国際的な企業と非国際的な企業とを区別する重要な視点であり，さまざまな試みがなされてきました。初期的なものは，資本移動論的・貿易論的アプローチといわれるものです。これは，利潤の低い国から高い国に投資が生じる（資本移動論），限界生産性の低いところから高いところへ資本が移動する（貿易論）というものです。しかしながら，これらの理論では，なぜ投資先の経営を支配する必要があるのかについて十分説明できません。経営の支配方法には，株式による方法のほかに，技術やノウハウ，のれん，経営管理などの経営資源の提供や，相手にとって重要度の高い部品や原材料を提供することによって実質的に支配することも含まれますが，これらの理論ではそれらをうまく説明することができないのです[1]。さらには，在外子会社が現地で資本調達をする傾向がみられるようになってきたことや，同一産業内での双方向投資がみられるようになったことによって，本国から海外への資本移動をうまく説明することができなくなってきました[2]。

　ハイマー[3]は，利子所得獲得を意味する証券投資とは異なる，外国企業の

支配に関連する直接投資のための必要条件に関する「優位性の命題」を提起し，なぜ外国企業が，現地の有利な条件にある企業と競合できるのかを検討しました。ハイマーは以下の4つを外国企業の不利な点としてあげています。
　① 経済，言語，法律，文化など異なる環境下でのマネジメントにかかるコミュニケーション費用。
　② 現地の情報を入手するための費用。
　③ 政府や供給者・消費者による対外差別，たとえば，政府による差別的政策の危険など。
　④ 為替リスク：現地の通貨の切り下げが行われたときに自国通貨で配当を支払わねばならない企業にとって損失が大きくなる。

そして，こうした不利を補うための何らかの企業固有の優位性が多国籍企業にとって必要であるとして，次の4つの優位性を指摘しています。
　① 企業が他の企業よりも低コストで生産要素を手に入れられるか。
　② より効率的な生産関数に関する知識ないし支配を保持しているか。
　③ その企業が流通面の能力において優れているか。
　④ 差別的な生産物をもっているか。

キンドルバーガー[4]は，ハイマーの優位性のことを独占的優位性とよび，それが有効となる場合を4点指摘しています。
　① 製品市場が完全競争から乖離している。
　② 要素市場が完全競争から乖離している。
　③ 水平的・垂直的統合を通じて規模の内部経済と外部経済の利益を享受している。
　④ 生産あるいは参入に対する政府の規制が存在する。

このように，キンドルバーガーは，多国籍企業の成功には，財あるいは要素市場における不完全性と政府や企業による競争阻害，市場分割の存在をあげています。

こうした優位性によって外国企業の不利を克服し，海外進出を成功させるという考え方は，「ハイマー＝キンドルバーガーの命題」と呼ばれています。

2 内部化理論

　ハイマー＝キンドルバーガーの命題は，現地子会社の設立や経営参加を目的とする外国企業の買収や株式取得，実物資産の取得（支店，営業所，工場の開設等）といった海外直接投資が選択されるには，企業の優位性が必要条件であることを提起したものです。しかし，これでは十分ではありません。直接投資の形態ではなくても，輸出やライセンシング（技術提携）などによっても，同程度のパフォーマンスを獲得することは可能だからです。バックレー＝カッソン[5]は，なぜ，輸出でもライセンシングでもなく直接投資なのかといった問題に取り組み，優位性が必要でなくても多国籍化はできるという立場に立つ，内部化理論を提起しました。

　企業は，原材料や部品からなる中間財を組み立てて最終製品を完成させ，それを販売しています。企業によっては，これらの全過程を自分たちで行う場合もあれば最終製品の組み立てのみという場合もあります。バックレー＝カッソンはこの違いが，市場の失敗（＝市場の不完全性）とそこから生じる取引コストの存在にあるとしています。市場環境は不確実性をともなっていますし，そこにおけるプレイヤーである企業は，機会主義的行動をとる可能性があります。それゆえに，取引相手を探したり，交渉したり，監視したりするコストからなる取引コストがかかるのです。この取引コストを節約する方法が，取引相手を買収してしまう，もしくは取引相手と同等の機能を自社の内部に備えること，すなわち内部化してしまうことなのです。

　バックレーとカッソンの内部化理論は，内部化の対象を外国企業もしくは外国であるとしたものです。内部化理論の考え方は，第14講でも述べたウィリアムソンの取引コスト理論に基づきながら，それを多国籍企業の行動に応用したものであるいえます。バックレー＝カッソン[6]は，取引市場を生じさせる市場の失敗のタイプとして次の5つを上げています[7]。

① 市場の長期・短期のタイムラグ：R&D（研究開発）により新製品開発や製造工程を更新する際，多くの時間を費やすため，必ずしも適切なタ

イミングで市場取引ができない。
② 価格差別ができない：売り手と買い手が独占的行動をとるときに価格の設定が困難になる。
③ 取引の交渉・維持が困難：売り手と買い手が独占的行動をとり交渉が長引く場合や取引相手が機会主義に陥る場合，交渉のための機会費用や取引相手のモニタリング，細かな契約が必要となる。
④ 売り手と買い手の財の評価の不一致：売り手または買い手に財の知識が十分でない場合に財の評価が異なる。
⑤ 政府の介入：関税や資本の流出の規制，法人税率の存在。

バックレー＝カッソンは，これらの市場の失敗により生じる取引コストが大きいほど，企業は内部化の誘因が高くなるとしています。具体的には，中間生産物の取引の内部化と情報関連経営資源の内部化の２タイプが存在します（図表18-1）。まず，中間財取引の内部化です。中間財は，川下から川上といった垂直的工程の中でインプットとして投入されます。垂直工程のそれぞれの工程間において国際分業がなされているような場合，工程間の取引コストが高くなるような場合，垂直統合が行われます。これが垂直統合型多国籍企業です。中間財でも高度にカスタム化した商品の場合，取引相手専用の生産設備が必要となってくることが多く，特殊的資産を抱え込むことになります。その場合，取引相手に対し継続的取引が担保されるような事前的契約をしておく必要がありますが，国際経営では不確実性は高いものとなり，垂直的統合の圧力が高くなり，中間財取引の内部化が生じやすくなります。

次に，情報関連経営資源の内部化です。情報関連経営資源とは，技術，知識，ノウハウ，ブランド，信用などの無形資産を指します。無形資産は使い減りしないために，異国間であっても同一の事業であれば転用可能です。したがって，研究開発，中間財，最終財，販売のいずれの工程レベルにおいても生じます。国際的展開を急ピッチで進めたい企業の中には，ライセンス契約により，現地企業を買収することなく，自社製品の現地販売を試みる企業があります。もし，相手企業が契約を無視して，自社ブランド名で勝手に製品をつくるようなことがあるようならば，それを阻止するための仕組みが必

Part4 企業の国際化

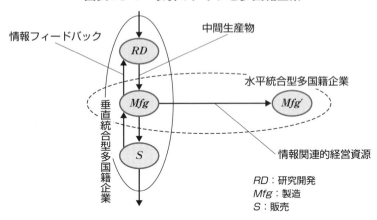

図表18-1 取引のタイプと多国籍企業

出所：長谷川（2008）67頁，図表5-1。

要となり，取引コストは高いものになります。このような傾向が高い場合には，水平方向の内部化が必要となってきます。これが，水平統合型多国籍企業です。

3 プロダクト・サイクルモデル

　プロダクト・サイクルモデルは，バーノン[8]が考案したもので，米国の多国籍企業の生産拠点移転に関するモデルです。米国企業の新製品開発とその国際的な移転過程を分析しています。
　プロダクト・サイクルモデルは，マーケティングで開発されたPLC（product life cycle：プロダクト・ライフサイクル）が，国の経済的発展の程度によってそのパターンに時間的なずれが存在することに着目したもので，新製品が米国国内で生産販売され，その後，輸出そして海外での現地生産へと移っていく過程を説明しました。
　バーノンは，PLCを，新製品期，成熟化期，標準化期の3期に分け，各期において生産と消費のパターンがどのように異なるかをみています（図表18-

2)。新製品期では，まず新製品はイノベーティング国である米国において最初に開発され，生産・消費されるとします。新製品のアイディアはどこの国にでも生まれるのに，米国において開発される理由として，第一に，新製品を購入するのに十分な所得層が存在するのが，当時米国においてのみだったということがあげられます。第二には，新製品を作るにはその部品を提供するのに十分な供給業者の存在と技術水準が必要とされ，米国における企業がそれを満たしていたということがあげられます。新製品期では，後半になると生産量が消費量を上回るようになり，余剰分がその他の先進国に輸出されますが，製品の標準化が進んでおらず，価格弾力性が低いことから製品の価格も相対的に高いため，輸出量も多くは有りません。

成熟化期では，米国国内において製品が成長期を迎え，前期は生産と消費が一気に拡大しますが，後期になると，生産が成熟段階を迎えます。製品の標準化が進んでいることから，差別化がつきにくく競争の焦点は価格になってきます。価格の低下にともない，欧州諸国などのその他の先進国においても需要が高まることから，米国企業の輸出は拡大します。また，途上国においても輸入が開始されるようになります。バーノンによれば，成熟化期になると，対外直接投資が開始されるとしています。この理由として，輸出先の先進国において模倣的生産者が出現してくることや，受け入れ国政府が基幹産業たり得ると判断した場合は輸入障壁が設けられたりするといった，輸出先国の脅威を重要な現地生産の要因としています。

標準化期では，完全に製品が標準化されることから，コストが競争上の焦点となります。そのほとんどは，賃金コストの差となることから，先進国から途上国へと生産立地が変わることになります。この段階になると，米国は純輸入国となり，他の先進国や途上国が輸出国として発展することになります。

こうしたバーノンのプロダクト・サイクルモデルは，企業は，単一のライフサイクルに注目して国際化するのではなくて複数の事業とセットで国際化を考えることや，米国や欧州，日本との所得格差や技術格差が大幅に縮小したことにより，モデルが前提とする，米国の圧倒的な経済的・技術的優位性が崩れるなどの問題がみられるようになってきました。

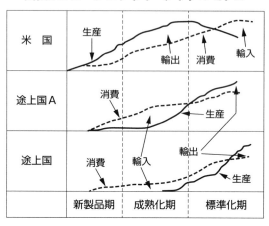

図表18-2 プロダクト・サイクルモデル

出所：Vernon（1966）p.199を修正。

4 寡占的反応論

　産業組織論の分野では，海外直接投資のバンドワゴン効果（bandwagon effect）として，企業の海外進出に関する横並び現象が研究されています。これは，寡占産業では先行企業が直接投資を行った場合，競争的均衡を維持するために，競合企業は対抗行動として先行企業と同様の直接投資を行い，その結果，直接投資の時期的な集中がみられるというものです。ハイマー＝キンドルバーガー理論や内部化理論は，他者の行動に対する戦略的反応といった企業における重要な意思決定行為を考慮していませんでした。寡占的反応論は，戦略的反応としての他者追随といった行動も重要な海外進出動機であるとするものです。

　寡占的反応論を提唱したのはニッカーバッカー[9]です。ニッカーバッカーは，米国製造業187社の海外市場参入について実証研究をしました。その結果以下のことを明らかにしました[10]。

　① 時間的な同時性の発見。1948年から67年に設立された製造子会社の約

半分が特定の3年間，約4分の3が7年間に集中していた。
② 産業集中度が高まるにつれて，参入集中度が高まった。
③ 市場集中度が高い場合には，構造の安定性が高まるために，活発な防衛的投資すなわち参入集中が起こらない。

次に，日本企業に関する，電子・家電産業における，地域別参入集中度と産業集中度（寡占度）との相関関係に関する研究をみると，おおよそ次のとおりです[11]。
① 70年代以前のアジアNIES，80年代の以降のアセアンについては，逆相関であるか，相関が正であっても有意ではない。
② 80年代以降の米国やEUに対する参入は相関が高く，寡占的反応の存在が認められた。

このような結果が生じた理由として，地域ないし投資目的の違いがあげられます。アジアNIESやアセアンへの投資は，生産コストの削減を目指し，国内の労働力不足ないし円高を契機としてなされたものです。したがって，競争企業の直接投資に対応して対抗投資を行う以前に，コスト競争上の理由から自らの意志で事前に投資を行ったと考えられます。一方，対欧米投資は貿易摩擦を契機に市場参入を目的として行われているため，防衛的反応として寡占的反応がみられたのです。

また，80年代になって寡占的投資が一般的になった理由として，産業における技術革新の進展度が指摘されました。それによると，製品開発をもたらし，従来の技術体系を破壊するラディカル・イノベーションが頻繁に生起する流動的段階では，寡占企業はドミナント・デザインの確立を目指して動態的な競争を繰り広げており，攻撃的な行動がとられる。これに対し，工程革新を主体とするインクリメンタル・イノベーションが主流となる特定化段階では，技術の方向が確定しており，競争は比較的静態的な形で行われるので，防衛的な行動がとられる。日本の電子産業は，80年代においてはイノベーションの特定化段階にあったため，寡占的反応がみられたとしています。

5 OLIパラダイム

　今まで，企業の国際化，主として多国籍企業の輸出および生産拠点の設立等にかかわる主要理論について概観してきました。これらについて，ダニング[12]は，いずれの理論も単独では，輸出や生産拠点の設立という複雑な現象のすべてを説明することはできないと考えました。そしてそれらすべてを統合したOLIパラダイム（OLI paradigm）を提唱しました。いくつかの概念を包含していることから，しばしば折衷パラダイム（eclectic paradigm）とも呼ばれます。

　ダニングは，多国籍企業が海外直接投資を決定する要因として，（1）所有特殊優位性，（2）立地特殊優位性，（3）内部化インセンティブ優位性の3つを指摘しています。OLIパラダイムはこれら3つの要因の頭文字からきています。

（1）所有特殊優位性（Ownership Specific Advantage）

　進出先国の企業が有しない，自社独自の資産のことを指します。この自社独自の資産の優位性がなければ，現地企業との競争上優位に立つことができず，いずれ輸出の停止や生産拠点の廃止といった撤退行動をとることになります。この所有優位性には，無形資産優位性と統合優位性の2種類の資産が存在します。

　無形資産優位性には，製品イノベーション，生産管理，マーケティングシステムと組織，財務やマーケティングに関する成文化できない知識をもつ人材などがあげられます。

　また，統合優位性は，さらに既存企業がもつ優位性と多国籍化による優位性の2つに分けられます。既存企業の優位性には，規模と集中の経済性，労働力・天然資源・資本・情報・市場への独占的なアクセスがあげられます。多国籍化による優位性には，国際市場の情報・ファイナンス・労働に関する有益な知識の獲得，地域ごとの資源や市場の活用，異なる国に進出すること

によるカントリー・リスクの減少があげられます。

(2) 立地特殊優位性 (Location Specific Advantage)

　進出国でしか入手することのできない，進出国特有の優位性のことをさします。所有特殊優位性だけでは，企業は輸出をするだけにとどまるかもしれません。海外に生産拠点を設立するなどの海外直接投資に移行するには，立地特殊優位性が必要となり，具体的に次のものがあげられます。
・豊富な天然資源や市場の可能性。
・労働力・エネルギー・材料・部品・中間財などの価格や生産性，品質。
・運輸と情報通信コスト。
・投資インセンティブ。
・非関税障壁の有無。
・法律，教育，輸送，情報通信などのインフラ整備。
・言語，文化，商慣習に関する心理的な距離。
・研究開発とマーケティングの集中の経済性。
・経済システムと資源配分に関する政策。

　企業は生産拠点を海外に移転することで，上記に示したような貿易不可能な現地の生産要素や中間財を獲得することができます。このように立地特殊優位性は，生産立地を選択する際の要因となり，所有特殊優位性の維持に影響を及ぼします。

(3) 内部化インセンティブ優位性 (Internalization Incentive Advantage)

　企業の海外進出方法には，輸出と海外生産にみられる海外直接投資のほかに，ライセンシング（契約による資源移転）もあげられます。所有特殊優位性はあるが，立地特殊優位性はないので，輸出をすべきかそれともライセンシングかという場合に，内部化インセンティブ優位性が重要な要因となってきます。

　内部化インセンティブ優位性には次のものがあげられ，これらが必要とされる場合が多いほど，取引は内部化される，すなわち，海外直接投資が起こ

るとされます。
- 取引相手の探索および交渉コストの回避・削減。
- モラルハザード,情報の非対称性,および逆選択の回避。
- 契約不履行や訴訟コストの回避。
- 現地市場ごとに差別価格を設定できない。
- 売り手が製品の品質を保護する必要性がある。
- 相互依存的な活動の効率化。
- 先物市場不在への対応。
- 進出国政府の干渉への対応。
- 販路の調整。
- 多様な競争を実施するなど。

(4) 選択問題

図表18-3は,海外直接投資(現地生産),輸出,ライセンシングの選択において,所有特殊優位,立地特殊優位,内部化優位がどのように関係しているかを示したものです[13]。まず海外直接投資すなわち現地に生産子会社などを設立するには,上記3つの要因がすべてそろっている必要があります。すなわち,現地企業よりも自社企業の所有する資産が優れており(所有優位＝Yes),それをライセンシングすることなく自社で所有して生産するメリットが高く(内部優位＝Yes),しかも,現地で生産した方が自国で生産するよりもメリットが高い(立地優位＝Yes)ときです。

次に,輸出が選択されるには,所有特殊優位と内部化優位がそろっている必要があります。現地企業よりも自社企業の所有する資産が優れており(所有優位＝Yes),それをライセンシングすることなく自社で所有して生産するメリットが高いが(内部優位＝Yes),現地で生産するメリットがない場合(立地優位＝No)です。自社の製品がすぐれており,高度技術の漏えいなどから機密保持が必要であるが,現地で生産するコストがかなり高い場合などがこれにあたります。

最後に,ライセンシングですが,これは現地企業よりも自社企業の所有す

る資産が優れているが（所有優位＝Yes），それをライセンシングすることなく自社で所有して生産するメリットが低く（内部優位＝No），しかも，現地で生産のメリットもない場合（立地優位＝No）に選択されます。自社製品の競争力は高いが，現地での生産コストが高いことから現地企業に生産委託しても特に問題が生じないような場合に選択されます。

上記3つの選択肢のいずれの場合も，所有特殊優位性が保有されていることが海外進出の前提となっています。

図表18-3　市場への代替的な供給方式

市場への供給方法	所有特殊優位 （O優位）	内部化優位 （I優位）	立地特殊優位 （L優位）
海外直接投資	Yes	Yes	Yes
輸出	Yes	Yes	No
ライセンシング	Yes	No	No

出所：Dunning（1988）p.28. を修正

注

1) 長谷川（2002）63頁。
2) 亀井（2006）34頁。
3) Hymer（1960）.
4) Kindleberger（1969）（邦訳，16頁）.
5) Buckley and Casson（1976）.
6) Ibid（邦訳，38-47頁）.
7) 塩見・田中（2009）。
8) Vernon（1966）.
9) Knickerbocker（1973）.
10) 竹之内（2008）。
11) 田中（1996）。
12) Dunning（1979）.
13) Dunning（1988）.

第19講 国際化と組織構造

1 海外参入方式

　企業が海外市場に参入する方式には，輸出と，海外生産とその他の3つに大きく分けることができます。ここではそれらについて概観していきます[1]。

(1) 輸出

1) 間接輸出

　間接輸出は，最も簡単な輸出方法で，手数料さえ払えば，自国の輸出業者がすべてやってくれるというものです。現地の状況に関する知識も必要としません。国内企業がまず最初に海外市場に自社製品を販売するときの典型的な方式です。ただしこの場合，現地市場に対する知識が蓄積されないことがあったり，現地の販売代行業者とのトラブルが発生することがあるといった問題点があげられます。

2) 直接輸出

　生産業者が自社製品を自ら輸出しようとする方法を直接輸出と呼びます。輸出は，海外の生産活動にともなうコストが生じないことや，国内に生産を集中させることによる規模の経済が発揮できるというメリットがあります。しかし，本国の生産コストが高い場合や，輸送コストが膨大になるような場合，さらには，関税障壁などの問題がある場合は，デメリットが大きく，海外生産に踏み切る例も多くなります。

（2）海外生産

1）完全所有子会社方式

現地に完全子会社をもち，そこで生産活動を行うという方式です。最初からすべて自社で調達して始めるグリーンフィールド方式と，現地企業を買収する方法とがあります。

2）合弁方式

複数企業によって所有される企業を設立する方式です。現地企業との共同出資による場合，現地以外の国の企業が共同で出資して設立する場合などがあります。現地企業との合弁の方が現地国政府の扱いがよいといわれます。合弁のメリットは，現地に関する知識・ノウハウやアクセス，リスクやコストを分散することができるなどがあげられます。一方，企業を完全にコントロールすることができないことや，重要な情報などが他社に漏えいするなどのデメリットがあります。

3）契約製造

海外の企業に対し，自社製品を現地製造するように委託はするが，販売に関しては自社が行うという方式です。現地国で製造設備をまったくもたずに現地企業に委託する場合と，部品の組み立てのみを委託する場合があります。委託先の現地企業に，仕様等に関する細かな指定や指導をするところに特徴があります。現地の市場規模が大きくない場合や，企業の優位性がマーケティングや流通にある場合は有効であるとされます。

（3）その他の方式

1）ライセンシング

他の企業に一定期間，特許や発明，公式デザイン，コピーライト，商標，技術ノウハウ等の無形資産に対するアクセスを与える契約です。あまり資金がかからないというメリットがありますが，ライセンシーへのコントロールが及ばない点や潜在的競争相手を育成してしまうといったデメリットがあります。

2）フランチャイジング

海外のフランチャイジーに社名ブランドの使用を許可する代わりに，その現地運営のやり方などに関して細かな規則を課す方式です。サービス業にあてはまる方式で，ライセンシングの一部と考えられます。海外資産を所有しなくていいというメリットがありますが，フランチャイジーをモニタリングするコストがかかるというデメリットが存在します。

2 輸出と組織構造

国際化の第1段階は製品の輸出から始まります。一般的には，国内市場で成功した企業は，次に，海外市場を開拓しようとして輸出を開始します。

輸出の初期段階では，輸出量や取引頻度も多くないため営業部の中に輸出担当部門を設けて輸出業務を行います。輸出業務には海外市場でのマーケティング業務と，為替手形，信用状，通関手続き，国際輸送，海上保険といった手続き業務の2つの業務があげられます。輸出当初は，これらのノウハウに弱いため，輸出商社にすべてを依存することも少なくありません。特に，ブランド力に左右されずアフターサービスにも手間のかからない鉄鋼や化学，繊維企業などにこうした形態を比較的長く続けるものがみられます。この段階は，参入方式でいう間接輸出に相当します。

中期段階に入り，輸出量や取引頻度も増加し，輸出品目も多様になってくると，国内の販売部門から独立した輸出部を設置するか，事業部制をとっているところでは輸出事業部を設置するようになります。技術集約型の製品でブランド選好性の高い製品を扱う企業ほど早くこの段階に移行します。この段階では，支店や輸入専門の現地法人を設置し，代理店契約によって現地卸売商に販売委託するようになります。しかし，本社が市場を把握するにつれて現地代理店に頼らなくなります。

後期段階になると，輸出量や輸出品目はさらに増加していきます。販売活動の比重も大きくなり，海外マーケットは戦略上重要な位置を占めるように

なります。マーケットに密着した戦略を展開するにも販売活動を自社で遂行する必要性が高まってきます。そこで企業は販売子会社を設置することでこれに対応するようになります。この中・後期段階は，参入方式でいう直接輸出に相当します。

3 海外生産と組織構造

販売子会社が順調に拡大し始めると，輸入国側において国際収支の悪化や進出企業との競争激化による雇用不安といった貿易摩擦が顕在化し始めます。このため輸入国側政府は国内産業の保護や国際収支の改善を目的として輸入数量の制限や高関税率の設定を行うことがあります。そういう場合は，企業は輸出中心の海外進出方法だけではマーケットを喪失しかねないため，海外生産子会社を設立し現地法人化することで摩擦に対処しようとします。

企業はこの海外生産子会社をうまくコントロールしていかなければなりません。なぜならば，生産子会社は販売子会社に比べ，はるかに大きな投下資本と従業員を必要とし，周辺地場企業群との連携も射程に入れた高度なマネジメントを必要とするからです。

ここでは，国際事業部，世界規模製品別事業部制，世界規模地域別事業部制，世界規模職能制，グローバルマトリックスについてみていきますが，これらは理念型であって，これらとまったく同じであるという世界規模の企業は存在しません。むしろ，実際の企業はこれらの混合構造を採用しています。

（1）国際事業部制

多数の生産子会社を設立し海外事業に本腰を入れ始めると，それらを統括する組織として国際事業部が設置されるようになります。これは，他の国内事業部と並列で設置され，すべての海外生産子会社および販売子会社のコントロールを行います。各事業部で扱われている製品は国際事業部に集められ，各事業部の技術協力のもとで海外生産がなされます（図表19-1）。

Part4 企業の国際化

　しかし，製品ラインが多様化し多数の地域に製造子会社を設置するようになると，国際事業部のもつ組織的限界が明らかになってきます。まず，製品ラインが多様化した場合，技術的な面において国内事業部に依存する傾向が強く，新技術や新製品情報の入手や対応の遅れが目立つようになります。技術提供をする国内事業部との対立も生まれやすくなります。また，多数の地域に子会社を設置した場合，各々の地域に合わせた細かなマーケティングが必要となります。しかし，それをすべて国際事業部で行うことは難しいため，子会社の自由裁量にまかせた方がよい場合があります。こういった理由から，よりいっそう世界規模化がすすむと，国際事業部に代わる新しい世界規模組織の構築が必要となってきます。

図表19-1　国際事業部制組織

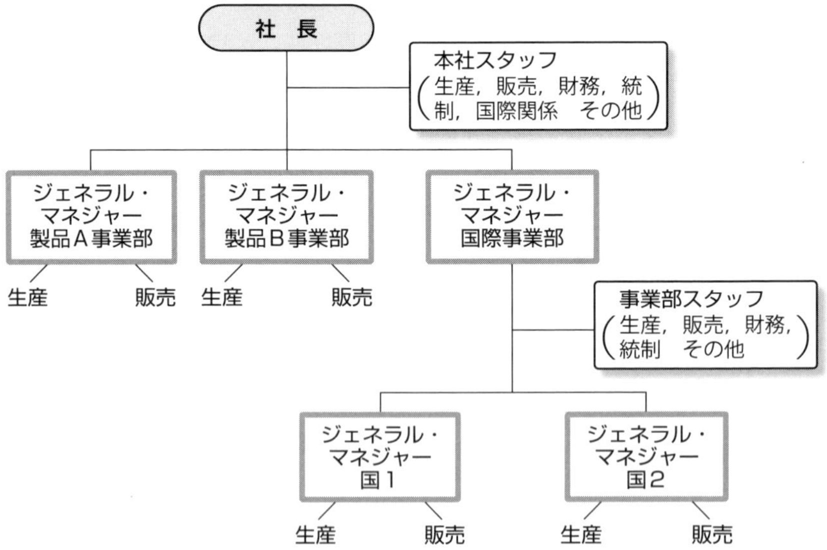

出所：Stopford and Wells（1972）（邦訳，34頁）。

（2）世界規模製品別事業部制

　世界規模製品別事業部制組織は，事業部を製品ライン別に編成し世界規模で運用数する形態です。製品ラインが多角化している企業や，高度な技術能力が必要とされる企業に適しているとされます（図表19-2）。

　この組織構造の長所は，情報が製品別に流れるために海外子会社への技術移転や技術支援が円滑になされる点にあります。国際事業部制の場合，こうした情報は国内の事業部から国際事業部を通じてなされるため時間的にもロスが多く，高度な情報伝達には不向きでした。一方短所としては，進出地域間での事業部間コミュニケーションが困難な点があげられます。同一地域内に子会社が複数存在することは非効率的な面が多くなります。また，進出地域固有の商慣行や消費者行動に関するマーケティング知識が有効に蓄積・活

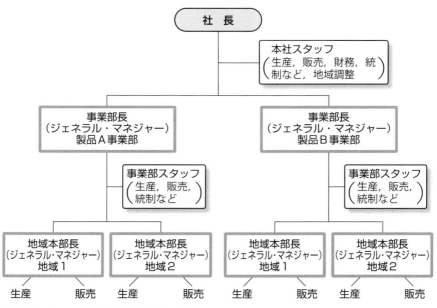

図表19-2　世界規模製品別事業部制組織

出所：Stopford and Wells（1972）（邦訳，59頁）。

用されない点もあげられます。

(3) 世界規模地域別事業部制

世界規模地域別事業部制組織は，事業部を地域別・国別に分割し，世界規模で運用する形態です。製品ライン数が少なかったり，最終消費市場関連製品を扱っていたり，地域・国別に高度なマーケティング知識が必要とされる場合に適するとされます。食品，石油，薬品などの業種で国際的展開をする企業に見受けられます（図表19-3）。

この組織構造の長所は，国・地域に密着した経営戦略を展開できる点にあります。一方，短所としては，製品ライン数が多い場合，国・地域間での技術移転や生産調整が難しいことや，最適なロジスティック計画が組めないという点があげられます。

(4) 世界規模職能制

世界規模職能制組織とは，製造，販売，研究開発，財務といった職能ごとに組織が構築され，各職能担当責任者に世界的展開の責任を割り当てる形態です。たとえば，販売部門は海外販売子会社，製造部門は海外工場を独自に設置し責任をもちます。この形態は，欧州企業に多くみられます。企業規模

図表19-3　世界規模地域別事業部制組織

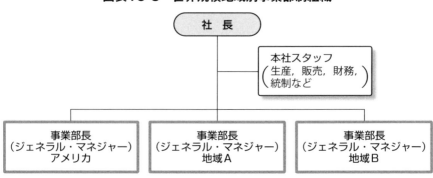

出所：Stopford and Wells（1972）（邦訳，78頁）。

が小さく，製造ライン数が少なく，市場の不確実性が低い企業に適しているとされます。

(5) グローバルマトリックス組織

グローバルマトリックス組織とは，上記の4つの世界規模組織の短所を補いつつそれぞれのメリットを生かしたもので，職能部門別，製品部門別，地域部門別といった単一の軸ではなく，複数の軸を基準として組織が構築された形態です。組織構造は格子のようにみえることから，別名グリッド（格子）構造とも呼ばれます（図表19-4）。一般的には，海外子会社は製品別事業部と地域別事業部の両方からのコントロールを受けますが，職能別部門からのコントロールを受けることもあります。

この形態の組織の長所は，多様で複雑な環境に同時的に対応できる点にあります。そのため，一時期かなり多くの世界規模企業が採用しました。しか

図表19-4 グローバルマトリックス組織のグリッド構造

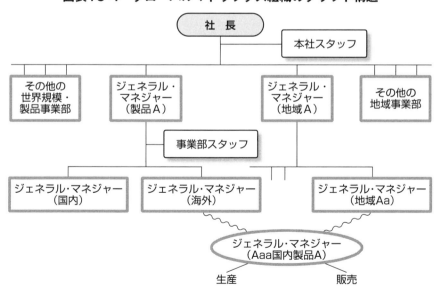

出所：Stopford and Wells（1972）（邦訳，132頁）。

し，命令の二元性もしくは多元性によるコンフリクトの発生ならびに責任関係の複雑化といった短所がみられるようになり，現在においては必ずしも一般化している形態とはなっていません。

4 世界規模組織の発展プロセス

　企業の国際化にともなう組織構造の変遷は，国によってそれぞれ異なっています。ここでは，アメリカ，ヨーロッパ，日本の世界規模企業が，歴史的にどのような構造変化を経てきたのかを概観していきます[2]。

(1) アメリカ企業の発展プロセス

　アメリカの世界規模企業については，ストップフォード＝ウェルズ[3]が明らかにしています。米国企業では，国際化の第一歩は，自立的な海外子会社の設置から始まります。第18講でみたバーノンのプロダクト・サイクルモデルが示すように，米国企業のイノベーションによって生み出された製品が成熟期を迎えるようになると，現地企業の模倣化が始まり政府規制も行われるようになります。そうなると，米国企業は市場を防衛するために海外子会社を設立し，現地生産を始めるようになりました。しかし，海外事業への投資が小規模であったことや，米国企業に海外子会社のノウハウが欠けていたということから，子会社に運営を任せ自立的に扱ったのです。海外事業が拡大するにつれて，自立的な子会社を組織化し管理しようとする動きが出てきました。それが，国際事業部を経て世界規模組織へと発展していきました。

(2) ヨーロッパ企業の発展プロセス

　ヨーロッパの世界規模企業については，フランコ[4]が明らかにしています。ヨーロッパ企業の世界規模化はアメリカ企業よりも古く，旧植民地企業の持株会社であるフリースタンディング・カンパニーであるといわれています。ヨーロッパ企業の特徴は，このフリースタンディング・カンパニーの影響を

受けており，海外子会社が自立的であることにあります。アメリカ企業同様，自立的ですが，マザードーター構造と呼ばれる組織構造からなっています。このマザードーター構造の特徴とは次のようなものです。
① 海外子会社は本国から派遣され，本国本社の社長と強い人的つながりをもつ。
② 記述されたルールや手続き，レポート関係を基盤とした公式組織構造による管理を行わない。
③ 海外子会社の社長には，親会社の考え方を理解している人が派遣されることから，結果として，子会社の社長は自立性をもつことになる。
④ 海外子会社は完全所有である場合が多い。
⑤ ヨーロッパ企業が国際化を始めたときは，第2次世界大戦前でありナショナリズムが強い時期であった。そのため，海外子会社は自立的に行動せざるを得ず，市場に適応するために多角化を進めた。

ヨーロッパ企業は，マザー＝ドーター構造が長く続いた後，国際事業部を経ずして世界規模構造へと移行しました。しかもほとんどの企業が，国内と海外の組織再編を同時に行っていました。つまり，職能別組織から，事業部制組織への移行と世界規模組織への移行が同時であったのです。

（3）日本企業の発展プロセス

日本の産業システムは，原材料を海外から調達し，国内で加工し，海外へ輸出するように形成されており，輸出が主体でありました。海外生産は輸出を補完するものとして位置づけられてきました。したがって，日本企業はこうした輸出戦略に対応するように組織には，輸出部が編成されました。しかしながら，1950年代から60年代にかけて，東南アジアでの現地生産を開始するに当たり，輸出以外のノウハウが必要になったことから，輸出業務を兼務する海外事業部がつくられるようになりました。

この海外事業部は，調整型の海外事業部とも呼べるもので，主力事業である輸出と海外生産との調整が必要でした。日本企業は，国内生産に直結した輸出を重視しており，現地生産が盛んになることは，国内の雇用調整の問題

を起こす可能性があったのです。こうしたことから，日本の世界規模企業は，調整型の海外事業部が長く続きました。

そして，本格的な海外生産を迎えるようになり，1980年代には，国際事業部制が採用されるようになりました。90年代以降は，海外事業の占める割合が増加し，世界規模構造へと移る企業が増えてきています。特に，地域統括本社制と呼ばれる世界規模地域別事業部制組織に属する組織構造が採用されるようになってきています。これは，国内を主として対象とする製品別あるいは地域別の事業部のほかに，地域経済圏を担当する地域本部を設置するというものです。ターゲットとする経済圏の数に応じて，地域本部の数が増えることになります。地域本部の本部長は地域本社の社長を兼務します。地域本社，各国別の現地法人を管轄下におき，各国子会社の社長は，地域統括本社の社長に事業報告することになります。

（4）ストップフォード＝ウェルズモデル

以上，企業の国際化にともなう組織構造の発展過程を時系列的にみてきました。次に，国際事業部制，世界規模製品別事業部制，世界規模地域別事業部制，そしてグローバルマトリックスの4つの組織構造がどのようにして決定されるのかをみていきます。

ストップフォード＝ウェルズは，4つの組織構造が，海外売上高比率と海外における製品多角化度の2つによって説明できるとしました[5]。具体的には次の関係がみられます（図表19-5）。

① 海外売上高比率が低く（50％以下）海外製品多角化度も低い（10％以下）段階では，国際事業部制を採用する企業が多い。
② 海外売上高比率が高いが海外製品多角化度が低い段階では，世界規模地域別事業部制組織を採用する企業が多い。
③ 海外売上高比率は低いが海外製品多角化度が高い段階では，世界規模製品別事業部制組織を採用する企業が多い。
④ 海外売上高比率も海外製品多角化度も高い段階においてはグローバルマトリックス組織が適している。

図表19-5　ストップフォード&ウェルズの国際企業発展段階モデル

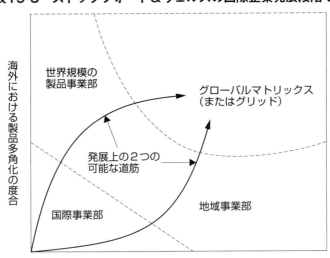

原出所：Stopford and Wells（1972）．
出所：Bartlett and Ghoshal（1992）（邦訳，113頁）。

　そしてグローバル化するに従い，国際事業部制組織から，世界的製品別事業部制もしくは世界的地域別事業部制に発展し，最終的にはグローバルマトリックス組織に移るとされます。ただし，グローバルマトリックスは，実際にみられる組織から考案したものではなく，理論的帰結として導き出されたものです。したがって，グローバルマトリックス組織を採用した企業の多くは，マトリックス組織のもつデメリットの側面に悩まされることになり，グローバルマトリックス構造から撤退することになったのです。

注

1 ）本節の記述は，浅川（2003）49-56頁に従う。
2 ）森（2007）95-111頁。
3 ）Stopford and Wells（1972）．
4 ）Franko（1976）．
5 ）Stopford and Wells，op.cit.

第20講 国際企業の組織モデル

1 組織形態から組織モデルへ

　企業は，購買物流，製造，出荷物流，販売・マーケティング，サービス，調達，技術開発，人事・労務管理，全般管理といった一連の価値活動を通じて顧客に対し価値を創造しています。国際的な企業には，こうした諸活動を適時的確に地球規模で配置・調整することで，規模の経済性や範囲の経済性そして連結の経済性を実現し，グローバルな競争優位を獲得することが求められています。たとえば，トヨタは各価値活動をできるだけ国内に集中させ強く調整することによって競争優位を獲得しています。一方，ゼネラルモータース（GM）は各価値活動を分散させそれらをゆるやかに調整することで競争優位を獲得しています[1]。

　こうした企業の戦略は，環境や組織とうまくマッチしていなければ優れたパフォーマンスを生み出すことはできません。今日では日米欧の国際企業のトップは，直面する経営戦略の課題を明確に把握しており，むしろ問題は，より複雑化した国際レベルでの経営戦略を実行するための組織づくりとその運用方法にあります。組織づくりをみてみますと，国際事業部制や世界規模の製品別事業部制や地域別事業部制，そしてマトリックス組織といった組織形態が有効です。しかしこれだけでは，似たような戦略のもとで似たような組織形態をとっている企業同士の違いを説明できません。

　第19講でみてきた組織形態は，いわゆる解剖学的立場に立った組織の分類です。人体を解剖してみたときに，何がどこにあるのか，どのくらいの大きさなのかといったものに似ています。しかしそれをいくら調べたからといって，そのつくりや大きさがほとんど同じであるのに，人による運動能力の差

異などを説明することはできません。筋肉の質や運動神経といった生理学的な見地からみていかないとわからないのです。これと同じように，国際企業の行動も，今日では組織の生理学的な見地からみていくようになりました。具体的には，組織全体における海外子会社の役割や位置づけ，本社による海外子会社の統制の強さ，意思決定権や責任の所在などです。

生理学的な視点から組織を分類すると，マルチナショナル・モデル，インターナショナル・モデル，グローバル・モデル，トランスナショナル・モデル，メタナショナル型組織モデルなどに分けることができます[2]。

2 マルチナショナル，インターナショナル，グローバル

(1) マルチナショナル型組織モデル

現地への適応戦略がまずもって必要とされる環境下にある企業には，マルチナショナル型組織モデルが有効であるとされます。マルチナショナル型組織の特徴はおおよそ次のようになります（図表20-1A）。

① 多くの重要な資源，責任，意思決定権，すなわち，情報と組織能力を各国子会社に分散した権力分散型連合体である。
② 本社と各国子会社との関係は，単純な財務統制のうえに成り立っており，非公式的である。
③ 各国子会社の役割を独立した事業であるとする経営精神。

このモデルに属する企業には，戦前に海外拡張をしたヨーロッパの企業に多くみられます。そしてその特徴は，マザー＝ドーター組織と重複しています。戦前のヨーロッパ企業には同族所有が多く，組織は個人的な人間関係や私的な付き合いをもとに成立していました。こうしたやり方は，信頼できる人物を海外子会社の責任者にさせ自立的経営をさせることを助長しました。管理統制は，企業のトップと子会社の責任者の人間関係を通じてなされました。

さらに、二度にわたる世界大戦によって国際障壁が形成されたことがこの傾向に拍車をかけたのです。したがって、海外の事業は各国の独立した事業の集合体であり、現地の立場を最優先させるという経営精神が形成されるようになりました。

　こうしたマルチナショナル型の組織は、日用雑貨、飲料水、食品、たばこ産業などにおいて有効であるとされます[3]。これらの業種では、市場ニーズが国によってかなり異なっており、現地の実状に適応させる必要があるからです。たとえば、日用雑貨産業における洗濯洗剤は、製品を標準化する余地がほとんどありません。洗濯機の普及率や洗濯習慣が異なることから国ごとに違った戦略が必要となり、それぞれに適した製品が必要なためです。この場合、どんなにコスト優位な製品を提供しても、顧客のニーズに適応しなければ競争優位に立てないことになります。したがって、現地の好機を素早く感じ取って利用するマルチナショナル型の組織モデルが有効となるのです。

（2）インターナショナル型組織モデル

　知識移転戦略がまずもって必要とされる環境下にある企業には、インターナショナル型組織モデルが有効であるとされます（図表20-1B）。

　インターナショナル型組織モデルの特徴はおおよそ次のようになります。
① 多くの能力や権限、意思決定権が分散しているが本社の管理も受ける調整型連合体である。
② 公式的な経営計画と管理体制によって本社と子会社が密接に結びついている。
③ 子会社の役割を本社の付属品であるとする経営精神。

　このモデルに属する企業には、米国企業に多く、戦後10年間は優勢でありました。当時の米国企業にとっての主な課題は、当時唯一のイノベーティング・カントリーである米国の高度な知識や専門技術を米国以外の先進国や市場開発の遅れている国へ移転することでした。当時は市場の違いや国際障壁などは次第になくなってきたものの依然として存在していたため、現地子会社は新製品を自由に改良することや、戦略を変えることができました。しか

し，新しい着想や開発などは米国親会社に大きく依存しなければなりませんでした。こうしたことから，海外での事業は本社の付属的なもので，本社の市場で開発したイノベーティブな能力や企業力を転用するのがその主たる目的であるとする経営精神がみられるようになったのです。

こうしたインターナショナル型組織は，通信機，機械，金属，製紙，繊維，出版・印刷産業などにおいて有効であるとされます[4]。たとえば，通信機などは常に技術革新が行われており，多額の資金と世界規模での技術移転や協力が必要です。この場合，どんなにコスト優位な製品を提供しても圧倒的に高い技術水準をもった製品の前では意味をなしません。こうした組織では中央で開発した知識をうまく海外の組織単位に移転し学習させることができるインターナショナル型の組織が有効なのです。

(3) グローバル型組織モデル

効率性戦略がまずもって必要とされる環境下にある企業には集中中枢型であるグローバル型組織モデルが有効であるとされます。競争相手よりもコスト面において優位に立つことが最も重要であるような業界において適合的です。こうした業界では，累積生産量と総コストとの間に指数的な関係がみられるとされる経験曲線効果の特徴を生かし，他社よりも素早く市場を確保し累積生産量を高めるという行動に出ます。ここでは，他社よりも効率よく行動し生産・販売することが戦略上非常に重要なのです（図表20-1C）。

グローバル型組織モデルの特徴をあげると次のようになります。
① 能力，権限，意思決定権の大部分が中央に集中した集中中枢型である。
② 意思決定，情報に対し中央が厳しく統制を行う。
③ 海外での事業をグローバル市場への配送パイプラインとみなす経営精神を有する。

このモデルに属する企業には，70年から80年にかけて世界競争に参入しはじめた日本企業に多くみられます。当時の日本企業の課題は，標準化された高品質の製品をいかに効率的に生産し販売するかにありました。効率性を重視した戦略を展開するために，生産から販売にいたる価値活動を日本国内に

図表20-1　国際企業の3つの組織モデル

A　マルチナショナル型（権限分散型の連合）

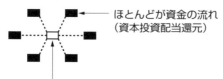

ほとんどが資金の流れ
（資本投資配当還元）

ゆるやかつ簡単なコントロール
（戦略の決定は各国に分散される）

B　インターナショナル型（調整を通じた連合）

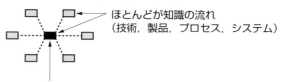

ほとんどが知識の流れ
（技術，製品，プロセス，システム）

公式的なシステムを通じたコントロール
（計画，予算は本社の管理システムにならって作られる）

C　グローバル型（中央集権型のハブ）

ほとんどが製品の流れ

厳格で簡単なコントロール
（主要な戦略の決定は本社で行われる）

出所：Bartlett and Ghoshal（1992）（邦訳，120頁）を加筆。

集中させ，それらを強力にコントロールする輸出主導型のものでした。そのため子会社の役割は，部品を組み立てて製品を販売し，本社で開発した計画と方針を実行することにあり，製品を改良することや独自の戦略を立案する自由はほとんどありませんでした。おもだった意思決定は日本の本社で行い，海外の子会社は情報源や指示を中央に頼るものでした。また本社の経営者は子会社の運営や商品や知識の流れを厳しく管理していました。こうした傾向は，先進国間同士では貿易障壁がほとんどなくなってきたことによって助長

されることになりました。

　こうしたグローバル型組織モデルは，家庭電化製品，建設機械，非鉄金属，化学薬品，科学測定器，エンジンといった産業において有効であるとされます[5]。たとえば，日本企業が得意とする家庭電化製品などは，消費者のニーズが世界各国で共通しており，際立った技術で差別化を図ることが困難です。競争の焦点は価格と品質にかかってきます。したがって，素早い意思決定が可能である中央集権型の組織をつくって，素早く市場を拡大し，生産コストを下げることが可能となるのです。

3 国際組織モデルの企業例

　バートレット＝ゴシャールによれば，国際企業の成功例として，マルチナショナル型組織モデルにはユニリーバ，インターナショナル型にはエリクソン，グローバル型には松下（現パナソニック：以下パナソニック）をあげています。

　ユニリーバは，マルチナショナル型組織モデルを採用して国際化に成功した例としてあげられます。ユニリーバは，イギリスとオランダに本社をおき，全世界17万人の社員数を誇る世界企業です。食品，パーソナルケア，洗剤などの日用雑貨製品での世界トップ企業で，この分野において国際的に成功した企業として有名です。きめ細やかな消費者対策を行っています。最近では，インドの低所得層向けの商品の開発を行い，巨大市場の開発を手がけています。一方，花王は日本を代表する優良企業であるものの，国際市場での成功に関してはユニリーバの後塵を拝しています。

　ユニリーバの成功と花王の苦戦は，適応性戦略を実行するためには，マルチナショナル型の組織モデルが不可欠であることを示しています。ユニリーバは，海外子会社の裁量権が高いなど，マルチナショナル型モデルの特徴を数多く有しており，日用雑貨業界を生き抜く条件をそろえているといえます。一方，花王は，日本企業の特徴であるグローバル型の組織モデルとなってお

り，国際市場における多様な市場条件に対応するのが困難です。ユニリーバのようにインドの低所得者市場への対応なども遅れています。この業界でのユニリーバの優勢は今後も揺るぎがたいといえるでしょう。バートレット＝ゴシャールは，アメリカのP&Gも，業界に求められる戦略と自社の組織モデルが一致せずに，国際化に出遅れているとしています。

　エリクソンは，インターナショナル型組織モデルを採用して国際化に成功した例としてあげられます。エリクソンは世界的な通信交換機の会社です。交換機の製造で最も重要な課題は，新技術を開発，利用して，全世界に発展させる能力です。エリクソンは，自社の革新的な製品や加工技術を国際市場に移転させたり適応させたりする知識移転戦略を中心に組織づくりをしました。本国で開発された技術を次々と普及させていくことができる同社の組織モデルは，ライバルである日本のNECやアメリカのITTよりも適していました。

　パナソニックは，グローバル型組織モデルを採用して国際化に成功した例としてあげられます。パナソニックは世界的な家電会社です。1980年代，同社の製品の90％以上が日本国内の効率の高い工場で生産されており，総収入における40％以上は海外での販売によるものでした。生産の10％は海外におけるもので，そのほとんどが台湾やシンガポールなどでの組み立て工程でした。パナソニックは，世界市場を指向した最大級規模のプラントで生産する標準化モデルの輸出に力を入れていました。このようにして効率性戦略が求められる家電業界において，国際的に成功したのです。一方，GE社は，家庭電器部門が主として知識移転戦略を追求しインターナショナル型の組織モデルを採用したために，家電事業には適合的ではなく，1987年には家電部門をフランスのトムソン社に売却せざるを得なくなりました。

　図表20-2は，以上述べた8つの国際企業にフィリップスを加えた9つの国際企業と，業界に求められる3つの戦略ならびにそれを実現するための3つの組織モデルとの関係を表したものです。対角線上にあたる，ユニリーバ，パナソニック，エリクソンが，国際化に成功している企業として示されています。

図表20-2　業界の必要条件と企業能力

各業界で必要とされる主要戦略			
適応性 （日用雑貨）	ユニリーバ	花王	プロクター＆ギャンブル
効率 （家電）	フィリップス	松下 （現パナソニック）	ゼネラル・エレクトリック
知識の移転 （通信機）	ITT	NEC	エリクソン
	適応性 （マルチナショナル）	効率 （グローバル）	知識と能力の移転 （インターナショナル）
	企業が持つ主な戦略能力（組織モデル）		

出所：Bartlett and Ghoshal (1989)（邦訳, 28頁）を加筆。

4 トランスナショナル型組織モデル

　マルチナショナル，インターナショナル，グローバル型組織モデルは，1980年代の前半頃までは有効でした。企業は，それぞれの業界において必要とされる単一的な戦略に見合った組織能力を形成すれば，有効に競争することができたのです。しかし，80年代も後半になると，複数の戦略を同時に追求しなければならなくなってきました。すなわち，効率性，適応性，知識と能力の移転といった3つの戦略を同時に追求しなければならなくなってきたのです。

　トランスナショナル型組織とは，3つの戦略を同時に追求できるような組織能力をもっています。すなわち，マルチナショナル型モデルのもつ柔軟性，インターナショナル型モデルのもつ世界的学習力，グローバル型モデルのもつ競争力をもった組織です。

　トランスナショナル型組織の特徴を一言でいうと，非常に専門化した組織単位を世界中に分散させ相互依存させた統合ネットワークといえます。その特徴は次のようになります（図表20-3）。

Part4 企業の国際化

① 組織力や能力は分散し相互依存する。
② 子会社の役割は分化し専門化する。
③ 知識を共同で開発し世界中で分かち合う。

このトランスナショナル型組織モデルは，医薬品，光学機器，コンピュータ，自動車業界などにおいて有効であるとされます[6]。

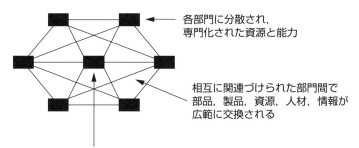

図表20-3 トランスナショナル型組織モデル
（統合ネットワーク）

出所：Bartlett and Ghoshal（1992）（邦訳，129頁）。

図表20-4 国際企業の4つの組織モデルの比較

組織の特徴	マルチナショナル	グローバル	インターナショナル	トランスナショナル
能力と組織力の構成	分散型 海外子会社は自立している	中央集権型 グローバル規模	能力の中核部は中央に集中させ他は分散させる	分散，相互依存，専門化
海外事業が果たす役割	現地の好機を感じ取って利用する	親会社の戦略を実行する	親会社の能力を適応させ活用する	海外の組織単位ごとに役割を別けて世界的経営を統合する
知識の開発と普及	各組織単位内で知識を開発して保有する	中央で知識を開発して保有する	中央で知識を開発し海外の組織単位に移転する	共同で知識を開発し，世界中で分かち合う

出所：Bartlett and Ghoshal（1989）（邦訳，88頁）。

こうしたトランスナショナル型組織モデルを構築することは非常に困難です。なぜならば，組織は競争的になろうとして安易に分散したり，柔軟性をもとうとして相互依存しすぎたり，学習能力の開発を目指して複雑になりすぎたりする可能性があるためです。したがって，トランスナショナル型組織モデルを有効にするためには，多様な経営見通しと能力を正当化することで，ある経営グループ（子会社）は他のグループ（子会社）を支配できないことを明確にすることや，柔軟性のある統制プロセスをつくり，組織単位や業務を最も適正な方法で管理できるようにすることが必要であるとされます。

　図表20-4は，マルチナショナル，インターナショナル，グローバルそしてトランスナショナル型組織モデルの比較をしたものです。

5 メタナショナル型組織モデルの時代

　トランスナショナル型組織モデルは，グローバルな統合とローカルの適応を同時に追求する万能モデルであるようにみえます。しかしながら，このモデルは実在するというよりも理念型であり，そこに至るまでの到達プロセスも明らかにされていません。巨大な国際企業は，数多くの海外子会社を抱えています。そうしたすでにある子会社に対し，役割を付与しなおし相互依存させるということは非常に困難なことです。ABB社（アセアブラウンボベリ）は，トランスナショナルのマネジメント手法を追求しようとした企業の代表例でありました。しかし，最高経営責任者（CEO）のバーネビック（Percy Barnevik）が引退するとその方向性はなくなってしまいました。

　こうしたトンランスナショナル型モデルに替わるモデルとして，ドズ＝サントス＝ウィリアムソンは，メタナショナル型組織モデルを提示しました[7]。彼らによれば，今までの国際企業モデルには次のような前提があるとしています[8]。

①　知識や能力の所在は一定地域に偏在し，優位な知識はそこに留まる。
②　リードマーケットと知識・能力の所在は通常同一である。

③ ノウハウは標準化された製品やサービスに内包される。
④ プロダクト・ライフサイクルが比較的ゆっくり進行する。

　パナソニックは，日本本社に知識や能力を集中させ，日本という巨大マーケットの購買力を背景として製品開発を行い販売してきました。しかしながら，今日の知識・情報化社会ではこれらのことは，次のように変わりつつあります[9]。

① 重要な産業知識の所在と特性が時間とともに大きくシフトする。
② 諸ビジネスの知識ベースが世界規模で分散し，地域特有の文脈に密着する。
③ 製品・サービスに内包される知識のタイプが時間とともにシフトする。
④ プロダクト・ライフサイクルは短縮され，競争優位は迅速なサービス，システム，解決の提供により築かれる。

　メタナショナル型組織モデルは，本国のみならず世界中で価値創造を行い，競争優位を確保するという知識・情報化社会に対応したものです。本国のみならず世界中の子会社，関連会社，提携企業とネットワークを組み，価値創造を行い競争優位を獲得しようとします。トランスナショナル型組織との大きな違いは，ナレッジ（知識）の主たる発信基地が本国にあるだけではなく，世界各国にあるとする点にあります。

　メタナショナル企業は，たとえ自国のマーケットが小さ過ぎたり，消費者に購買力がなかったとしても，海外で得られる経営資源をうまく使うことで，グローバル市場で競争上優位に立つことができるのです。

　たとえば，携帯電話のノキアは，自国のフィンランドは小国であり購買力に限りがあるにもかかわらず，英国でR&D（研究開発）活動を進め，米国から先端技術，マーケティングのノウハウ，日本からは顧客満足志向の在り方などを積極的に取り入れて，これらをまるでオーケストラのように融合させて国際レベルで大成功しました。

　今日では，世界各地に重要な知識が分散し，たとえ小さな市場しか持たない国においても，有望なイノベーションが発生し開発されるようになってき

ています。したがって，インターネットなどによる強力な情報網を駆使すれば，小さな資金力しか持たない企業でも，世界中から資金を集め素早く海外に拡大することも可能になっています。新製品の導入は，かつてはアメリカやごく一部の先進国において生起したのですが，今日では，アジア諸国を含めた世界中で生起するようになってきており，巨大企業の地位も今までのように安定的なものとはいえなくなってきているのです。

注

1) Porter (1986).
2) Bartlett and Ghoshal (1989).
3) Ghoshal and Nohria (1993).
4) Ibid.
5) Ibid.
6) Ibid.
7) Doz, Santos and Williamson (2001).
8) 浅川 (2003)。
9) 同上書。

第21講 日本企業グローバル化の課題

1 日本企業と本国中心主義

　第20講で検討したバートレット＝ゴシャール[1]が提起したグローバル型組織モデルは、日本企業に多くみられる組織モデルでした。能力、資源、権限の大部分が日本国内に集中され、海外子会社は日本本社の意思決定に基づいて運営されるという経営スタイルは、第17講で検討したヒーナン＝パールミュッター[2]の本国中心主義の経営姿勢とほぼ同じであるといえます。こうした日本企業の本国至上主義的傾向は現在でもみられます[3]。

　マクロデータと25社を対象とした定量分析によれば[4]、日本企業の本国中心主義は克服されたとはいえない状況にあり、その原因が開発などの高度な活動を海外子会社で行う際に本国のサポートが必要とされていることにあることを指摘しています。そして、日本企業の海外子会社は、いまだ高度な活動を本国の関与なしで行えるほどは自立してはおらず、そのため、高度な活動を海外で行う必要がある際には、本国中心主義的な海外展開をしているとしています。

　日本企業の現状をみると、バートレット＝ゴシャールが主張したときよりも、海外子会社の規模が拡大し、海外子会社のプレゼンスが大きくなっています。このような傾向は、海外拠点の能力構築に及ぼすデメリットを大きくしていると考えられます。マルチナショナル、インターナショナル、トランスナショナル、メタナショナルといった他の組織モデルとの競争といった日本企業が直面する経営環境では、本国が集中的に海外子会社を管理するグローバル型組織モデルがもつデメリットが大きくなる可能性が高いといえるのです。この点は日本企業が克服すべき重要な課題の1つであるといえます[5]。

ここでは，グローバル型組織モデルの海外展開における課題点として，国の文化と企業文化の問題，日本的慣行システムならびに日本的生産システムの移転の問題，研究開発のグローバル化の問題の4つについて検討していくことにします。

2　企業文化と国の文化

（1）企業文化

　文化とは，「知識，信念，芸術，法律，道徳，習慣および社会の構成員としての人間が習得したすべての能力や習慣を内包する複雑な総合[6]であり，人工物として具体化されたものを含むもの[7]」と定義することができます。企業文化とは，企業が有する文化のことを指します。

　企業文化は主観的レベルと客観的レベルに分かれます。主観的企業文化とは組織メンバーによって支持された信念・憶測・期待のパターンであり，組織の環境・規範・役割・価値に対するグループ固有の知覚方法で，無意識的・深層的・不可視的概念です。一方，客観的企業文化とは，組織が創りあげた人為的創造物に関連する意識的・表層的・可視的概念です。オフィスのレイアウトなどの物理的状況，言語，物語，伝説や神話，衣服，ヒーローやヒロイン，儀式，行動などがあげられます。客観的文化は主観的文化を具現化したものとして捉えられます[8]。

　企業には各々独自の企業文化が存在し，企業文化は業績と密接な関係があります。ピーターズ＝ウォーターマン[9]は，過去20年に渡って卓越した業績をあげてきた企業43社を調べ，8つの共通特性を発見しました。そしてその背後に，各企業独自の思考・行動様式というべき企業文化が存在していたことを発見しました。ディール＝ケネディ[10]も，明確に表現された企業文化を有していた企業は，優れた業績を一貫してあげていたことを明らかにしました。

ワイス[11]は，企業文化の源泉・影響要因として，創業者と最高経営責任者，国の文化，地域の文化，業種の4つを指摘しています。国際企業においては，国の文化の影響力が問題となってきます。すなわち，自社の企業文化が世界各国に広がった子会社ネットワークを含めた進出先の国の文化とどのように接していくのかが問題となるのです。

進出国における企業文化をどのようなものにするのかについては次の5つのパースペクティブが存在します[12]。

1）文化浸透パースペクティブ

これは，本社文化を維持し，変えずに海外子会社の文化変容を目指そうとする同化パースペクティブです。全社的に統一された文化とは強い文化であり，これによりグローバルな効率性が生まれます。しかし，異なる国家文化環境にある組織メンバーに文化変容を押し付けることは，モチベーションを低下させ，組織業績を悪化させる可能性があります。

2）ローカル化パースペクティブ

これは，文化浸透パースペクティブとは反対に本社の文化を子会社に合わせるといったものです。しかし，たくさんの子会社を抱えるようになると現実的には対応しきれなくなります。

3）融合パースペクティブ

これは，本社文化も海外子会社文化も両方とも変化させて新たな第三文化をつくろうとするものです。

4）シナジー・パースペクティブ

これは，本社の文化も維持する代わりに子会社の文化も維持するというものです。いわゆる文化の多様性を認めるパースペクティブです。しかし，メンバーの高い組織コミットメントと高い学習能力を実現するには，この文化には適しません。

5）ポリマー（重合）パースペクティブ

これは，組織の中核となる文化（コアカルチャー）を創造する一方で，子会社の文化（サブカルチャー）の多様性を認めていこうとするものです。

以上5つのパースペクティブは，企業がグローバル化するにともない変動します。初期段階では，文化浸透およびローカルパースペクティブが支配的です（企業文化形成の創成・遭遇期）。中期段階では，シナジーおよびポリマーパースペクティブが支配的です（交流・変革期）。最終段階では融合パースペクティブが支配的になります（創造・深耕期）。国際レベルで成功する企業とは，グローバル化の各段階において，それに合った企業文化を備えている企業です。

(2) 国の文化

グローバル型組織モデルを多く採用する日本の国際企業には，文化浸透パースペクティブが適合的であるといえます。しかし国際化の進展にしたがって，他国の文化を考慮した企業文化の形成を図っていく必要があります。しかしながら，次に示すように国の文化は多様であるため，成長段階に適合的な企業文化の形成は国際化志向の企業にとっては大きな課題となっています。

ホーフステッド[13]は，国の文化を，権力の格差，不確実性の回避，個人主義，男性化の4つの価値次元に分類し，国によって異なることを示しました（図表21-1）。

1）権力の格差
これは，階層組織の下で上司が部下の行動を規定する程度と部下が上司の行動を規定できる程度との差のことです。日本は各国の中位に位置していました。

2）不確実性の回避
これは，不確実であいまいな状況への脅威とそれを許容する程度のことです。日本はギリシア，ポルトガル，ベルギー，ペルーと並んで高い国の1つでした。

3）個人主義化
これは，組織に対する個人の独立性と依存性のことです。日本は依存性が高く家族主義的であることが予想されますが，実際は中位で，急速に個人主

義化が進んでいることがわかりました。

4）男性化

これは，社会における男女の役割分化のことです。日本は最も高く，以下オーストリア，ベネズエラ，イタリア，スイス，メキシコでした。

ホーフステッドはその後，長期志向—短期志向次元を加えて調査を行っています[14]。忍耐や地位による秩序，節約，恥のセンスといった価値項目により構成されます。調査の結果，中国，香港，台湾，日本，韓国といった東アジア諸国が高いスコア（長期志向），パキスタン，ナイジェリア，フィリピンといった国々が低いスコア（短期志向）でした。

また，ホール[15]は，コミュニケーションの観点から，文化を高コンテクスト文化と低コンテクスト文化に分けました。コンテクストとは，人と人とが相互にかかわりあう程度のことで，言語・共通の知識・体験・価値観・ロジック・嗜好性などからみることができます。

ホールによれば，高コンテクスト国から低コンテクスト国を並べると，1位日本，2位韓国，3位サウジアラビア，4位中国，5位インドネシア，6位タイ，7位フランス，8位イタリア，9位イギリス，10位チェコ，11位アメリカ，12位オランダ，13位ドイツ，14位スイスのようになります。

日本のような高コンテクスト文化では，伝える努力やスキルがなくても，お互いに相手の意図を察しあうことで，いわゆる阿吽の呼吸で，なんとなく通じてしまいます。一方，欧米のような低コンテクスト文化では，言語によるコミュニケーションを重視します。そのため，言語に対し高い価値をおいており，コミュニケーション能力である論理的思考力，表現力，説明能力，ディベート力，説得力，交渉力を重視する傾向にあります。

図表21-1　国民文化の4次元

国　別		権力格差 PDI	不確実性回避 UAI	個人主義化 IDV	男性化 MAS
アルゼンチン	Argentina	49	86	46	56
オーストラリア	Australia	36	51	90	61
オーストリア	Austria	11 (min)	70	55	79
ベルギー	Belgium	65	94	75	54
ブラジル	Brazil	69	76	38	49
カナダ	Canada	39	48	80	52
チリ	Chile	63	86	23	28
コロンビア	Colombia	37	80	13 (min)	64
デンマーク	Denmark	18	23	74	16
フィンランド	Finland	33	59	63	26
フランス	France	68	86	71	43
西ドイツ	Germany (F.R.)	35	65	67	66
イギリス	Great Britain	35	35	89	66
ギリシア	Greece	60	112 (max)	35	57
香港	Hong Kong	68	29	25	57
インド	India	77	40	48	56
イラン	Iran	58	59	41	43
アイルランド	Ireland	28	35	70	68
イスラエル	Israel	13	81	54	47
イタリア	Italy	50	75	76	70
日本	Japan	54	92	46	95 (max)
メキシコ	Mexico	81	82	30	69
オランダ	Netherlands	38	53	80	14
ニュージーランド	New Zealand	22	49	79	58
ノルウェー	Norway	31	50	69	8
パキスタン	Pakistan	55	70	14	50
ペルー	Peru	64	87	16	42
フィリピン	Philippines	94 (max)	44	32	64
ポルトガル	Portugal	63	104	27	31
シンガポール	Singapore	74	8 (min)	20	48
南アフリカ	South Africa	49	49	65	63
スペイン	Spain	57	86	51	42
スウェーデン	Sweden	31	29	71	5 (min)
スイス	Switzerland	34	58	68	70
台湾	Taiwan	58	69	17	45
タイ	Thailand	64	64	20	34
トルコ	Turkey	66	85	37	45
アメリカ合衆国	U.S.A.	40	46	91 (max)	62
ベネズエラ	Venezuela	81	76	21	73
ユーゴスラビア＊	Yugoslavia	76	88	27	21
平均		52	64	50	50
標準偏差		20	24	25	20

注：Hofstede (1980) Fig.3.1, 4.1, 5.2, 6.1を整理したもの。
出所：高橋 (1995) 136頁, 表3を一部修正。

3 日本的経営システムの移転

　企業における人事慣行などの経営システムは，国の文化の影響を受けています。安室[16]は，高コンテクスト文化の日本と低コンテクスト文化のアメリカとの経営システムの違いを次のように説明しています（図表21-2）。

(1) 組織参加の条件

　高コンテクスト文化では，組織成員同士が共有する情報量が多いほどうまく機能することになります。それは，仕事の枠を超えた全人格的な情報の共有にまで至ります。したがって，機能している組織ほど，組織構成員と外部との区別が強いことになります。日本企業においては，全人格的な組織参加が必要とされます。相手の個人的なことも含めてお互いによく知っていなければ機能しないためです。

　一方，低コンテクスト文化では，個別化，分断化，専門化といった組織の効率性に基づいて組織をつくることが可能です。職務マニュアルが詳細にしっかりできていれば，人々は他の組織から容易に転入でき，すぐに仕事を開始できます。組織への参加は，機能的側面のみを提供するだけで済みます。

(2) 意思決定と伝達

　高コンテクスト文化では，環境変化が激しい場合，それに対応するために構成員間の価値情報の組み換えと共有化（再プログラミング）が間断なくなされます。古い情報しか持ち得ない者は，組織の中で適切な行動がとれにくくなります。こうした状況を避けるためにも，高コンテクスト文化では，構成員間に強い求心性が生まれ，集団への同化や集団志向性，強い忠誠心が生まれることになります。

　再プログラミングは，情報を創造し伝達する力の強い革新遂行者によってなされます。彼らは現場の近いところにおり，非公式な権威体系である派閥を形成します。派閥の長は，集団の相互依存と一体感があるため，すべて

の部下の行為に対して，個人責任を負わなければなりません。

一方，低コンテクスト文化では，責任は職務や機能に応じて体系内にきちんと配分されているため，責任転嫁やまとめて責任をとるという事態は発生しないことになります。

(3) 雇用慣習

価値や情報の共有化が重要である高コンテクスト文化を維持するには，構成員が長期間組織に留まることを必要とします。この結果，終身雇用制が採用されることになります。一方，低コンテクスト文化では，構成員の流動性が高くても維持は可能であるため，経営上の制度は，短期の雇用を前提として形成されることになります。

(4) 昇進経路

高コンテクスト文化では，その相互依存性のため，専門化よりも部門間の調整が重視されます。職場で仕事が分かれていても個々人のレベルでの専門性はなかなか育ちません。うまく調整していくには，部門間の諸事情を把握している必要があり，そのためには，特定領域の専門知識よりも会社全体の情報を有している方が役に立つことになります。したがって，高コンテクスト文化の企業では，ジェネラリスト志向が強くなります。

一方，低コンテクスト文化では個人責任が中心です。構成員も流動化する傾向にあります。構成員は他の企業でも通用するように，自己の専門性の向上をはかろうとします。したがって，低コンテクスト文化の企業では，スペシャリスト志向が強くなります。

(5) 業績評価と基準

高コンテクスト文化の企業では，相互依存とジェネラリスト志向が強くあらわれるために，個々人の業績評価が難しくなります。相互依存が高いということは，個々人の業績が他者の影響を受けていることを意味するからです。したがって，業績評価は他部門への貢献や組織への忠誠心といった測定が難

しい諸要素も加味しなければならなくなってきます。一方，低コンテクスト文化では，集合離散が多いため構成員間の信頼は醸成されにくくなります。そのためすべてを契約で処理するドライなシステムが構築されます。

(6) 問題点

国際企業はこうした，文化の差異に立脚した経営システムの違いにも対応していかなければなりません。コンテクストの観点から判断するならば，日本のような高コンテクスト文化の企業が，低コンテクスト文化の国に進出した場合，日本的経営システムをそのまま現地に適応させるには大きな困難がともなうといえるでしょう。

第一に，現地従業員に対し，自分の職務以外の情報に関しても共有させるという点があります。その中には，日本人固有の価値観や規範も含まれています。したがって，現地国の人に，日本文化を一部共有することを強いることにもなり，激しい文化摩擦を引き起こしかねません。その点，アメリカ式の経営は低コンテクストが前提ですから，経営システムを標準化し公式化することで統制することが可能となるため，日本ほどの文化摩擦は生じないこ

図表21-2　日米の経営システム比較

システムの構成要素	日本の経営システム	アメリカの経営システム
文化的特色	高コンテクスト社会	低コンテクスト社会
組織参加の条件	全人格的参加	機能的参加
意思決定と伝達	集団志向－個人責任	個人志向－個人責任
雇用慣習	長期間雇用	短期間雇用
昇進経路	ジェネラリスト志向	スペシャリスト志向
業績評価と基準	不明確，非公式的評価基準 年功序列	明確，公式的評価基準 頻繁な評価と昇進
賃金制度	年功的賃金制	能力主義の職務給
統制のタイプ	行動的統制	成果による統制

出所：池本・上野・安室（1981）122頁，表5-1。

とになります。

　第二に，海外における定着率の低さがあげられます。これでは，永続的雇用と忠誠心によって，高コンテクスト文化を維持していくことは不可能です。

　第三には，高コンテクスト文化に基づく日本式の経営を海外に移転するには，多数の日本人を移転する必要があることがあげられます。文化は個々人に組み込まれておりコード化しにくいことから，人による伝達が必要となるためです。この点，低コンテクスト文化のアメリカ企業は，細かなマニュアルに基づいた統制メカニズムを用いるため，設計どおりに機能しているかどうかモニタリングすることに重きがおかれ，計数的に成果があがっていればよしとする「成果による統制」がなされます。その点，日本の場合は，成果による統制では満足できず，価値までの共有を含む「行動による統制」までも望むため，現地スタッフに対する関与は，アメリカ企業よりも深くなり，問題を起こすことになりかねません。

4 日本的生産システムの移転

　日本的生産システムの特徴は2つあります[17]。

　1つは，組織内のシステムに関連するもので，チームワークをベースとした生産システムです。ワークチーム制の導入，チームメンバーによるジョブローテーション，多能工化，チームリーダー制，低いホワイトカラーとブルーカラーの垣根，労働者の自発性の重視，QCサークルの導入などがあげられます。この背景には，集団の知識集積を生産現場に生かそうとする発想があります。

　2つは，組織間のシステムに関するもので，組立工場と部品供給会社との親密な関係です。ジャストインタイムシステムによる部品供給システム，欠陥部品に対する迅速な対応，品質管理や製品開発についての協力的関係などがあげられます。この背景には，生産プロセスおよび効率性を重視する発想があります。

問題はこの日本式生産システムがどの程度諸外国へ移転可能なのかです。
 フロリダ＝ケニー[18]の調査結果から，自動車産業の米国への移転について検討してみます（図表21-3）。

1）ワークチーム
 日本では仕事はチーム単位で与えられます。各チームは作業プランを自ら計画しその遂行に関し責任を負っています。米国では仕事は個人を単位に与えられ，作業プランを計画する余地は与えられません。日系子会社においては，すべての工場においてワークチーム制の導入が成功していました。

2）仕事のローテーション
 日本ではチーム内での仕事のローテーションがメンバー間の取り決めによって自発的になされます。これによって，多能工化が進むと同時に職務ストレスが減少し，職務拡大や職務充実が実現されます。米国では，仕事のローテーションは一般的ではなく，命令によってなされます。日系子会社においては，すべての工場においてチーム内のローテーションが受け入れられていました。

3）職務数
 日本では，職務数は3から4つと極端に少ないのに対し，米国では平均90ほどもありました。日系工場では，日本スタイルの少ない職務数が受け入れられていました。

4）チームリーダー
 チームリーダーという概念は，日本独特のものです。これは，米国式の職長とかロワーマネジメントといった監督者ではありません。管理の義務を負った作業メンバーの一員であり，ジョブローテーションなど作業計画について，チームメンバーと協議しながら決める役割をもっています。日系工場では，すべての工場がチームリーダー制を導入していました。

5）QCサークル
 QCサークルとは製品・生産プロセスの改良のために労働者が時間外に自主的に行うグループ活動です。これによってグループ内の多くのインテリジ

ェンスが利用できます。日系工場では，かなり修正した形で導入されています。たとえば残業手当てを払ったり，正規の勤務時間を短縮して活動にあてたりしていました。

6）労働組合

日本では企業別労働組合が一般的であり，米国では産業別労働組合が一般的です。日系工場では，労働組合があるところとないところがあるなどまちまちです。組合が存在するところでは，少ない職務数やジョブローテーションを実現するために，ローカルユニオンとの間に個別の取り決めを結んでいました。また，生産高の3割減少まで完全雇用を保証する工場があるなど職務保証についても，現地従業員の納得の行く方法をとっていました。一方，組合がないところでは非公式な形で職務保証をしていました。

7）ジャストインタイムシステム

これは，必要なときに必要な量だけつくるという在庫ゼロを目標とした生産方法で，組立工場と部品供給会社との距離的近接性，長期的取引関係，製品の共同開発，日常的なコミュニケーションや相互作用を特徴としています。日系子会社では部品供給会社との間に次のような関係がみられました。8時

図表21-3　米国における日系自動車工場の組織内慣行（1990年）

自動車会社	仕事組織		職務分類数	QC活動	平均賃金（$）	生産部門時給（$）	組合の有無
	ワークチーム	ローテーション					
ホンダ	＋	＋	3	○	33,685	14.55	無
日産	＋	＋	4	○	32,579	13.95	無
NUMMI	＋	＋	4	○	36,013	16.81	有
トヨタ	＋	＋	3	○	29,598	14.23	無
マツダ	＋	＋	2	○	32,970	15.13	有
SIA	＋	＋	3	○	28,995	13.94	無
ビッグ3	－	－	90	－	36,089	16.41	有

注：＋：日本と同じ　○：修正　－：日本と異なる
出所：Florida and Kenny（1991）Table 1.

間以内の配送時間，ジャストインタイムシステムに従った配送方法，欠陥部品の即座の返品，品質管理や製品問題に関する技術者の部品供給会社への訪問，製品の共同設計などです。

以上みてきたように，生産レベルにおいては，日本的システムの移転は若干の修正をともなって実現されていることがわかります。

注

1) Bartlett and Ghoshal (1989).
2) Heenan and Perlmutter (1979).
3) 椙山 (2009)。
4) 大木・天野・中川 (2011)。
5) 同上稿。
6) Symington (1983) p.1.
7) Kroeber and Kluckhohn (1952) p.181.
8) Shein (1980) ; Weis (1996).
9) Peters and Waterman (1982).
10) Deal and Kennedy (1982).
11) Weis, op.cit.
12) 根本・テレフォーシュ吉本 (1994)。
13) Hofstede (1980).
14) Hofstede (1991).
15) Hall (1976).
16) 安室 (1981) 121-128頁。
17) Florida and Kenney (1991).
18) Ibid.

参考文献

〈洋文献〉

Abernathy, W.J.（1978）*The Productivity Dilemma*, Johns Hopkins University Press.
Adler, N.J.（1991）*International Dimensions of Organizational Behavior*, South Western Publishing.（江夏健一・桑名義晴監訳『異文化組織のマネジメント』マグロウヒル出版，1992年）
Aldrich, H. and Auster, E.R.（1986）Even Dwarfs Started Small: Liabilities of Age and Size and their Strategic Implications, in Cummings, L. and Staw, B.(eds.), *Research in Organizational Behavior*, JAI Press, 8, pp.165-198.
Allen, T. J.（1979）*Managing the Flow of Technology*, MIT Press.
Ansoff, H.I.（1965）*Corporate Strategy*, McGraw-Hill.（広田寿亮訳『企業戦略論』産業能率大学出版部，1977年）
Axelrod, R.（1984）*The Evolution of Cooperation*, Basic Books.（松田裕之訳『つきあい方の科学』ミネルヴァ書房，1998年）
Barabasi, A.L. and Albert, R.（1999）Emergence of Scaling in Random Networks, *Science* 286(5439), pp.509-512.
Barnard, C.I.（1938）*The Function of the Executive*, Harvard University Press.（山本安次郎・田杉競・飯野春樹訳『新訳経営者の役割』ダイヤモンド社，1977年）
Bartlett, C.A. and Ghoshal, S.（1989）*Managing Across Borders: The Transnational Solution*, Harvard Business School Press.（吉原英樹監訳『地球市場時代の企業戦略：トランスナショナルマネジメントの構築』日本経済新聞社，1990年）
Bartlett, C.A. and Ghoshal, S.（1992）*Transnational Management*, Irwin.（梅津祐良訳『MBAのグローバル経営』日本能率協会マネジメントセンター，1998年）
Berkowitz, S.D.（1982）*An Introduction to Structural Analysis: The Network Approach to Social Research*, Butterworths.
Berle, Jr.A.A. and Means, G.C.（1932）*The Modern Corporation and Private Property*, Macmillan.（北島忠男訳『近代株式会社と私有財産』文雅堂銀行研究社，1958年）
Bleeke, J. and Ernst, D.（1991）The Way to Win in Cross-Border Alliances, *Harvard Business Review*, Nov-Dec.,pp.27-135.
Bleeke, J. and Ernst, D.（1993）*Collaborating to Compete*, Wiley.
Blumberg, P.L.（1975）*The Megacorporation in American Societies: The Scope of Corporate Power*, Prentice Hall.

Buckley, P.J. and Casson, M.（1976）*The Future of Multinational Enterprise*, Macmillan.（清水隆雄訳『多国籍企業の将来（第2版）』文眞堂，1993年）

Burnham, J.（1941）*The Managerial Revolution*, John Day.

Burns, M. and Mauet, A.（1984）Administrative Freedom for Interorganizational Action, *Administration & Society*, 16(3), pp.289-305.

Burt, R.S.（1992）*Structural Holes: The Social Structure of Competition*, Harvard University Press.（安田雪訳『競争の社会的構造―構造的空隙の理論―』新曜社，2006年）

Business Week（1963）Multinational Companies Special Report, *Business Week*, April 20.

Bygrave, W. and Timmons, J.A.（1993）*Venture Capital at the Crossroads*, Harvard Business School Press.

Bygrave, W. and Zacharakis, A.（2004）*The Portable MBA in Entrepreneurship*, 3rd ed., John Wiley & Sons.

Bygrave, W. and Zacharakis, A.（2008）*Entrepreneurship*, John Wiley & Sons.（高橋徳行・田代泰久・鈴木正明訳『アントレプレナーシップ』日経BP社，2009年）

Carroll, A.B. and Buchholtz, A.K.（2003）*Business and Society: Ethics and Stakeholder Management*, 5th ed., Thomson/South-Western.

Cheng, J. C.（1991）Toward a Systems Paradigm for MNC Research: An Organizational Approach, In Prasad, S.B.（ed.）*Advances in International Comparative Management*, 6, pp.161-179.

Chesbrough, H.（2004）*Open Innovation*, Harvard Business School Press.（大前恵一朗訳『Open Innovation』産業能率大学出版部，2004年）

Deal, T.E. and Kennedy, A.A.（1982）*Corporate Cultures*, Addison-Wesly.（城山三郎訳『シンボリック・マネージャー』新潮社，1983年）

DiMaggio, P.J. and Powell, W.W.（1983）The Iron Cage Revisited: Institutional Isomorphism and Collective Rationality in Organizational Fields, *American Sociological Review*, 48, pp.147-160.

Douma, S. and Schreuder, H.（1992）*Economic Approaches to Organizations*, Prentice Hall.（岡田和秀・渡部直樹・丹沢安治・菊澤研宗共訳『組織の経済学入門』文眞堂，1994年）

Doz, Y.L. and Hamel, G.（1998）*Alliance Advantage: The Art of Creating Value through Partnering*. Harvard Business School Press.

Doz, Y., Santos, J. and Williamson, P.（2001）*From Global to Metanational*, Harvard Business School Press.

Dunning, J. H.（1979）Explaining Changing Patterns of International Production: In

Defence of Eclectic Theory, *Oxford Bulletin of Economics and Statistics*, 41(4), pp.269-295.

Dunning, J. H. (1988) *Explaining International Production*, UrwinHyman.

Evan, W.M. (1966) The Organization Set: Toward a Theory of Interorganizaional Relations, In Thompson, J.D. (ed.) *Approach to Organizational Design*, University of Pittsberg Press.(土屋敏明・金子邦男・古川正志訳『組織の革新』ダイヤモンド社, 1969年)

Evan, W.M. (1972) An Organization-Set Model of Interorganizational Relations, in Tuite, M.F., Randnor,M. and Chisholm R.K.(eds.), *Interorganizational Decision Making,* Aldine-Atherton Publishing.

Fayol, H. (1916) *Administration Industrielle el Générale*, Dunod. (佐々木恒男訳『産業ならびに一般の管理』未来社, 1972年)

Florida, R. and Kenney, M. (1991) Transplanted Organizations: The Transfer of Japanese Industrial Organization to the U.S., *American Sociological Review*, 56(3), pp.81-398.

Franko, L.G. (1976) *The European Multinationals*, Greylock.

Gerloff, E. A. (1985) *Organizational Theory and Design*, McGraw-Hill. (車戸実監訳『経営組織の理論とデザイン：戦略的アプローチ』マグロウヒル出版, 1989年)

Ghoshal, S. and Nohria, N. (1993) Horses for Courses: Organizational Forms for Multinational Corporations, *Sloan Management Review*, 34(3), pp.23-35.

Gomes-Casseres, B. (1994) Group versus Group: How Alliance Network Compete, *Harvard Business Review*, 72(4), pp.62-74.

Granovetter, M.S. (1974) *Getting a Job*, Harvard University Press.

Greiner, L.E. (1972) Evolution and Revolution as Organizations Grow, *Harvard Business Review*, 50(4), pp.37-46.

Hall, E.T. (1976) *Beyond Culture*, Doubleday & Company. (岩田 慶治・谷泰訳『文化を超えて』TBSブリタニカ, 1979年)

Harbison, J.R. and Pekar, P. (1998) *Smart Alliances*, Jossey-Bass.

Heenan, D. and Perlmutter, H. (1979) *Multinational Organization Development: A Social Architecture Perspective*, Addison-Wesley. (江夏健一監訳『多国籍企業：国際化のための組織開発』文眞堂, 1982年)

Henderson, R. and Clark, K.B. (1990) Architectural Innovation: The Reconfiguration of Existing Product Technologies and the Failure of Established Firms, *Administrative Science Quarterly*, 35, pp.9-13.

Herman, E.S. (1981) *Corporate Control, Corporate Power*, Cambridge University Press.

Hill, C.W.（2001）*International Business*, Irwin/McGraw-Hill.
Hofstede, G.（1980）*Culture's Consequences : International Differences in Work-Related Values*, Sage Publication.（萬成博・安藤文四郎監訳『経営文化の国際比較』産業能率大学出版部，1984年）
Hofstede, G.（1991）*Cultures and Organizations: Software of the Mind*, McGraw-Hill Internaitonal.（岩井紀子・岩井八郎訳『多文化世界』有斐閣，1995年）
Hymer, S.（1960）*The International Operations of National Firms: A Study of Direct Foreign Investment*, doctoral dissertation, MIT Press（宮崎義一編訳『多国籍企業』岩波書店，1978年）
Jensen, M. and Meckling, W.（1976）The Theory of the Firm: Managerial Behaviour, Agency Costs and Ownership Structure, *Journal of Financial Economics*, 3（4）, pp.305-360.
Jensen, M.C.（1986）Agency Costs of Free Cash Flow, Corporate Finance and Takeovers, *American Economic Review*, 76（2）, pp.323-329.
Kindleberger, C.P.（1969）*American Business Abroad: Six Lectures on Direct Investment*, Yale University Press.（小沼敏監訳『国際化経済の論理』ペリカン社，1970年）
Kirzner, I.M.（1973）*Competition and Entrepreneurship*, The University of Chicago Press.（田島義博監訳『競争と企業家精神―ベンチャーの経済理論―』千倉書房，1985年）
Knickerbocker, F.T.（1973）*Oligopolistic Reaction and Multinational Enterprise*, Harvard University Press.（藤田忠訳『多国籍企業の経済理論』東洋経済新報社，1978年）
Kotz, D.M.（1978）*Bank Control of Large Corporations in the United States*, University California Press.（西山忠範訳『巨大企業と銀行支配』文真堂，1972年）
Kroeber, A.L. and Kluckhohn, C.（1952）*Culture*, Meridian Books.
Larner, R. J.（1970）*Management Control and the Large Corporation*, Dunellen.
Lee, N.H.（1969）*The Search for an Abortionist*, University of Chicago Press.
Leibenstein, H.（1966）Allocative Efficiency vs. 'X-Efficiency', *American Economic Review*, 56, pp.392-415.
Mankiw, G.（2004）*Principles of Economics*, 3rd ed., Thomson Learning.（足立英之他訳『マンキュー経済学Ⅰミクロ編（第2版）』東洋経済新報社，2005年）
Markusen, A.R.（1996）Sticky Places in Slippery Space: A Typology of Industrial Districts, *Economic Geography*, 72（3）, pp.293-313.
Marshall, A.（1920）*Principles of Economics*, 8th ed., Macmillan.（永沢越郎訳『経済学原理』岩波ブックサービスセンター，1997年）

Mason, C.M. and Harrison, R.T.（1999）Editorial, Venture Capital: Rationale, Aims and Scope, *Venture Capital: An International Journal of Entrepreneurial Finance*, 1（1）, pp.1-46.
Milgram, A.（1967）The Small World Problem, *Psychology Today*, 2, pp.60-67.
Moore, C.（1986）Understanding Entrepreneureial Behavior, In Pearce, J.A. and Robinson, R.B.Jr.（eds.）*Academy of Management Best Paper Proceedings*, Forty-sixth Annual Meeeting of the Academy of Management, Chicago.
Paine, L. S.（2003）V*alue Shift : Why Companies Must Merge Social and Financial Imperatives to Achieve Superior Performance*, McGraw-Hill.
Peters, T.J. and Waterman, R.H.（1982）*In Search of Exellence*, Harper & Row.（大前研一訳『エクセレントカンパニー：超優良企業の条件』講談社，1983年。）
Pfeffer, J. and Salancik, G.R.（1978）*The External Control of Organizations: A Resource Dependence Perspective*, Harper & Row.
Piore, M. J. and Sabel, C.F.（1984）*The Second Industrial Divide: Possibilities for Prosperity*, Basic Books.（山之内靖・永易浩一・石田あつみ訳『第二の産業分水嶺』筑摩書房，1993年）
Porter, M.E.（ed.）（1986）*Competition in Global Industries*, Harvard Business School.（土岐坤・中辻萬治・小野寺武夫訳『グローバル企業の競争戦略』ダイヤモンド社，1989年）
Porter, M.E.（1998）*On Competition*, Harvard Business School Press.（竹内弘高訳『競争戦略論Ⅱ』ダイヤモンド社，1999年）
Porter, M.E. and Kramer, R.M.（2006）Strategy & Society: The Link between Competitive Advantage and Corporate Social Responsibility, *Harvard Business Review*, December, pp.78-92.
Roll, R.（1986）The Hubris Hypothesis of Corporate Take-over Targets, *Journal of Business*, 59（2）, pp.197-216.
Rumelt, R.P.（1974）*Strategy, Structure and Economic Performance*, Harvard Business School.（鳥羽欽一郎他訳『多角化戦略と経済成果』東洋経済新報社, 1977年）
Saxenian, A.（1994）*Regional Advantage: Culture and Competition in Silicon Valley and Route 128*, Harvard University Press.（大前研一訳『現代の二都物語：なぜシリコンバレーは復活し，ボストン・ルート128は沈んだか』講談社, 1995年）
Schein, E.H.（1980）*Organizational Psychology*, 3rd ed., Prentice-Hall.（松井賚夫訳『組織心理学［新訂現代心理学入門］』岩波書店，1981年）
Schein, E.H.（1985）*Organizational Culture and Leadership: A Dynamic View*, Jossey-Bass.（清水紀彦・浜田幸雄訳『組織文化とリーダーシップ』ダイヤモンド社，1989年）

Schumpeter, J.A.（1926）*Theorie der Wirtschaftlichen Entwicklung.*（塩野谷祐一・中山伊知郎・東畑精一訳『経済発展の理論（第2版）上・下』岩波書店，1977年）

Schumpeter, J.A.（1939）*Business Cylcles: A Theoretical, Historical, and Statistical Analysis of the Capitalist Process,* 1（2），McGraw-Hill Book Co.（吉田昇三監修・金融経済研究所訳『景気循環論―資本主義過程の理論的・歴史的・統計的分析―（Ⅰ）（Ⅱ）（Ⅲ）（Ⅳ）（Ⅴ）』有斐閣，1958年，1959年，1960年，1962年，1964年）

Schumpeter, J.A.（1943）*Capitalism, Socialism and Democracy,* Routledge（Reprint, 1992）．（中山伊知郎・東畑精一訳『資本主義・社会主義・民主主義（上巻）』東洋経済新報社，1962年）

Scott, J.（1991）*Social Network Analysis,* 2nd ed., SAGE.

Stopford, J.M. and Wells, L.T.Jr.（1972）*Managing the Multinational Enterprise,* Basic Books.（山崎清訳『多国籍企業の組織と所有政策』ダイヤモンド社，1976年）

Symington, J.W.（1983）*Organizational Culture and its Relationship with Performance and Success : A Study Management and Change,* McGraw-Hill Education.

UNCTAD（2010）*World Investment Report 2010.*

Van de Ven, Andrew H., Emmett, D.C. and Koenig, R.Jr.（1975）. Theoretical and Conceptual Issues in Interorganization Theory. In Negandhi, A.R.（Ed.）*Interorganization Theory,* Kent State University Press, pp.19-38.

Vernon, R.（1966）International Investment and International Trade in the Product Life Cycle, *Quarterly Journal of Economics,* 80（2），pp.190-207.

Vernon, R.（1971）*Sovereignty at Bay,* Basic Books.（霍見芳浩訳『多国籍企業の新展開』ダイヤモンド社，1973年）

Watts, D.J. and Strogatz, S.H.（1998）Collective Dynamics of 'Small- world' Networks, *Nature,* 393, pp.440-442.

Weber, A.（1922）*Üeber den Standort der Industrien, Erster Teil, Reinen Theorie des Standorts.* Verlag von J. C. B. Mohr.（日本産業構造研究所訳『工業立地論』大明堂，1996年）

Webley, S. and More, E.（2003）*Does Business Ethics Pay? Ethics and Financial Performance,* Institute of Business Ethics, London.

Weis, J.W.（1996）*Organizational Behavior and Change,* West Publishing Company.

Williamson, O.E.（1975）*Markets and Hierarchies,* Macmillan.（浅沼萬里・岩崎晃訳『市場と企業組織』日本評論社，1980年）

参考文献

〈和文献〉

IBMビジネスコンサルティングサービス・森本親治・守屋光博・高木将人（2005）『企業改革法が変える内部統制プロセス』日経BP社。

浅川和宏（2003）『グローバル経営入門』日本経済新聞社。

安部悦生（1995）「革新の概念と経営史」由井常彦・橋本寿朗編『革新の経営史』有斐閣，214-236頁。

有村信一郎（2006）「産業集積（クラスター）」佐久間信夫編『よくわかる企業論』ミネルヴァ書房，132-139頁。

伊相国（2010）「アメリカにおけるコーポレート・ガバナンスの理論的展開」『千葉大学人文社会科学研究』20(3)，38-252頁。

池本清・上野明・安室憲一（1981）『日本企業の多国籍的展開』有斐閣。

石嶋芳臣（2006）「日本的経営システムとコーポレート・ガバナンス」大平義隆編著『変革期の組織マネジメント―理論と実践―』同文舘出版，35-59頁。

伊藤秀史（1997）「次善のコーポレート・ガバナンスを求めて：シェアホルダー対ステークホルダー」『にちぎんクオータリー』48号，12月（http://sites.google.com/site/hideshiitoh/jp/pub-j/nichigin）。

伊藤元重（2002）『ゼミナール国際経済入門（第2版）』日本経済新聞社。

伊藤研一・道明義弘（1997）「企業集団の収益力―検証：株式会社『日本』―」摂南大学『経営情報研究』5(2)，51-89頁。

井戸坂智祐（2023）「日本における上場子会社のパフォーマンスに関する実証分析：2010年代の企業統治制度改革の上場子会社への影響」明治大学経営学研究論集，58，1-16頁。

稲水伸行・若林隆久・高橋伸夫（2007）「産業集積論と＜日本の産業集積＞論」『赤門マネジメント・レビュー』6(9)，381-411頁。

岩森龍夫（2002）『現代経営学の再構築―普遍経営学への小歩（第2版）』東京電機大学出版。

牛丸元（1999）『日本企業の国際経営行動』同文舘出版。

牛丸元（2000）「国際ジョイントベンチャーの生存時間分析」北海学園大学開発研究所『開発論集』65，53-67頁。

牛丸元（2001）「国際ジョイントベンチャーの不安定性に関する実証研究」『日本消費経済学会論集』22，261-277頁。

エクスメディア編（2005）『誰でもわかる会社のしくみ』エクスメディア。

OECD閣僚理事会（2011）「OECD多国籍企業行動指針―世界における責任ある企業行動のための勧告2011年―」日本語仮訳版（http://www.mofa.go.jp/mofaj/gaiko/csr/pdfs/takoku_ho.pdf）。

汪志平（1991）「役員の兼任・派遣による企業間関係の測定方法について」北海道大学経済学部『Discussion Paper Series』B, No.8。
汪志平（1992）「役員の兼任・派遣による企業間関係の測定方法について」『経済学研究』北海道大学, 41（4）, 107-124頁。
汪志平（2007）『企業論入門』中央経済社。
大坪稔（2011）「第8章 上場関係会社のパフォーマンス」『日本企業のグループ再編 親会社：上場子会社間の資本関係の変化』中央経済社, 185-208頁。
小川紘一（2007）「製品アーキテクチャのダイナミズムを前提にした日本型イノベーション・システムの再構築：新・日本型経営としてのビジネス・モデル・イノベーション（その1）」東京大学COEものづくり経営研究センター『MMRC Discussion Paper』No.184, 1-85頁。
大木清弘・天野倫文・中川功一（2011）「日本企業の海外展開に関する実証分析—本国中心主義は克服されているのか？—」東京大学ものづくり経営研究センター *MMRC DISCUSSION PAPER SERIES*, No.336（http://merc.e.u-tokyo.ac.jp/mmrc/dp/index.html）。
大塚哲洋（2011）「製造業の海外展開について—日本の製造業は空洞化しているのか—」みずほ総合研究所『みずほリポート』（2011年3月29日）。
大塚久雄（1938）『株式会社発生史論』有斐閣。
大塚久雄（1970）『大塚久雄著作集 第10巻』岩波書店。
大村敬一・首藤恵・増子信（2001）「機関投資家の役割とコーポレートガバナンス—機関投資家によるコーポレートガバナンスに関するアンケート調査結果から—」財務省財務総合政策研究所『フィナンシャルレビュー』December, 5-42頁。
小川卓也（1995）『戦略的提携』エルコ。
小川好澄監修（2000）『図解雑学M&A』ナツメ社, 91-124頁。
奥村宏（1994）『日本の六大企業集団』朝日文庫（初版1976）ダイヤモンド社。
小田島労（2006）「日本版SOX法への対応について」NTTデータ経営研究所『経営研レポート』3月pdf版（http://www.keieiken.co.jp/monthly/2006/0603-1/img/JSOX.pdf）。
加賀田和弘（2008）「CSRと経営戦略—CSRと企業業績に関する実証分析から—」関西学院大学『総合政策研究』30, 37-58頁。
各務洋子（1999）「国際企業間戦略の理論」菅谷実・高橋浩夫・岡本秀之編著『情報通信の国際提携戦略』中央経済社, 13-38頁。
柿崎洋一（2003）「企業形態と経営構造」小椋康宏・柿崎洋一編著『企業論（第2版）』学文社, 67-88頁。
勝部伸夫（1999）「『株式会社』としての企業」三戸浩・池内秀巳・勝部伸夫著『企業論』有斐閣アルマ, 53-88頁。

金光淳（2003）『社会ネットワーク分析の基礎』勁草書房．
金森剛（2006）「企業形態」高柳暁他『新版経営学』実教出版，30-38頁．
亀井正義（2006）『企業国際化の理論—直接投資と多国籍企業—（第4刷）』中央経済社．
菊澤研宗（2004）『比較コーポレート・ガバナンス論』有斐閣．
菊池浩之（2005）『企業集団の形成と解体』日本経済評論社．
北川徹（2007）「マネジメント・バイアウト（MBO）における経営者・取締役の行為規整」独立法人経済産業研究所「RIETI Policy Discussion Paper Series」07-P-001（http://www.rieti.go.jp/jp/publications/pdp/07p001.pdf）．
清成忠男編訳（1998）『企業家とは何か』東洋経済新報社．
金融庁企業会計審議会内部統制部会（2006）「財務報告に係る内部統制の評価及び監査に関する実施基準—公開草案—」11月21日（http://www.fsa.go.jp/news/18/singi/20061121-2.pdf）．
忽那憲治（1997）『中小企業金融とベンチャー・ファイナンス』東洋経済新報社．
桑嶋健一（1996）「戦略的提携」高橋伸夫編著『未来傾斜原理』白桃書房，第5章，107-130頁．
経済企画庁調整局対日投資対策室編（1996）『対日M&Aの活性化をめざして』大蔵省印刷局経済産業省（2004）「企業価値評価」経済産業省ホームページ（http://www.meti.go.jp/report/downloadfiles/ji04_07_03.pdf）．
経済産業省（2004a）「企業の社会的責任（CSR）に関する懇談会中間報告書（案）」（http://www.meti.go.jp/policy/economic_industrial/gather/downloadfiles/g40715a52j.pdf）．
経済産業省（2004b）『通商白書2004』．
経済産業省（2019）『グループ・ガバナンス・システムに関する実務指針（グループガイドライン）』（https://www.meti.go.jp/policy/economy/keiei_innovation/keizaihousei/pdf/groupguideline.pdf）．
経済産業省（2020）『上場子会社に関するガバナンスの在り方（グループガバナンスシステムに関する実務指針）』．https://www.jpx.co.jp/equities/improvements/study-group/nlsgeu000004acah-att/nlsgeu000004hgca.pdf
経済産業省（2024）「第53回海外事業活動基本調査（2023年7月調査）概要」．
経済産業省九州経済産業局地域経済部新規事業課（2004）『九州ベンチャー読本2004』九州経済産業局（http://www.kyushu.meti.go.jp/web/16_12_1_benture_book/16_12_1.htm）．
公正取引委員会（2001）「企業集団の実態について：第7次調査」．
公正取引委員会（2004）「企業結合審査に関する独占禁止法の運用指針（平成16年5月31日）」5月．
小林謙二（2008）「ベンチャー企業の企業理念」『文教大学国際学部紀要』，18(2)，

23-38頁.
小林孝雄・山田浩之（2000）「親子上場は市場にゆがみをもたらすか」日本証券アナリスト協会編『証券アナリストジャーナル』11, 40-54頁.
小本恵照（2001）「子会社株式公開の是非」ニッセイ基礎研究所『エコノミストの眼』6月18日号, 1-2頁.
権奇哲（2008）「M&Aと外部資源の利用」東北大学経営学グループ著『ケースに学ぶ経営学（新版）』有斐閣ブックス, 128-144頁.
財団法人人権教育啓発推進センター（2011）「『CSR』で会社が変わる，社会が変わる」(http://www.chusho.meti.go.jp/soudan/jinken_pamf/download/110516CSR-K.pdf).
佐伯靖雄（2008）「イノベーション研究における製品アーキテクチャ論の系譜と課題」『立命館経営学』47（1）, 133-162頁.
榊原清則（2002）『経営学入門（下）』日本経済新聞社.
坂田一郎・梶川裕矢・武田善行・柴田尚樹・橋本正洋・松島克守（2006）「地域クラスター・ネットワークの構造分析—'Small—world' Network化した関西医療及び九州半導体産業ネットワーク—」RIETI Discussion Paper Series 06-J-055. (http://www.rieti.go.jp/jp/publications/dp/06j055.pdf).
佐久間信夫（2006）「M&A戦略」佐久間信夫編『よくわかる企業論』ミネルヴァ書房, 168-169頁.
佐久間信夫（2008）「経営者支配」坂本恒夫・大坂良宏編著『テキスト現代企業論』同文舘出版, 133-141頁.
桜井徹（2006）「公企業の経営形態と民営化」佐久間信夫編『よくわかる企業論』ミネルヴァ書房, 16-23頁.
佐々木利廣（1990）『現代組織の構図と戦略』中央経済社.
佐々木利廣（2005）「組織間関係の課題と展開」赤岡功・日置弘一郎編著『経営戦略と組織間提携の構図』中央経済社, 29-45頁.
佐藤彰紘（2005）『新会社法で変わった会社のしくみ』日本法令.
佐藤義信（1988）『トヨタグループの戦略と実証分析』白桃書房.
宍戸善一・新田敬祐・宮島英昭（2010a）「親子上場をめぐる議論に対する問題提起［上］：法と経済学の観点から」『旬刊　商事法務』1898, 38-45頁.
宍戸善一・新田敬祐・宮島英昭（2010b）「親子上場をめぐる議論に対する問題提起［中］：法と経済学の観点から」『旬刊　商事法務』1899, 4-9頁.
塩見将来・田中祐二（2009）「多国籍企業における優位論争—直接投資と『所有優位』—」立命館経済学会『立命館経済学』58（2）, 174-194頁.
杉山浩平・本田治・大崎博之・今瀬真（2007）「ネットワーク分析手法による日本企業間の取引関係ネットワークの構造分析」『日本社会情報学会誌』3月, 11,

45-56頁。

椙山泰生（2009）『グローバル戦略の進化―日本企業のトランスナショナル化プロセス』京都大学経済学叢書。

鈴木岩行（2006a）「企業形態の発展の歴史」佐久間信夫編『よくわかる企業論』ミネルヴァ書房，2-15頁。

鈴木岩行（2006b）「国際化の中の日本型企業システム」佐久間信夫編『よくわかる企業論』ミネルヴァ書房，144-145頁。

鈴木喜久（2010）「CSR：コーポレートガバナンスと社会的費用負担の問題」中国電力㈱エネルギア総合研究所『エネルギア地域経済レポート』No.434，1-8頁。

関正雄（2011）『ISO26000を読む』日科技連。

関根雅則（2006）「企業家精神とベンチャービジネス」佐久間信夫編『よくわかる企業論』ミネルヴァ書房，182-187頁。

総務省（2021）『令和3年経済センサス―活動調査産業横断集計（事業所に関する集計・企業等に関する集計）結果の概要』。

高井透（1994）「提携ネットワークの発展パターン」『世界経済評論』世界経済研究協会，2月号，58-64頁。

高井透（2006）「戦略提携」松崎和久編『戦略提携―グループ経営と連携戦略―』学文社，119-134頁。

高橋均（2013）「第3章　親子上場と子会社少数株主保護　東京証券取引所『上場審査等に関するガイドライン』にみる子会社の独立性の観点から」小林秀之・高橋均編『コーポレート・ガバナンスにおけるソフトローの役割』中央経済社，61-91頁。

高柳暁（1991）『経営学30講（改訂版）』実教出版。

高橋伸夫（1995）『経営の再生―戦略の時代・組織の時代』有斐閣。

高橋伸夫（2006）『経営の再生（第3版）』有斐閣。

竹之内秀行（2008）「多国籍企業と寡占的反応論」江夏健一・長谷川信次・長谷川礼編『国際ビジネス理論』中央経済社，37-48頁。

田中宏（1996）「直接投資と産業集中―電子・家電産業の場合」関口末夫・田中宏・日本輸出入銀行海外投資研究所編著『海外直接投資と日本経済』東洋経済新報社，141-163頁。

田中史人（2006）「成熟化社会に向けた企業家精神とイノベーション」大平義隆編著『変革期の組織マネジメント―理論と実践―』同文舘出版，147-177頁。

立見淳哉（2008）「企業と産業集積」関智宏・中條良美編著『現代企業論』実教出版，233-247頁。

谷口明丈（2008）「現代企業の発生」東北大学経営学研究グループ著『ケースに学ぶ経営学（新版）』有斐閣，49-92頁。

中小企業庁編（1984）『ベンチャービジネスへの期待と課題』東洋法規出版。
中小企業庁編（2024）『2024年版中小企業白書』。
土屋幸久（2006）「産業政策と中小・ベンチャー企業―産業クラスターの基盤創出に向けて―」『四天王寺国際仏教大学紀要』44，39-56頁。
出見世信之（2004）「経営理念」片岡信之他編著『ベーシック経営学辞典』中央経済社。
所伸之（2006）「企業の社会的責任の変遷」佐久間信夫編『よくわかる企業論』ミネルヴァ書房，42-49頁。
東京証券取引所（2021a）『コーポレートガバナンス・コード：会社の持続的な成長と中長期的な企業価値の向上のために』(https://www.jpx.co.jp/equities/listing/cg/tvdivq0000008jdy-att/nlsgeu000005lnul.pdf)。
東京証券取引所（2015，2017，2019，2021b，2023a）『東証上場会社　コーポレート・ガバナンス白書』(https://www.jpx.co.jp/equities/listing/cg/tvdivq0000008jb0-att/cg27su0000004bk2.pdf)。
東京証券取引所（2020）「第1回（2020年1月7日開催）従属上場会社における少数株主保護の在り方等に関する研究会，資料6_古本メンバー意見書」(https://www.jpx.co.jp/equities/improvements/study-group/nlsgeu000004acah-att/nlsgeu000004hgcv.pdf)。
東京証券取引所（2023b）「少数株主保護及びグループ経営に関する情報開示の充実」(https://www.jpx.co.jp/equities/improvements/study-group/nlsgeu000004acah-att/bkk2ed0000004uux.pdf)。
東洋経済新報社（2021）『日本の企業グループ2021』。
内閣府（2010）「平成22年度年次経済財政報告―需要の創造による成長力の強化―」。
内閣府経済社会総合研究所（2023）「令和5年度企業行動に関するアンケート調査報告書」。
中間信博（2006）「株式会社における所有と支配」佐久間信夫編『よくわかる企業論』ミネルヴァ書房，76-83頁。
中村久人（1991）『経営管理のグローバル化』同文舘出版。
中村久人（2008）「ベンチャー・ファイナンスとベンチャー支援インフラの展開」『経営力創成研究』4（1），79-93頁。
中村瑞穂（1987）「株式会社支配に関する実証的研究の系譜」『明治大学社会科学研究所紀要』25(2)，49-64頁。
長瀬勇人（2009）「福岡市の都市競争力―産業集積の視点―」(財)福岡アジア都市研究所『短期研究員報告書』12-20頁。
永田瞬（2011）「繊維産業からみる地域経済発展の可能性」『福岡県立大学人間社会学部紀要』20(1)，43-60頁。
西澤昭夫（1998）「企業を起こす：スカイマークエアラインズ社の設立」東北大学経

営学研究グループ著『ケースに学ぶ経営学』有斐閣，10-31頁．
西澤昭夫（2008）「企業の誕生」東北大学経営学グループ著『ケースに学ぶ経営学（新版）』有斐閣，10-29頁．
日本政策投資銀行東海支店（2003）「―日本政策投資銀行・スタンフォード大学共同調査『地域の技術革新と起業家精神に関する調査』―愛知県における自動車クラスターの現状と発展可能性」『DBJ Tokai Report 11月』2，1-46頁（http://www.dbj.jp/reportshift/area/tokai_s/pdf_all/tokai6.pdf）．
ニュース解説室へようこそ！編集委員会編（2007）『ニュース解説室へようこそ！ 2008年版』清水書院．
沼崎一郎（1994）「社会ネットワーク分析と企業間関係」現代企業研究会編『日本の企業間関係』中央経済社，89-111頁．
根本孝・テレフォーシュ吉本容子（1994）『国際経営と企業文化』学文社．
野中郁次郎（1985）「資源展開の戦略」石井淳蔵・奥村昭博・加護野忠男・野中郁次郎著『経営戦略論』有斐閣，47-79頁．
萩原愛一（2005）「企業の社会的責任（CSR）―背景と取り組み―」国立国会図書館『調査と情報』476号，Mar.24（http://www.ndl.go.jp/jp/data/publication/issue/0476.pdf）．
長谷川信次（2002）「国際経営の理論」吉原英樹編『国際経営論への招待』有斐閣，62-79頁．
長谷川信次（2008）「内部化理論」江夏健一・長谷川信次・長谷川礼編『国際ビジネス理論』中央経済社，65-82頁．
花崎正晴・堀内昭義（2005）「日本の金融システムは効率的だったか？」伊丹敬之・藤本隆弘・岡崎哲二・伊藤秀史・沼上幹編『企業とガバナンス～リーディングス：日本の企業システム 第2期第2巻』有斐閣，158-185頁．
浜田康行（1998）『新版日本のベンチャーキャピタル』日本経済新聞社．
浜松翔平（2009）「シリコンバレーとルート128における地域産業システムのその後の展開―経営学輪講Saxenian（1994）―」『赤門マネジメント・レビュー』8(3)，113-127頁．
林靖人・潮村公弘・中嶋聞多（2005）「長野県諏訪地域における企業間ネットワークの把握構造」『赤門マネジメントレビュー』4(11)，579-588頁．
原田誠司（2009）「ポーター・クラスター論について―産業集積の競争力と政策の視点―」『研究論叢』（長岡大学）7，21-42頁．
ビーブンロット，ラルフ（2005）「ドイツのコーポレート・ガバナンスと共同決定」『大阪経大論集』55(6)，215-224頁．
廣住亮（2004）「協同組織金融機関のコーポレート・ガバナンスに関する一考察」SCB（信用中央金庫）『金融調査情報』15(9)，2-68頁（http://www.scbri.jp/

PDFgeppou/2004/2004-03+.pdf）。
一橋大学イノベーション研究センター編（2003）『イノベーション・マネジメント入門』日本経済新聞社，第6章・第7章，151-187，188-217頁。
藤田勉（2018）「注目すべき親子上場のインキュベーション機能」資本市場研究会編『月刊資本市場』397，44-52頁。
藤本隆宏（2003）『能力構築競争』中公新書。
藤芳誠一編（1983）『新版経営学』学文社。
松井憲一（2004）『ベンチャービジネス「成功と失敗」の分岐点』ダイヤモンド社。
松浦克己（2011）「子会社の企業業績，持合の企業業績に与える影響」広島大学編『経済論叢』34（3），31-40頁。
松田修一（1998）『ベンチャー企業』日本経済新聞社。
松原宏（1999）「集積論の系譜と『新産業集積』」『東京大学人文地理学研究』13，83-110頁。
松原宏（2007）「企業立地の変容と地域産業政策の課題」『JOYO ARC』5月号，10-17頁。
松元宏（2004）「日本の財閥：成立・発展・解体の歴史」『エコノミア』55（1），1-16頁。
水尾順一（2003）『セルフガバナンスの経営倫理』千倉書房。
水尾順一（2006）「CSRと企業倫理」佐久間信夫編『よくわかる企業論』ミネルヴァ書房，50-59頁。
水村典弘（2006）「企業集団と系列」佐久間信夫編『よくわかる企業論』ミネルヴァ書房，118-119頁；124-131頁。
三戸公・正木久司・晴山英夫（1973）『大企業における所有と支配』未来社。
宮島英昭・新田敬祐・宍戸善一（2011）「第7章 親子上場の経済分析 利益相反問題は本当に深刻なのか」宮島英昭編著『日本の企業統治 その再設計と競争力の回復に向けて』東洋経済新報社，289-337頁。
武藤泰明（1996）「持株会社組織のメリットと課題」ダイヤモンド・ハーバードビジネス編集部『持株会社の原理と経営戦略』ダイヤモンド社，63-74頁。
宗田英里子（2011）「社会的責任に関する手引き：ISO26000概要とその利用可能性」TRC EYE, 275（http://www.tokiorisk.co.jp/risk_info/up_file/201106091.pdf）。
村松司叙（1987）『合併・買収と企業評価』同文舘出版。
森樹男（2007）「グローバル企業の組織」安室憲一編著『新グローバル経営論』白桃書房，95-111頁。
安田雪（1996）『日米市場のネットワーク分析―構造社会学からの挑戦―』木鐸社。
安田雪（1997）『ネットワーク分析：何が行為を決定するか』新曜社。
安田雪（2001）『実践ネットワーク分析：関係を解く理論と技法』新曜社。
安室憲一（1981）「日本的経営と現地化政策」池本清・上野明・安室憲一編著『日本

企業の多国籍的展開―海外直接投資の進展―』有斐閣，118-162頁。
山倉健嗣（1993）『組織間関係』有斐閣。
山田耕嗣（1996）「組織間関係論」高橋伸夫編『未来傾斜原理』白桃書房，55-82頁。
山本達司（2002）『企業戦略評価の理論と会計情報』中央経済社。
湯川抗（2004）「企業間ネットワークからみたネット企業のクラスターと企業戦略―ネット企業における協調と競争の関係構造―」『富士通総研研究レポート』12月号，214（http://jp.fujitsu.com/group/fri/report/research/2004/report-214.html）。
湯川抗（2005）「日本型ITクラスターの形成に向けて―ネット企業の企業間ネットワークからの視点」『富士通総研研究レポート』富士通総合研究所，5月号，No.231（http://jp.fujitsu.com/group/fri/downloads/report/research/2005/report231.pdf）。
吉原英樹・佐久間昭光・伊丹敬之・加護野忠男（1981）『日本企業の多角化戦略』日本経済新聞社。
労働政策・研修機構（2011）『データブック国際労働比較2011』（http://www.jil.go.jp/kokunai/statistics/databook/2011/documents/databook2011.pdf）。

事項索引

A~Z

- CSR 42, 45
- EPRG プロファイル 207
- ESG 52
- IPO 102
- ISO26000 51
- LBO 123
- M&A 119
- M&Aの防衛策 125
- MBO 123
- OLIパラダイム 224
- PBR 127
- QC サークル 262
- SDGs 52
- SOX法（Sarbanes-Oxley Act） 64
- SRI 44
- TLO 106
- TOB 122
- VC 102, 114
- X 非効率 13, 139

あ

- アカウンタビリティ 45
- アクションセット 169
- アドバースセレクション（逆選択） 57
- アメリカのガバナンス 61
- 安定株主工作 60
- アントレプレナー 82

- 委員会 17
- イギリス東インド会社 26
- インキュベータ 105
- インキュベート・マネージャー 105
- インクルージョン 95
- インサイダー取引規制 125
- インセンティブ・システム 58
- インターナショナル型組織モデル 242
- インテグラル型 197

- 営利法人 5
- エージェンシー理論 56, 175
- エクイティファイナンス 102
- エンジェル 103

- オープンイノベーション 198
- 思い上がり仮説 128
- 親子上場 68
- オランダ東インド会社 26

か

- 会計監査人 17
- 会計参与 17
- 会社公企業 13
- 会社法 6, 16, 64
- 外部経済 155
- 寡占的反応論 222
- 過度経済力集中排除法 145
- 株式（の）相互持合い 60, 148
- 株式会社 9
- 株式会社の機関 16
- 株式公開買い付け 122
- 株式交換 123
- 株式市場での買い集め 122
- 株式取得方法 122
- 株式譲渡 122
- 株式の分散化 32
- 株主総会 16, 20
- 株主反革命 36
- カルテル 131
- 監査委員会 23
- 監査等委員会設置会 17
- 監査役 17
- 監査役会 17, 20
- 監査役会設置会社 17, 19
- 間接輸出 228
- 完全所有子会社方式 229
- 官庁企業 12

280

機会主義的行動	174
機関設計自由の原則	16
企業活動の8タイプ	204
企業系列	150
企業結合ガイドライン	124, 141
企業結合の方法	130
企業市民	48
企業のサステナビリティ	54
起業プロセス	88
企業文化	253
企業別労働組合	59
基本設計構想	197
狭義の戦略的提携	194
協調戦略	167
共同企業	5
共同決定法	63
許可主義	5
距離による中心性	183
金融商品取引法	65
金融持株会社	136
偶然集積	156
クラウンジュエル・ロックアップ	125
クラスター	185
グラフ理論	175
クリーク	185
グレイナー・モデル	91
クローズドイノベーション	199
グローバル・アントレプレナーシップ・モニター調査（GEM）	85
グローバル型組織モデル	243
グローバルマトリックス組織	235
経営者革命	33
経営者支配	31
経営者への規律づけ	61
経営理念	48
経済的形態	4
経済的責任	46
ケイパビリティ	72
契約製造	229
系列融資	147

現金合併	120
現地志向（polycentric）	207
権力の格差	255
権力分散型連合体	241
公益法人	5
公開会社（株式譲渡会社）	17, 18
公企業	12, 13
広義の戦略的提携	193
公共法人	12
高コンテクスト文化	258
合資会社	8
公正取引委員会	140
構造基準	206
構造的空隙	184
構造的拘束	185
構造同値	184
合同会社	9
合弁	229
合名会社	7
コーポレート・ガバナンス	54
ゴールデン・パラシュート	125
国際事業部制	231
国内志向（ethnocentric）	207
国立銀行	27
個人企業	5
個人主義化	257
コスト削減仮説	152
雇用慣行	59
コングロマリット	37, 111
コングロマリット・ディスカウント	71-72
コンツェルン	132
コンプライアンス（法令遵守）	45, 47
コンメンダ	24

さ

サテライト型産業地域	158
三角合併	120
産業クラスター	160
三方よし	48
シェアホルダー・アプローチ	55

281

事業機会型	86	紳士協定	131
事業持株会社	136	垂直的統合	111
資源依存理論	170	水平的多角化	111
資源開発型	211	スケールフリー	180
仕事のローテーション	262	スタンダードオイル社	133
市場の失敗	13	ステークホルダー・アプローチ	56
市場密着型	211	ストップフォード＝ウェルズモデル	238
次数（degree）	182	スモールワールド	180
次数（Degree）による中心性	183		
姿勢基準	207	成果基準	207
執行役	17	生計確立型	86
シナジー	72	制限された合理性	173
シナジー・パースペクティブ	254	政治戦略	167
シナジー効果	117	成長ベクトル	110
指名委員会	23	製品アーキテクチャ	197
指名委員会等設置会社	17, 22	製品ライフサイクル	108
シャーク・リペラント	125	世界規模職能制	234
シャーマン反トラスト法	135	世界規模製品別事業部制	233
社会貢献の責任	47	世界規模地域別事業部制	234
社会的責任投資（SRI）	44	世界志向（geocentric）	207
社会ネットワーク分析	179	全員有限責任	10
ジャストインタイムシステム	263	戦略的提携	198
社長会	148		
社内ベンチャー	113	相互会社	5
終身雇用制度	59	ソキエタス	24
囚人のジレンマ	200	ソシオグラム	181
集中中枢型	243	ソシオマトリクス	181
柔軟な専門化	159	組織間集合体	168
純粋集積	156	組織間ダイアド	168
純粋持株会社	136	組織間ネットワーク	169
ジョイントベンチャー	113	組織均衡	93
証券化	9	組織正当性理論	169
焦土作戦	126	組織セット	168
情報中心性	184		

た

ダーウィンの海	99
大会社	17
大学技術移転促進法	106
大学発ベンチャー1000社計画	106
対価の柔軟化	120
大企業追随型	212

情報の非対称性	72
職務数	262
所有者支配	30
所有特殊優位性	224
所有の機関化	35
シリコンバレー	161, 162
自律化戦略	167
新規株式公開（IPO）	102

第三者割当増資・・・・・・・・・・・・・・・・・・・・123
第三のイタリア・・・・・・・・・・・・・・・・・・・・159
退出（Exit）・・・・・・・・・・・・・・・・・・・・・・60
代表取締役・・・・・・・・・・・・・・・・・・・・・・・・16
ダイヤモンドモデル・・・・・・・・・・・・・・・・160
多角化戦略・・・・・・・・・・・・・・・・・・・・・・・111
多国籍企業の定義・・・・・・・・・・・・・・・・・・205
タスク型ダイバーシティ・・・・・・・・・・・・・95
談合・・・・・・・・・・・・・・・・・・・・・・・・・・・・・131
男性化・・・・・・・・・・・・・・・・・・・・・・・・・・・256

地域志向（regiocentric）・・・・・・・・・・・・・207
地域ネットワーク型産業システム・・・・・163
チームリーダー・・・・・・・・・・・・・・・・・・・262
地代契約・・・・・・・・・・・・・・・・・・・・・・・・・175
中間法人・・・・・・・・・・・・・・・・・・・・・・・・・・・5
中間持株会社・・・・・・・・・・・・・・・・・・・・・136
中心性・・・・・・・・・・・・・・・・・・・・・・・・・・・183
調整型連合体・・・・・・・・・・・・・・・・・・・・・242
直接輸出・・・・・・・・・・・・・・・・・・・・・・・・・228
賃金契約・・・・・・・・・・・・・・・・・・・・・・・・・175

テイクオーバービッド（TOB）・・・・・・・122
提携・・・・・・・・・・・・・・・・・・・・・・・・・・・・・113
提携の一般的定義・・・・・・・・・・・・・・・・・192
低コンテクスト文化・・・・・・・・・・・・・・・258
ディスクロージャー・・・・・・・・・・・・・・・・45
低賃金志向型・・・・・・・・・・・・・・・・・・・・・211
ティン・パラシュート・・・・・・・・・・・・・125
デスバレー（死の谷）・・・・・・・・・・・・・・・99
デビルリバー・・・・・・・・・・・・・・・・・・・・・・99
デモグラフィック型ダイバーシティ・・・95

ドイツのガバナンス・・・・・・・・・・・・・・・・63
同意なきM&A・・・・・・・・・・・・・・・・・・・121
統合ネットワーク・・・・・・・・・・・・・・・・・247
同心的多角化・・・・・・・・・・・・・・・・・・・・・111
トービンのq・・・・・・・・・・・・・・・・・・・・・126
独占（monopoly）・・・・・・・・・・・・・・・・・138
独占禁止法・・・・・・・・・・・・・・・・・・・・・・・140
独占動機仮説・・・・・・・・・・・・・・・・・・・・・152
独立企業型システム・・・・・・・・・・・・・・・163

トラスト・・・・・・・・・・・・・・・・・・・・・・・・・132
トランスナショナル型組織モデル・・・・・247
トランスペアレンシー・・・・・・・・・・・・・・45
取締役・・・・・・・・・・・・・・・・・・・・・・・・・・・・16
取締役会・・・・・・・・・・・・・・・・・・・・・16, 20
取引コスト理論・・・・・・・・・・・68, 173, 218
トリプルボトムライン・・・・・・・・・・・・・・42

な

内部開発・・・・・・・・・・・・・・・・・・・・・・・・・112
内部化インセンティブ優位性・・・・・・・・225
内部化理論・・・・・・・・・・・・・・・・・・・・・・・218
内部経済・・・・・・・・・・・・・・・・・・・・・・・・・155
内部統制・・・・・・・・・・・・・・・・・・・・・・・・・・65
南海の泡沫事件・・・・・・・・・・・・・・・・・・・・26

二重のモニタリング・・・・・・・・・・・・・・・・72
二層型ガバナンス・システム・・・・・・・・・63
日本の証券市場・・・・・・・・・・・・・・・・・・・104

年功序列・・・・・・・・・・・・・・・・・・・・・・・・・・59

ノード・・・・・・・・・・・・・・・・・・・・・・・・・・・181

は

ハーフィンダール・ハーシュマン指数
（HHI）・・・・・・・・・・・・・・・・・・・・・・・・・140
媒介性による中心性・・・・・・・・・・・・・・・184
買収・・・・・・・・・・・・・・・・・・・・・・・・・・・・・113
配当搾取仮説・・・・・・・・・・・・・・・・・・・・・152
ハイマー＝キンドルバーガーの命題・・・・217
ハイマー＝キンドルバーガー理論・・・・・216
パス・・・・・・・・・・・・・・・・・・・・・・・・・・・・・183
パックマン・ディフェンス・・・・・・・・・125
発言・・・・・・・・・・・・・・・・・・・・・・・・・・・・・・60
ハブ・アンド・スポーク型地域・・・・・・・157

東インド会社・・・・・・・・・・・・・・・・・・・・・・25
非公開会社（株式譲渡制限会社）・・・・・・・17
ビジネスプラン・・・・・・・・・・・・・・・・・・・・90
非法人企業・・・・・・・・・・・・・・・・・・・・・・・・・5
ピラミッド構造・・・・・・・・・・・・・・・・・・・157

283

フィランソロフィー的責任・・・・・・・・・・・・・47
フォークの定理・・・・・・・・・・・・・・・・・・・・・201
不確実性の回避・・・・・・・・・・・・・・・・・・・・・255
複雑ネットワーク分析・・・・・・・・・・・・・・・180
フランチャイジング・・・・・・・・・・・・・・・・・230
フリーキャッシュフロー仮説・・・・・・・・・128
プロセス・イノベーション・・・・・・・・・・・195
プロダクト・イノベーション・・・・・・・・・195
プロダクト・サイクルモデル・・・・・・・・・220
ブロック・・・・・・・・・・・・・・・・・・・・・・・・・・・186
文化浸透パースペクティブ・・・・・・・・・・・254

ベンチャー企業の成長モデル・・・・・・・・・・99
ベンチャー基金創設補助金・・・・・・・・・・・101
ベンチャーキャピタル（VC）・・・・・・102, 114
ベンチャービジネス・・・・・・・・・・・・・・・・・・96
ベンチャーブーム・・・・・・・・・・・・・・・・・・・・96

ポイズン・ピル・・・・・・・・・・・・・・・・・・・・・125
貿易摩擦回避型・・・・・・・・・・・・・・・・・・・・・211
報酬委員会・・・・・・・・・・・・・・・・・・・・・・・・・・23
法人企業・・・・・・・・・・・・・・・・・・・・・・・・・・・・・5
法人法定主義・・・・・・・・・・・・・・・・・・・・・・・・・5
法的形態・・・・・・・・・・・・・・・・・・・・・・・・・・・・・4
法的責任・・・・・・・・・・・・・・・・・・・・・・・・・・・・46
ボナチッチ中心性・・・・・・・・・・・・・・・・・・・184
ポリマー（重合）パースペクティブ・・・・254
ホワイト・スクワイアー・・・・・・・・・・・・・125
ホワイト・ナイト・・・・・・・・・・・・・・・・・・・125

ま

マーシャル型産業地域・・・・・・・・・・・・・・・157
マグナ・ソキエタス・・・・・・・・・・・・・・・・・・25
マザー＝ドーター構造・・・・・・・・・・・・・・・237
マザー＝ドーター組織・・・・・・・・・・・・・・・241
マネジメント・バイアウト（MBO）・・・・123
マルチナショナル型組織モデル・・・・・・・241

民営化・・・・・・・・・・・・・・・・・・・・・・・・・・・・・・13

命令の二元性・・・・・・・・・・・・・・・・・・・・・・・236
メインバンクシステム・・・・・・・・・・・・・・・・60
メタナショナル型組織モデル・・・・・249, 250

モジュラー型・・・・・・・・・・・・・・・・・・・・・・・197
持合い崩れ・・・・・・・・・・・・・・・・・・・・・・・・・153
持株会社（HD）・・・・・・・・・・・・・・・・・・・・135
モニタリング・システム・・・・・・・・・・・・・・58
モラルハザード（道徳欠如）・・・・・・・・・・57

や

有限責任事業組合・・・・・・・・・・・・・・・・・・・・・9
友好的M&A・・・・・・・・・・・・・・・・・・・・・・・121
融合パースペクティブ・・・・・・・・・・・・・・・254

4大財閥・・・・・・・・・・・・・・・・・・・・・・・・・・・144

ら

ライセンシング・・・・・・・・・・・・・・・113, 229
ライン型・・・・・・・・・・・・・・・・・・・・・・・・・・・・63

利益相反・・・・・・・・・・・・・・・・・・・・・・・・・・・・73
立地特殊優位性・・・・・・・・・・・・・・・・・・・・・225
リンク・・・・・・・・・・・・・・・・・・・・・・・・・・・・・181
隣接行列・・・・・・・・・・・・・・・・・・・・・・・・・・・181
倫理的責任・・・・・・・・・・・・・・・・・・・・・・・・・・46

ルート128・・・・・・・・・・・・・・・・・・・・・・・・・162

レバレッジド・バイアウト（LBO）・・・・123
連結の経済仮説・・・・・・・・・・・・・・・・・・・・・152
レント・シーキング活動・・・・・・・・・・・・・139

労働組合・・・・・・・・・・・・・・・・・・・・・・・・・・・263
ローカル化パースペクティブ・・・・・・・・・254
6大企業集団・・・・・・・・・・・・・・・・・・・・・・・146

わ

ワークチーム・・・・・・・・・・・・・・・・・・・・・・・262

人名索引

あ

アバナシー（Abernathy, W. J.） ········195
アンゾフ（Ansoff, H. I.） ··············110
ウィリアムソン（Williamson, O. E.） ····173
ウィリアムソン（Williamson, P.） ·······249
ウェーバー（Weber, A.） ···············155
ウェルズ（Wells, L. T. Jr.） ············236
ウォーターマン（Waterman, R. H.） ·····253

か

カーズナー（Kirzner, I. M.） ············83
カッソン（Casson, M.） ················218
キンドルバーガー（Kindleberger, C. P.）·217
グラノベッター（Granovetter, M. S.） ···179
ケニー（Kenney, M.） ·················262
ケネディ（Kennedy, A. A.） ············253
ゴシャール（Ghoshal, S.） ··············245
コッツ（Kotz, D. M.） ··················35

さ

ザカラキス（Zacharakis, A.） ············85
サクセニアン（Saxenian, A.） ···········162
サントス（Santos, J.） ·················249
ジェンセン（Jensen, M.） ···············56
シュンペーター（Schumpeter, J. A.） ·····82
ストップフォード（Stopford, J. M.） ·····236
セーブル（Sabel, C. F.） ················159

た

ダニング（Dunning, J. H.） ············224
チェン（Cheng, J. C. ··················204
ディール（Deal, T. E.） ················253
ドズ（Doz, Y.） ·······················249

な

ニッカーバッカー（Knickerbocker, F. T.）
 ·····································222

は

バートレット（Bartlett, C. A.） ·········245
バーノン（Vernon, R.） ················220
ハーマン（Herman, E. S.） ··············35
バーリ（Berle, Jr. A. A.） ···············33
パールミュッター（Perlmutter, H.） ·····206
バイグレイブ（Bygrave, W.） ············85
ハイマー（Hymer, S.） ·················216
バックレー（Buckley, P. J.） ············218
ピーターズ（Peters, T. J.） ·············253
ヒーナン（Heenan, D.） ················206
ピオリ（Piore, M. J.） ·················159
ファヨール（Fayol, H.） ················92
フランコ（Franko, L. G.） ··············236
ブランバーグ（Blumberg, P. L.） ········35
フロリダ（Florida, R.） ················262
ポーター（Porter, M. E.） ··············160
ホーフステッド（Hofstede, G.） ·········255

ま

マークセン（Markusen, A. R.） ·········157
マーシャル（Marshall, A.） ·············155
ミーンズ（Means, G. C.） ··············33
メックリング（Meckling, W.） ···········56

ら

ラーナー（Larner, R. J.） ···············33
ライベンシュタイン（Leibenstein, H.） ···13
ルメルト（Rumelt, R. P.） ·············114

わ

ワイス（Weis, J. W.） ·················254

や

安室（Yasumuro, K.） ·················258

285

《編著者紹介》

牛丸　元（うしまる　はじめ）
明治大学経営学部教授
博士（経営学）北海道大学
〈主要著書〉
『企業間アライアンスの理論と実証』（同文舘出版，2007年），『日本企業の国際経営行動』（同文舘出版，1999年），『キーワードからみる経営戦略ハンドブック』（共著，同文舘出版，2023年），『経営行動科学ハンドブック』（共著，中央経済社，2011年），『経営管理ハンドブック』（共著，東京経済情報出版，2008年），『新版経営学』（共著，実教出版，2006年），『変革期のマネジメント』（共著，同文舘出版，2006年）
他著書・論文・書評多数

《著者紹介》

井戸坂　智祐（いとさか　ともひろ）〔第6講執筆〕
SMN（株）執行役員　経営企画担当，明治大学大学院経営学研究科博士後期課程
経営管理修士（専門職）早稲田大学，修士（経営学）明治大学
〈主要論文〉
「日本における上場子会社のパフォーマンスに関する実証分析－2010年代の企業統治制度改革の上場子会社への影響－」『明治大学経営学研究論集』（58, pp.1-16, 2023年）

2013年3月30日　初　版　発　行
2015年3月30日　改　訂　版　発　行
2020年5月30日　改訂版4刷発行
2025年3月5日　第3版発行　　　　　　　　（検印省略）
　　　　　　　　　　　　　　　略称：スタンダード企業論（3）

スタンダード企業論（第3版）
－企業のガバナンス・成長・ネットワーク化・国際化－

編著者　Ⓒ　牛　丸　　元
発行者　　　中　島　豊　彦

発行所　**同文舘出版株式会社**
東京都千代田区神田神保町1-41　〒101-0051
営業（03）3294-1801　編集（03）3294-1803
振替 00100-8-42935　https://www.dobunkan.co.jp

Printed in Japan 2025　　　　　　　製版　一企画
　　　　　　　　　　　　　　　印刷・製本　萩原印刷

ISBN978-4-495-38213-1

[JCOPY]〈出版者著作権管理機構　委託出版物〉
本書の無断複製は著作権法上での例外を除き禁じられています。複製される場合は，そのつど事前に，出版者著作権管理機構（電話 03-5244-5088, FAX 03-5244-5089, e-mail: info@jcopy.or.jp）の許諾を得てください。